古典文獻研究輯刊

二四編

潘美月・杜潔祥 主編

第 20 冊

清代散見戲曲史料彙編
（筆記卷・初編）（上）

趙興勤、蔣宸 編

國家圖書館出版品預行編目資料

清代散見戲曲史料彙編（筆記卷・初編）（上）／趙興勤、蔣宸
編 — 初版 — 新北市：花木蘭文化出版社，2017〔民 106〕
目 26+226 面；19×26 公分
（古典文獻研究輯刊 二四編；第 20 冊）
ISBN 978-986-485-010-5（精裝）
1. 戲劇史 2. 史料 3. 清代

011.08　　　　　　　　　　　　　　　　106001918

ISBN-978-986-485-010-5

9 789864 850105

古典文獻研究輯刊
二四編　第二十冊　　　　　　　　　ISBN：978-986-485-010-5

清代散見戲曲史料彙編（筆記卷・初編）（上）

編　　　者	趙興勤、蔣宸
主　　　編	潘美月　杜潔祥
總 編 輯	杜潔祥
副總編輯	楊嘉樂
編　　　輯	許郁翎、王筑　美術編輯　陳逸婷
企劃出版	北京大學文化資源研究中心
出　　　版	花木蘭文化出版社
社　　　長	高小娟

聯絡地址　235 新北市中和區中安街七二號十三樓
　　　　　電話：02-2923-1455／傳真：02-2923-1452
網　　　址　http://www.huamulan.tw 信箱 hml 810518@gmail.com
印　　　刷　普羅文化出版廣告事業
初　　　版　2017 年 3 月
全書字數　559 千字
定　　　價　二四編 32 冊（精裝）新台幣 62,000 元　　版權所有・請勿翻印

清代散見戲曲史料彙編

（筆記卷・初編）（上）

趙興勤、蔣宸　編

作者簡介

　　趙興勤，1949 年 7 月生，江蘇沛縣人，江蘇師範大學文學院教授，中國古代文學、戲劇戲曲學研究生導師。兼任中國元好問學會理事、中國元代文學學會理事、中國《金瓶梅》研究會（籌）理事，江蘇省明清小說研究會副會長、《西遊記》研究分會常務理事、常州市趙翼研究會副會長等職。在國內外出版學術著作《古代小說與倫理》、《明清小說論稿》、《趙翼評傳》（南京大學版）、《中國古典戲曲小說考論》、《古代小說與傳統倫理》、《趙翼評傳》（江蘇人民版）、《理學思潮與世情小說》、《元遺山研究》、《話說〈封神演義〉》、《趙翼年譜長編》（全五冊）、《古典文學作品鑑賞集》、《趙翼研究資料彙編》（上、下冊）、《清代散見戲曲史料彙編（詩詞卷・初編）》（全三冊）、《清代散見戲曲史料彙編（詩詞卷・二編）》（上、下冊）、《趙興勤〈金瓶梅〉研究精選集》、《中國早期戲曲生成史論》、《清代散見戲曲史料彙編（方志卷・初編）》（全三冊）、《曲寄人情：李玉戲劇研究》等 25 種，主編、參編《中國風俗大辭典》、《中國古代戲曲名著鑑賞辭典》等 40 餘種，在海峽兩岸發表論文 200 餘篇。主持國家社科基金項目 3 項，代表作獲教育部高等學校科學研究優秀成果獎（人文社會科學）、江蘇省哲學社會科學優秀成果一等獎。

　　蔣宸，1982 年 1 月生，江蘇南京人，南京大學文學博士，現為溫州大學人文學院講師。中國《金瓶梅》研究會（籌）會員、江蘇省明清小說研究會會員，主要研究方向為清代戲曲與文學。曾主持江蘇省研究生科研創新項目兩項（2010、2012）、溫州市社會科學重點研究基地項目兩項（2014、2016）、浙江省教育廳人文社科規劃項目一項（2016）。獲有江蘇省高校第九屆哲學社會科學研究優秀成果二等獎、博士研究生國家獎學金、黃侃獎學金、南京大學優秀研究生、全國中文學科博士生論壇優秀論文獎、華東地區戲曲學博士論壇優秀論文獎等多項榮譽。近年來，已在《戲劇（中央戲劇學院學報）》、《淡江人文社科學刊》（臺灣）、《澳門文獻信息學刊》等兩岸三地刊物發表論文十餘篇，已出版的學術著作有《趙翼研究資料彙編》（上、下冊，臺灣花木蘭文化出版社，2013）（第二著者），點校整理《清忠譜》（《全清戲曲》第一編，南京大學出版社，2017）等。

提　　要

　　清代戲曲價值大而研究者少，下筆易而突破難，關鍵問題是研究資料的難以蒐訪。儘管經過眾多學者的不懈努力，資料搜集工作已取得階段性成果，但相對清代戲曲史料尤其是散見戲曲史料的總量而言，蒐羅還是相對有限，仍難以滿足研究者的需要。鑒於此，本書編者承前賢時彥之餘緒，計劃編纂一套《清代散見戲曲史料彙編》，分為《詩詞卷》、《方志卷》、《筆記卷》、《小說卷》、《詩話卷》、《尺牘卷》、《日記卷》、《文告卷》、《圖像卷》等，將依次推出，以期對清代戲曲的整體研究有所助推。本編蒐訪得清代五十餘位作家的九百多則涉劇筆記，內容涵括清代劇作、曲家、戲曲本事、戲曲觀念、演劇活動、觀劇交遊、伶人譜系等諸多方面。本編散見戲曲史料的學術價值，主要表現在如下幾個方面：一是涉及劇目眾多，僅經常上演者就不下百種。其中有南戲、傳奇、雜劇，也有民間小戲，還有從不見於各家書目著錄者，此外還涉及了不少已失傳的戲曲作家，資料彌足珍貴；二是有關戲曲史的考辨，如本事考證、戲曲源流等，窮蒐博證，考述多方，為研究者提供了豐富且可堪依據的文獻資料；三是載述了不少文人士夫觀劇、評劇的內容，為深入考察清代戲曲觀念的變遷演進提供了可靠的依據；四是對各類藝人的生平事蹟及伎藝專長均有載述，並為清代戲曲演出情狀的考察提供有力的文獻支撐；五是涉及大量不同劇種在清代消長、更替的記述，可藉此窺得清代戲曲活動的發展軌跡；六是一些不甚知名的作品，在當時演出卻相當火爆，可以藉此考察戲曲傳播、演進的規律；七是涉及大量不同地域、場所的戲曲活動，對考察地方戲曲（包括少數民族戲劇）及特殊場所演劇（如禪堂）均有助益；八是對歷來不為正統文人所重視的民間流行的各類表演伎藝（如幻術、雜耍、口技、煙戲、馬戲等）多所述及，可補一般戲曲史之未逮。需要特別交代的是，清代一些筆記體戲曲論著，如焦循《劇說》、李調元《雨村曲話》、《雨村劇話》、吳長元《燕蘭小譜》、楊懋建《夢華瑣簿》等，由於已成專書，不合本書「散見」的體例，且已有《清代燕都梨園史料》、《中國古典戲曲論著集成》、《歷代曲話彙編》等多部著作收錄並刊行，故此本編不再收入。

目

次

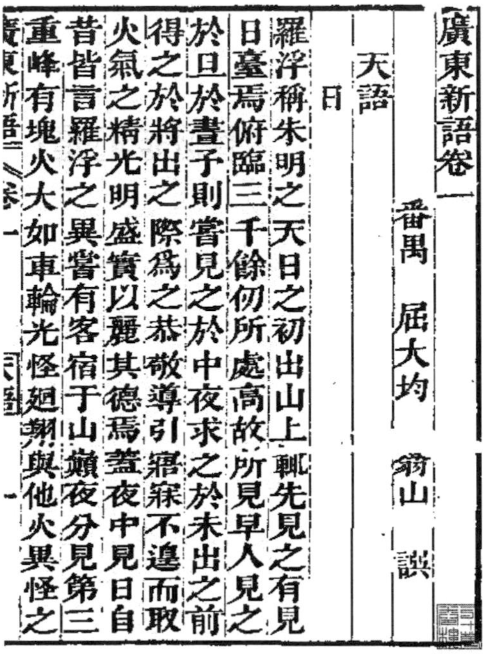

圖1（廣東新語卷一）：

廣東新語卷一

天語

番禺　屈大均　翁山　說

日

羅浮稱朱明之天日之初出山上輒先見之有見
日臺焉俯臨三千餘仞所處高故所見早人見之
於旦於晝子則當見之於中夜求之於未出之前
得之於將出之際爲之恭敬導引寤寐不遑而取
火氣之精光明盛寶以麗其德焉蓋夜中見日自
昔皆言羅浮之異嘗有客宿于山巔夜分見第三
重峰有塊火大如車輪光怪廻翔與他火異怪之

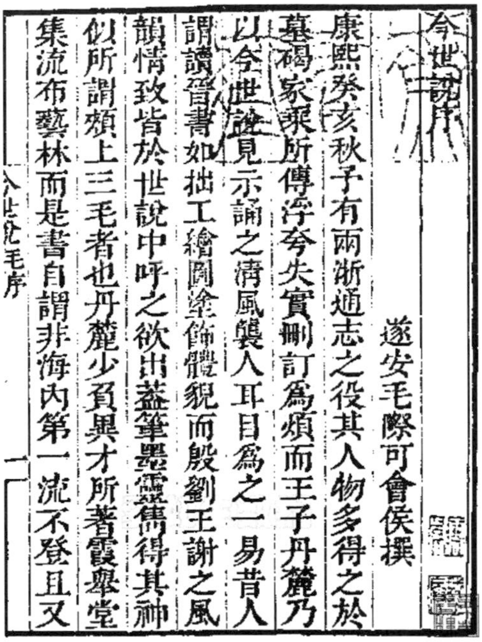

圖2（今世說）：

今世說

遂安毛際可會侯撰

康熙癸亥秋子有兩浙通志之役其人物多得之於
墓碣家乘所傳浮夸失實刪訂爲煩而王子丹麓乃
以今世說見示誦之清風襲人耳目爲之一易昔人
謂讀晉書如拙工繪圖塗飾體貌而殷劉王謝之風
韻情致皆於世說中呼之欲出蓋筆墨靈儁得其神
似所謂頌上三毛者也丹麓少負異才所著霞舉堂
集流布藝林而是書自謂非海內第一流不登且又

入此於毛序

圖3（巢林筆談卷一）：

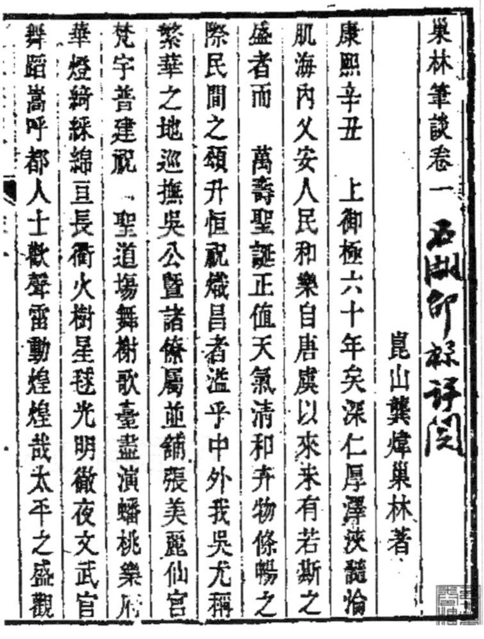

巢林筆談卷一

崑山龔煒巢林著

康熙辛丑　上御極六十年矣深仁厚澤浹髓淪
肌海內乂安人民和樂自唐虞以來未有若斯之
盛者而　萬壽聖誕正值天氣清和卉物條暢之
際民間之頌升恒祝織昌者溢乎中外我吳尤稱
繁華之地巡撫吳公暨諸僚屬並鋪張美麗仙官
梵宇普建觀　聖道場舞榭歌臺毬燈演蟠桃之
華燈綺綵綿亙長衢火樹星毬光明徹夜演武官
舞蹈嵩呼都人士歡聲雷動煌煌哉太平之盛觀

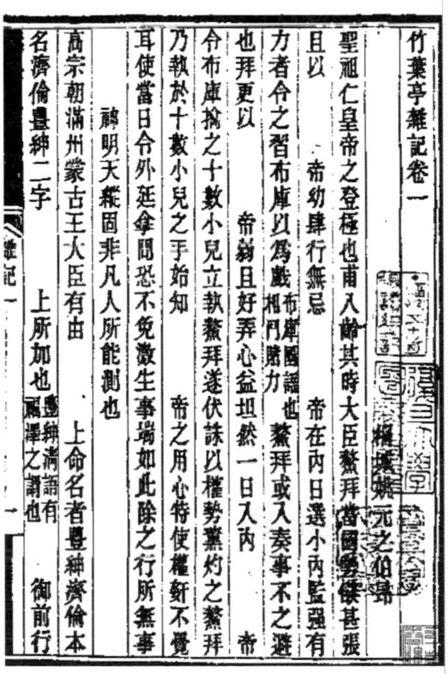

圖4（竹葉亭雜記卷一）：

竹葉亭雜記卷一

聖祖仁皇帝之登極也甫入臨其時大臣鰲拜當國勢甚張
且以　帝幼肆行無忌
力者令之習布庫國語也鰲拜或入奏事不之避
帝頗且好弄心益坦然一日入內
令布庫擒之十數小兒立執鰲拜遂伏誅以權勢薰灼之鰲拜
乃執於十數小兒之手始知
帝之用心特使權臣不覺
耳使當日合外廷命將恐不免激生事端如此除之行所無事
神明天縱固非凡人所能測也
高宗朝滿州蒙古王大臣有由
名濟倫豐紳二字
上命名者豐紳濟倫本
上所加也豐紳濟之謝恩也

御前行

圖 1：屈大均《廣東新語》（清康熙
　　　水天閣刻本）

圖 2：王晫《今世說》（清康熙二十二
　　　年霞舉堂刻本）

圖 3：龔煒《巢林筆談》（清乾隆三
　　　十年蓼懷閣刻本）

圖 4：姚元之《竹葉亭雜記》（清光緒
　　　十九年姚虞卿刻本）

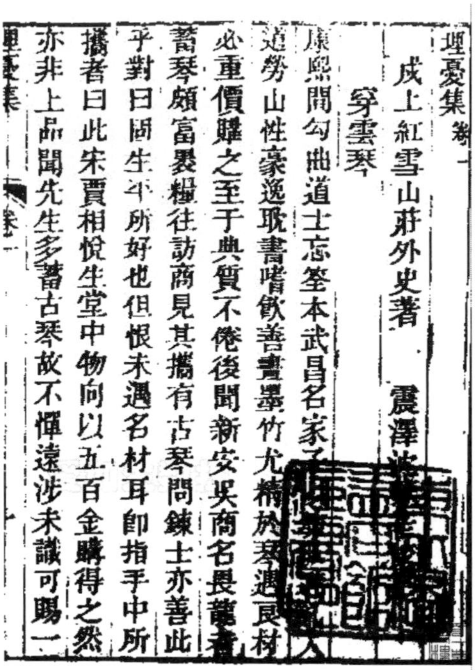

右半（圖6）：

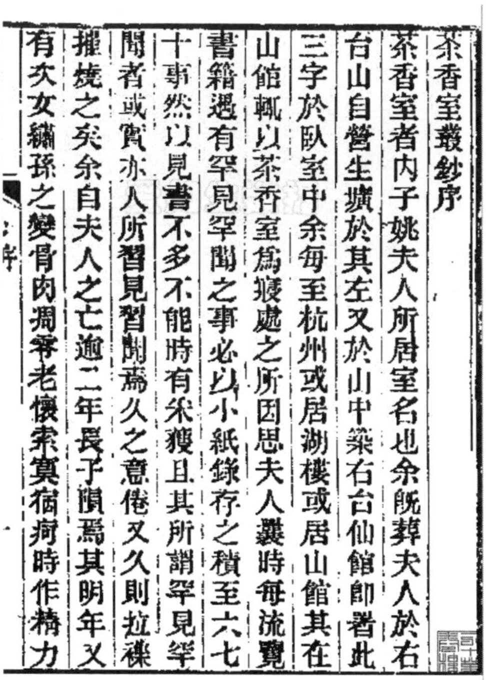

茶香室叢鈔序

茶香室者內子姚夫人所居室名也余既葬夫人於右
台山自營生壙於其左又於山中築右台仙館卽署此
三字於臥室中余每至杭州或居湖樓或居山館其在
山館輒以茶香室為寢處之所因思夫人曩時每流覽
書籍遇有罕見罕聞之事必以小紙錄存之積至六七
十事然以見書不多不能時有采獲且其所謂罕見罕
聞者或實亦人所習見習聞閱之意倦久之則拉雜
摧燒之矣余自夫人之亡逾二年長子覬為其明年又
有次女繼孫之變骨肉凋零老懷索寞徜徉時作稍力

左半（圖5）：

埋憂集卷一

成上紅雪山莊外史著

穿雲琴

康熙間勾曲道士忘筌本武昌名家子
追勢山性豪逸耽書嗜飲善畫墨竹尤精於寒遇良材
必重價購之至于典質不倦後聞新安吳商名畏蘗者
蓄琴頗富裹糧往訪商見其攜有古琴問錬士亦善此
乎對曰固生平所好也但恨未遇名材耳卽指手中所
攜者曰此宋賈相悅生堂中物向以五百金購得之然
亦非上品聞先生多蓄古琴故不憚遠涉未識可賜一

圖 5：朱翊清《埋憂集》（清同治刻本）

圖 6：俞樾《茶香室叢鈔》（清光緒二十五年刻春在堂全書本）

前　言

　　筆記，作爲中國傳統文化寶庫的一個重要組成部分，在其產生之初，就呈現出豐富性、複雜性、包容性的特點。舉凡廟堂大計、宮闈秘聞、坊間趣事、風俗民情、歷史掌故、名人軼事、土地物產、文化事典、吟風弄月、百戲伎藝、天文地理、邊塞關隘、商貿往來，神仙鬼怪、僧寺道觀、花卉草木、醫藥方術等，幾乎無所不包，是我們研究古代政治經濟、歷史文化的極爲珍貴的形象化史料，歷來爲學人所重視。

　　這種文體大概濫觴於東漢，至唐代得到了很大發展，以至形成繁榮的局面。自宋之後，作品更是大量湧現，不勝枚舉。據不完全統計，僅有清一代，各類筆記就達四五百種之多。這一內蘊極爲豐富的文化遺產，不時得到歷代文人的關注。宋人司馬光在編撰《資治通鑒》時，就強調「遍閱舊史，旁採小說」〔註1〕。此處「小說」，即指的是筆記類雜著。清代史學研究三大家之一的趙翼，所撰《廿二史箚記》，「在研究前四史時，多以史證史，至於對元、明之史的探究，則時採《草木子》、《輟耕錄》、《庚巳編》、《林居漫錄》諸筆記別乘」〔註2〕。進入20世紀，關注筆記者更不乏其人。梁啓超、王國維的高足謝國楨，早在1930年，奉北平圖書館之託，往上海涵芬樓讀明季稗乘，後又去南潯嘉業堂訪明清筆記史乘，並記下讀書箚記，其後一併收入《晚明史籍考》。他治史「喜讀明清時代野史稗乘，凡關於政治經濟、學術文化、鄉邦掌故，有愜於心的，隨手摘錄」〔註3〕。《明清筆記談叢》一書，就是在其

〔註1〕司馬光：《進資治通鑒表》，《宋文鑒》卷六五，四部叢刊景宋刊本。
〔註2〕趙興勤：《趙翼評傳》，江蘇人民出版社，2008年，第153頁。
〔註3〕謝國楨：《重版說明》，《明清筆記談叢》，上海書店出版社，2004年，第1頁。

博覽筆記別乘的基礎上寫成的。尤其可貴的是，謝國楨作爲著名史學家，還十分留意與戲曲史相關的文獻史料，並極力推許道：

> 最足以推薦的爲明蔣之翹《堯山堂外紀》，它記述歷代文學家的傳記，尤其是元明兩代的戲曲家如關漢卿、白仁甫等人的傳記，賴此書得以保存下來，與明鍾嗣成《錄鬼簿》記述戲曲家瑣聞逸事，有異曲同工之妙，可以說是一部最早的中國文學史，尤其偏重於民間的傳說，不囿於正統派的見解，頗具有特識，是值得推薦的一部書籍。〔註4〕

錢師南揚輯錄的《宋元戲文輯佚》（上海古典文學出版社 1956 年版）一書，對戲文本事的考證，多得力於筆記別乘。劉葉秋的《歷代筆記概述》（北京出版社 2003 年版），是一部綜合考察筆記這一特殊文體發展軌跡的專著，且涉及不少戲曲、小說文獻，相當於一部較早的筆記體著作發展簡史，在學術研究上有開拓之功。張舜徽的《清人筆記條辨》（華中師範大學出版社 2004 年版），則偏重於學術層面。來新夏的《清人筆記隨錄》（中華書局 2005 年版），對 140 餘名清代筆記作者的作品進行解析。

筆者受前輩學人啓發，於上個世紀七十年代，便有意識地閱讀相關筆記，如《雲間據目鈔》、《雲溪友議》、《淞隱漫錄》、《北夢瑣言》、《歸潛志》、《少室山房筆叢》、《雞肋編》、《能改齋漫錄》、《鶴林玉露》、《玉照新志》、《萬曆野獲編》、《嘯亭雜錄》、《茶餘客話》、《履園叢話》、《揚州畫舫錄》、《書影》、《湧幢小品》、《七修類稿》、《續夷堅志》、《輟耕錄》等，均是在當時所讀，對研究視野的拓展大有助益。鑒於此，本人在編纂《清代散見戲曲史料彙編》這一大型叢書時，仍然想到這一有待進一步發掘的領域。

本編從五十餘種筆記中，鉤稽出近千條與戲曲活動相關的史料，涉及作家考證、伶人軼事、劇作內容考索、戲曲理論、傳播場閾、受衆群體、戲曲班社、表演流派、演劇風俗、地方聲腔、百戲表演、民間小調等多方面的內容，頗爲豐富。書中所收史料，對清代戲曲史研究的價值，自不可低估，特加以梳理，論述如下：

一、本編所涉及的各種劇目

因爲筆記在內容載述上有著很大的隨意性，幾乎無所不包，所以，本編

〔註4〕謝國楨：《重版說明》，《明清筆記談叢》，上海書店出版社，2004 年，第 6 頁。

收錄文獻涉及的劇目十分廣泛。據粗略翻檢，就有《琵琶記》、《王煥》、《荊釵記》、《浣紗記》、《鳴鳳記》、《尋親記》、《西廂記》、《邯鄲夢》、《節孝記》、《玉連環》、《爛柯山》、《八仙會》、《水滸記》、《彩毫記》、《宵光劍》、《千金記》、《西樓記》、《風雪漁樵記》、《獅吼記》、《義俠記》、《連環記》、《漁家樂》、《占花魁》、《醉菩提》、《人獸關》、《紫釵記》、《鮫綃記》、《牡丹亭》、《一捧雪》、《療妒羹》、《西川圖》、《天門陣》、《金鎖記》、《單鞭奪槊》、《翡翠園》、《莊周蝴蝶夢》、《鐵勒奴》、《滾樓》、《抱孩子》、《賣餑餑》、《送枕頭》、《思凡》、《大夫小妻》、《相約》、《相罵》、《癡訴》、《點香》、《雙思凡》、《鬧莊》、《南浦》、《囑別》、《紅綃》、《五香毬》、《佳期》、《訪賢》（見《封神榜》）、《投趙激儀》、《打朝》、《裝瘋》、《長生殿》、《跪池》、《掃秦》（《瘋僧掃秦》）、《繡襦記》、《秦檜東窗畫計》、《雙官誥》、《廣舉》、《毛把總到任》、《訪普》、《斑衣戲彩》、《打灶》、《胭脂》、《戰宛城》、《漢宮三分》、《桂林雪》、《桂林霜》、《鴻鸞喜》、《李三郎羯鼓催花》、《奈何天》、《孔明借箭》、《司馬搜宮》、《黃鶴樓》、《法門寺》、《五花洞》、《社會現形記》、《落馬湖》、《戲迷傳》、《掃花》、《戰長沙》、《尼姑下山》、《挑簾》、《裁衣》、《文昭關》、《拾金》、《訓子》、《斬青龍》（《鎖五龍》）、《燕子箋》、《探親相罵》、《寡婦上墳》、《四傑村》、《虮蠟廟》、《桃花扇》、《雁門關》、《五彩輿》、《雄黃陣》、《鵲橋會》、《施公案》、《獅子樓》、《三打店》、《惡虎村》、《盜御馬》、《挑華車》、《長阪坡》、《連升三級》、《捉夫》、《閨房樂》、《得意緣》、《賣胭脂》、《拾玉鐲》、《殺皮》、《十二紅》、《破洪州》、《馬上緣》、《烏龍院》、《新安驛》、《紅梅閣》、《列女傳》、《梵王宮》、《眞珍珠》、《群英會》、《吊金龜》、《取成都》、《李陵碑》、《捉放曹》、《烏盆記》、《迴龍閣》、《乾坤帶》、《打金枝》、《葡萄架》、《銷金帳》、《二進宮》、《戰樊城》、《魚藏劍》、《華容道》、《天水關》、《八大錘》、《探莊》（見《祝家莊》）、《草船借箭》、《盜宗卷》、《瓊林宴》、《三國志》、《芭蕉扇》、《蟠桃會》、《金錢豹》、《硃砂痣》、《舉鼎》、《碰碑》（《李陵碑》）、《探母》、《牧羊圈》、《坐宮》、《盜令》（見《四郎探母》）、《拿高登》、《四平山》、《漢銀壺》、《九義十八俠》、《大蓮花》、《銅網陣》、《藏舟》、《刺虎》、《跌包》、《雙釘計》、《馬四遠開茶館》、《胭脂虎》、《浣花記》、《彩樓記》、《御碑亭》、《趕三關》、《祭江》、《別宮》、《虹霓關》、《落花園》、《嘉興府》、《十粒金丹》、《賣藝》、《鍾馗嫁妹》、《五鬼鬧判》、《御花園》、《沙陀國》、《取洛陽》、《白虎帳》、《大名府》、《岳家莊》、《鬧山》、《三上吊》、《活捉》、《御菓園》、《翠屏山》、《也是齋》、

《南通州》、《坐樓》、《查關》、《小上墳》、《捉劉氏》、《盜魂鈴》、《讓成都》、《玉堂春》、《雪杯圓》、《審頭》、《刺湯》、《打嵩》、《送盒子》、《打柴勸弟》、《對影悲》、《雙冠誥》、《算糧》、《登殿》、《三疑計》、《小磨房》（即《十八扯》）、《天雷報》、《空城計》、《九更天》、《陽平關》、《戰蒲關》、《楊妃醉酒》、《探花趕府》、《打連廂》、《紅樓夢》、《木哥寨》、《褚彪》、《混元盒》、《鎮潭州》、《陰陽河》、《完璧歸趙》、《探寒窰》、《三娘教子》、《六國封相》、《臨川夢》、《雙沙河》、《女狀元》、《療妒羹》、《破窰記》、《點秋香》、《趙氏孤兒》、《精忠記》、《清忠譜》、《韓湘子》、《洛陽橋》、《大紅袍》、《祝英臺》、《白羅衫》、《江流兒》、《紅拂記》、《花關索》、《麒麟閣》、《博笑記》、《雪中人》、《小姑賢》、《王昭君》、《城南柳》、《秦晉配》、《意外緣》、《商山鸞影》、《天馬媒》、《雌木蘭》、《孟姜女》、《籌邊樓》、《浩氣吟》、《漁陽三弄》、《霸亭秋》、《通天臺》、《黑白衛》、《李白登科》、《鞭歌妓》、《雙金榜》、《獅子賺》、《牟尼合》、《春燈謎》、《北門鎖鑰》、《脫穎》、《茅廬》、《章臺柳》、《韋蘇州》、《申包胥》、《桃花源》、《蘇季子六國榮封》、《八仙慶壽》、《劉瑾酗酒》、《李太虛戲本》、《一斛珠》、《空谷音》、《四絃秋》、《鈞天樂》、《吊琵琶》、《釵燕園》、《黃粱夢》、《鸚釵記》、《合紗記》、《金丸記》、《夢磊記》、《情郵記》、《畫中人》、《綠牡丹》、《西園記》、《紅梨記》、《投梭記》、《祝髮記》、《一文錢》、《梧桐雨》、《王粲登樓》、《千金記》、《千里送荊娘》、《元夜鬧東京》、《華光顯聖》、《目連入冥》、《大聖收魔》、《想當然》、《豫讓吞炭》、《霍光鬼諫》、《敬德不伏老》、《江天暮雪》、《望湖亭》、《長生樂》、《玉麟符》、《瑞玉記》、《倩女離魂》、《竇娥冤》、《壽春園》、《壽榮華》、《東堂老》、《十五貫》、《楊繼盛傳奇》、《白綾記》、《續離騷》、《霞箋記》、《千鍾祿》、《蕉鹿記》、《高唐夢》、《南柯》、《邯鄲》、《天涯淚》、《四嬋娟》、《滑油山》、《續牡丹亭》、《後繡襦》、《偷甲記》、《四元記》、《雙鐘記》、《魚籃記》、《萬全記》、《南樓記》、《東廂記》、《韓琪殺廟》、《薛家村》，以及宮廷酬應戲《月令承應》、《盛世鴻圖》、《法宮雅奏》、《九九大慶》、《勸世金科》、《昇平寶筏》、《忠義璿圖》、《鼎峙春秋》等。據不完全統計，涉及各類劇目當在四百種上下，數量殊爲可觀。

就所錄劇目類別而論，南戲有《琵琶記》、《荊釵記》、《王煥》、《尋親記》等；元人雜劇有《敬德不伏老》、《霍光鬼諫》、《倩女離魂》、《竇娥冤》、《江天暮雪》、《單鞭奪槊》、《西廂記》、《風雪漁樵記》、《東堂老》等。明清傳奇相對較多，有《浣紗記》、《鳴鳳記》、《水滸記》、《彩毫記》、《宵光劍》、《千

金記》、《節孝記》、《邯鄲夢》、《獅吼記》、《義俠記》、《牡丹亭》、《千鍾祿》、《霞箋記》、《一捧雪》等四五十種。而明清雜劇，則有《天涯淚》、《四嬋娟》、《高唐夢》、《南柯》、《邯鄲》等二十餘種。其它，則以「花部」即後來甚為盛行的秦腔、皮黃劇目為多，如《天水關》、《華容道》、《李陵碑》、《捉放曹》、《小姑賢》、《拾玉鐲》、《賣胭脂》、《雁門關》、《長阪坡》、《惡虎村》、《吊金龜》、《打金枝》等，大概有二百餘種。

　　由此可以得知，作為「雅部」戲曲的代表——崑腔，逐漸走向衰微，而乘機而動的皮黃劇及其它地方戲曲卻迅即崛起，大有風靡天下之勢。就雅部戲曲而言，所演也多為折子戲，如《宵光劍》中的《鬧莊》（即《救青》），《豔雲亭》裡的《癡訴》、《點香》二齣，《琵琶記》中的《南浦》、《囑別》，《南西廂》裡的《佳期》，《獅吼記》中的《跪池》，《風雲會》裡的《訪普》、《送京》，《義俠記》中的《挑簾》、《裁衣》，《漁家樂》裡的《藏舟》，《鐵冠圖》中的《刺虎》，《一捧雪》裡的《刺湯》、《審頭》，《目連救母》中的《思凡》、《下山》、《捉劉氏》，《金貂記》裡的《打朝》、《裝瘋》，《商輅三元記》中的《教子》，《尋親記》裡的《跌包》（《教子》）等，且多經過民間藝人的加工改造。如《花鼓》一齣，乃是由明人周朝俊《紅梅記》第十九齣所描述的唱鳳陽花鼓事演化而來。其中有些劇目，如《坐樓》，演宋江殺閻婆惜事，為廬劇傳統劇目，乃京劇《坐樓殺惜》前半部之情節。《三疑計》乃早期皮黃劇目，演明末唐英塾師王標偶感風寒，「唐英之子回家取被，與師避寒，誤夾其母李月英繡鞋於被中。唐英操演軍馬回府，前往探病，見床下有妻子之繡鞋，疑二人有姦情，怒歸，責問其妻。月英辯白不成，被迫與丫環前往王標處扣門，言欲與王標相見，王標以禮相拒。唐英方信月英所言為實，向其請罪」〔註 5〕。為一短劇，清末喜連成、小吉祥等戲班時常上演此劇，後被改稱《拾繡鞋》，今已極少演出。《查關》，《清車王府藏戲曲全編》第二冊收錄，所唱為【梆子】，歸入亂彈。敘太子劉唐建與守關女將尤春風情事，為丑、旦鬧劇。《算糧》、《登殿》為皮黃劇目，演王寶釧、薛平貴事，今豫劇、河北梆子仍時常演出。《闖山》，即《董家山》，演董金蓮、尉遲寶林結姻事，名伶小翠花擅長此戲。《賣藝》，皮黃劇目，敘梁山好漢後人石化龍於泰山鎮賣藝及花逢春與蕭桂英姻緣分合事，今均極少演出。

〔註 5〕黃仕忠主編：《清車王府藏戲曲全編》第十三冊，廣東人民出版社，2013 年，第 753 頁。

　　記載名伶事蹟的《燕蘭小譜》、《日下看花記》、《聽春新詠》、《金臺殘淚記》、《長安看花記》、《辛壬癸甲錄》、《丁年玉筍志》、《夢華瑣簿》諸書，所敘及劇目，則是《烤火》、《賣餑餑》、《三英記》、《打門》、《吃醋》、《王大娘補缸》、《看燈》、《弔孝》、《賣胭脂》、《罵雞》、《送米》、《哭靈》、《鎖雲囊》、《龍蛇陣》、《小寡婦上墳》、《別妻》、《狐女思春》、《潘金蓮葡萄架》、《滾樓》、《佳期》、《花鼓》、《倒聽》、《阿濫堆》、《打櫻桃》、《闖山》、《鐵弓緣》、《長生殿》、《盜令》、《遊街》、《學堂》、《思凡》、《拷紅》、《戲叔》、《審錄》、《醉閣》、《遇妻》、《踢毬》、《演武》、《捉姦》、《服毒》、《刺梁》、《刺虎》、《玉鴛鴦》、《碧玉釧》、《英雄譜》、《打番》、《探親》、《斷橋》、《湖船》、《琵琶淚》、《一枝梅》、《軍門產子》、《獨佔》、《蝴蝶夢》、《打洞》、《弒齊》、《撿柴》、《贈金》、《挈妝潛遁》、《遇暴脫身》、《反誑》、《著棋》、《挑簾》、《交帳》、《白蛇傳》、《福星照》、《戲鳳》、《掃花》、《買炭》、《齋飯》、《衣珠記》、《翡翠園》、《巧奇緣》、《題曲》、《茶敘》、《雙金牌》、《問情》、《賞荷》、《金山》、《武聖》、《雪夜》、《琵琶》、《殺舟》、《寄柬》、《昭君》、《西遊記》、《女國王》、《打餅》、《偷詩》、《秋江》、《盜巾》、《相約》、《相罵》、《雙珠球》、《獨佔》、《梳妝》、《跪池》、《打店》、《宛城》、《背娃》、《小金錢》、《乾坤鏡》、《翠雲樓》、《打刀》、《皮弦》、《四門》、《餵藥》、《遊殿》、《諫父》、《連廂》、《頂磚》、《劉氏招魂》、《醉歸》、《狐春》、《裁衣》、《跳牆》、《園會》、《斷機》、《活捉》、《打番》、《借茶》、《草橋驚夢》、《雙蝶》、《描容》、《漢宮春曉》、《南柯夢》、《探親遇盜》、《香聯串》、《趕車》、《擂臺》、《崔華逼退婚》、《百花點將》、《跑馬賣解》、《吹簫引鳳》、《和番》、《搖會》、《別妻》、《秋蓮花》、《奇逢》、《東遊》、《胭脂》、《蕩湖船》、《春睡》、《藏舟》、《盤殿》、《番兒》、《水鬥》、《賣身》、《廟會》、《送燈》、《頂嘴》、《金盆撈月》、《樓會》、《絮閣》、《洛陽橋》、《贈珠》、《賜環》、《梅降雪》、《富貴樓》、《血汗衫》、《換布》、《打都盧》、《吞丹》、《贈鐲》、《檀香墜》、《香山》、《縫帶》、《登樓》、《賣藝》、《別窰》、《九鐘罩》、《討釵》、《殺惜》、《玉蓉鏡》、《珍珠配》、《霸王鞭》、《小桃園》、《金錢記》、《前誘》、《招親》、《縫衣》、《打雁》、《拋球》、《溫涼盞》、《藍家莊》、《無底洞》、《殺四門》、《慶頂珠》、《撲跌》、《關王廟》、《小青題曲》、《遊園驚夢》、《山歌》、《失約》、《日月閣》、《葬花》、《折梅》、《雨詞》、《瑤臺》、《渡瀘》、《花大漢別妻》、《警曲》、《問病》、《刺目》、《打杠子》、《孫夫人祭江》、《小宴》、《驚變》、《埋玉》、《擲戟》、《大鬧銷金帳》、《喬醋》（《金雀記》）、《打桃

園》、《快人心》、《王名芳連升三級》、《鐵冠圖》、《費宮人刺虎》。

　　以上八種著作中，所敘及劇目不過二百餘種，遠不及本編所收劇目豐富，且大多爲折子戲，如《絮閣》、《小宴》、《驚變》、《埋玉》等，均出自《長生殿》；《水鬥》、《斷橋》、《遊湖》，則出自《雷峰塔》（《白蛇傳》）；《醉歸》、《獨佔》，爲《占花魁》中的兩齣；《盜令》、《遊街》、《殺舟》，是由《翡翠園》而來；《藏舟》、《相梁》、《刺梁》，乃出自《漁家樂》傳奇。《題曲》，出自《療妒羹》；《交帳》、《戲叔》、《反誆》，則出自沈自晉的傳奇劇《翠屏山》。《軍門產子》，是由明人姚子翼《祥麟現》（《青龍陣》）中「產子破陣」演化而來。《前誘》、《後誘》、《殺惜》、《活捉》，乃是明許自昌《水滸記》中關目。《跌包》，又名《教子》，出自《周羽教子尋親記》。《趕車》，乃明徐復祚《紅梨記》第十齣《錯認》之改題。《遊街》、《戲叔》、《挑簾》、《裁衣》，又是明沈璟《義俠記》中的主要情節。《茶敘》、《問病》、《失約》、《送別》，乃出自明高濂《玉簪記》傳奇。《相罵》，又名《討釵》，乃《釵釧記》第十三齣。《寄柬》、《著棋》、《遊殿》，是出自《南西廂》。《小宴》、《梳妝》、《擲戟》，均爲明王濟《連環記》中情節。據此可知，上述諸書，在收錄劇目的覆蓋面上，也遠不及本編，且大多爲雅部中劇目，花部劇目相對較少。直至同治年間，邗江小遊仙客所撰《菊部群英》，才廣泛收錄諸如《八大錘》、《虹霓關》、《馬上緣》、《打金枝》、《白門樓》、《翠屏山》、《法門寺》、《鎖五龍》、《破洪州》、《鎮檀州》之類皮黃戲及高腔、亂彈諸戲曲聲腔的劇作。當然，仍以收錄如《討釵》、《教子》、《戲妻》、《探窰》、《擊掌》之類的折子戲爲主。儘管如此，戲曲流播及發展的軌跡亦由此可尋。將本編所收劇目，與上述各書對讀，始能全面瞭解清代戲曲是如何在花雅競爭此消彼長的平臺上，實現其發展重心的轉換的。

　　還有一點應當引起注意的是，不少反映民間生活、家庭倫理、社會風俗的小戲應運而生，如《抱孩子》、《毛把總到任》、《打灶》、《打刀》、《打秋》、《戲迷傳》、《社會現形記》、《探親相罵》（又名《探親家》）、《拾玉鐲》、《五花洞》、《拾金》、《三打店》、《連升三級》、《十二紅》（《備刀記》）、《打金枝》、《九義十八俠》、《馬四遠開茶館》（即《雙鈴記》）、《三上吊》、《打柴勸弟》、《小磨房》（《十八扯》）、《打連廂》、《小姑賢》、《五鬼鬧判》、《鍾馗嫁妹》、《三娘教子》等，其中不少作品注入了普通百姓的審美情趣，反映了前人在處理家庭生活、人際關係方面的聰明才智與是非斟酌。

　　有的作品雖不具備多少複雜情節，但因其始終充盈著濃郁的生活氣息，

場上演出活潑多趣，同樣為人們所歡迎，久演不衰。如《十八扯》，是由《綴白裘》第十一集卷四所收《磨房》、《串戲》兩齣小戲演化而來。劇敘嫂嫂受婆母虐待，打入磨房推磨，小叔孔懷與妹同情嫂子，遂入磨房代勞，兄妹串戲以取樂，以寬慰嫂子。原來所唱為亂彈腔、高腔，後被改編為皮黃調，又名《小磨房》。名伶李百歲擅演此劇，能融各名家之長。劇中兄妹二人，或女扮男，或男扮女，或作須生，或扮作青衫，或為大面，或作小生，扭捏搖擺，作出種種情狀，令人笑不可止。劇中兄妹曾搬演《龐德下書》，卻讓王世沖（充）登場，又令梁山孫二娘來破天門陣，還演及隋末秦瓊請梁山宋江發救兵，並將楊六郎、楊宗保、漢代李廣、姚期、三國之時陳宮、明代康茂才諸名人一併拉入，真可謂東拉西扯。還聲稱：「去到北京城，頒（搬）來小叫天，大戰『劉鴻聲』。」「小叫天」，即京劇名伶譚鑫培（1847～1917）。其父以演老旦馳名，有「叫天子」之稱，故鑫培得此名。譚鑫培是在「同治末年由京東返都，加入三慶，以武生作演出的」〔註6〕。據同治十一年（1872）內務府索要的在京各戲班花名冊，「三慶班」的生行中，有譚金福之名。譚金福，即譚鑫培之本名。〔註7〕自此，三慶、春臺、四喜諸注籍內務府的戲班，就經常輪流在京師大柵欄演出。〔註8〕而劉鴻聲（一作鴻升）生於光緒二年（1876），初為票友，至光緒十九年（1893）十八歲時，已能演《忠烈圖》、《喜封侯》、《小堯天》等多部劇目。〔註9〕他先唱花臉，後唱老生，至光緒末年始唱紅起來。〔註10〕曾與譚鑫培、梅榮齋、王鳳卿、姜妙香等名伶配戲，以反串《釣金龜》知名。〔註11〕改習老生後，學譚派唱腔，而善用氣，聲音高朗響亮，且能將聲調拉得很長，故見重於時。〔註12〕如此看來，《十八扯》既然將譚、劉並稱，那麼，它的產生年代當在清末民初。

　　《戲迷傳》，相傳為汪笑儂所作，但缺少文獻依據，但它是受《十八扯》啟迪而產生。這一推斷，當不成問題。劇敘戲迷酷愛唱戲，與母親、妻兒、

〔註 6〕王芷章：《中國京劇編年史》上冊，中國戲劇出版社，2003 年，第 401 頁。
〔註 7〕參看王芷章：《中國京劇編年史》上冊，中國戲劇出版社，2003 年，第 356～357 頁。
〔註 8〕參看王芷章：《中國京劇編年史》上冊，中國戲劇出版社，2003 年，第 362 頁。
〔註 9〕參看王芷章：《中國京劇編年史》上冊，中國戲劇出版社，2003 年，第 636 頁。
〔註 10〕參看王芷章：《中國京劇編年史》下冊，中國戲劇出版社，2003 年，第 729 頁。
〔註 11〕參看王芷章：《中國京劇編年史》下冊，中國戲劇出版社，2003 年，第 752 頁。
〔註 12〕參看王芷章：《中國京劇編年史》下冊，中國戲劇出版社，2003 年，第 872 頁。

親戚、朋友晤面，總忘不了唱上幾句。什麼《硃砂痣》、《洪羊洞》，張口就來。西皮、二黃，隨口唱出。青衣、大面、花臉，任意扮演。母親生病，請醫診治，面對醫生，仍是唱戲。老母萬般無奈，告其忤逆不孝。到了公堂之上，依然隨意亂謅，用唱戲表白，弄得官吏也無計可施。這雖是一鬧劇，但若非各色行當皆擅長，且具有相當深厚的功力，是難以擔當此角色表演的。

　　至於《小放牛》，情節也非常單純，不過是敘述村姑問路於牧童，牧童與她互相調侃、此唱彼答之事。但有一段對唱很有意思，不妨迻錄如下：

　　　　（丑唱）天上梭羅什麼人兒栽？地下的黃河什麼人兒開？什麼人把守三關口？什麼人出家沒有回來？什麼人出家沒有回來？

　　　　（旦唱）天上梭羅王母娘娘栽，地下黃河老龍開，楊六郎把守三關口，韓湘子出家沒有回來，韓湘子出家沒有回來。

　　　　……

　　　　（丑唱）趙州橋什麼人兒修？玉石的欄杆什麼人兒留？什麼人騎驢橋上走？什麼人推車押（軋）了一條溝？什麼人推車押（軋）了一條溝？

　　　　（旦唱）趙州橋魯班爺爺修，玉石欄杆聖人留，張果老騎驢橋上走，柴王爺推車押（軋）了一條溝，柴王爺推車押（軋）了一條溝。

　　　　（丑唱）什麼人董家橋上打個五虎？什麼人拷元鑼賣過香油？什麼人肩刀橋上走？什麼人坐馬觀《春秋》？什麼人坐馬觀《春秋》？

　　　　（旦唱）趙匡胤董家橋上打個五虎，鄭子明（恩）拷元鑼賣過香油，周倉肩刀橋上走，關二爺坐馬觀《春秋》，關二爺坐馬觀《春秋》。〔註13〕

　　《清車王府藏戲曲全編》所收《小放牛》乃亂彈曲本，與《戲學彙考》文字略有不同，無「什麼人董家橋上打個五虎」對唱一段。〔註14〕其實，「天上梭羅什麼人兒栽」一曲來源甚古，元代戲文《蘇武牧羊記》第三齣【回回曲】，與這段文字基本相同，唯末句「甚麼人和和北番的來」被改作「什麼

〔註13〕凌善青、許志豪編：《新編戲學彙考》第十卷，大東書局，1934 年，第 6〜7頁。

〔註14〕參看黃仕忠主編：《清車王府藏戲曲全編》第十五冊，廣東人民出版社，2013年，第 841 頁。

人出家沒有回來」，答句亦由「王昭君和和北番的來」變成「韓湘子出家沒
有回來」。〔註15〕而「趙州橋什麼人兒修」、「什麼人董家橋上打個五虎」，係
《戲學彙考》所收本《小放牛》增出。

這類劇作，雖然無多少情節可言，但是卻硬是靠為數不多的演員場上表
演與具有很強藝術表現力的戲曲聲腔的轉換多變，征服了觀眾。這一演出，
看起來不起眼，卻是對唐宋以來滑稽雜戲表演傳統的承繼，「在『逗趣』、『諧
謔』上做文章，運用具有強烈動感的舞臺畫面，凸顯生活中的矛盾、衝突，
以少數伶人撐起大場面」〔註16〕。誠然，在登場伶人甚少的前提下，「空蕩蕩
的表演場地，只有兩三人在活動，倘若不是場上人物行為的異化誇張，身段
動作幅度盡可能地擴大，表演技巧不斷轉軌，場上氣氛恣意渲染，豈能撐得
起這一場面」〔註17〕？正如有的論者所說：

> 宋雜劇並不具備完整故事與特定人物，又因中國戲劇建基於音
> 樂和舞蹈，運用音樂、舞蹈作為手段，來表達人物的感情思想。一
> 齣戲的演出，常因之把歌與舞成分過分突出，使戲劇的結構鬆弛下
> 來。尤其是民間的小戲，大多反映農村生活，不重故事，專重表演，
> 以歌舞為手段，以調笑為目的。例如《小放牛》一戲，內容寫村姑
> 向牧童問路，牧童要求她唱曲，才放她過去，既無故事可言，連人
> 物也沒名姓。一般觀眾，決不因不具備故事、人物、衝突、懸疑等
> 構成戲劇的條件，而否認它是一齣戲。〔註18〕

這樣的理解是很有道理的。看來，衡量一部劇作是否成功，還應寬容一些，
不能僅僅採用常規標準，看其是否具備情節、衝突，以及完整的人物性格，
還應看其場上表演的效果如何。這類小戲恰恰帶有戲劇早期形態的某些原始
風貌。近世梆子戲中的《小二姐做夢》、《夏林開弓》、《雙勸墳》、《毛二頭搓
墜》、《王婆下神》、《王小趕腳》、《對哆羅》、《巧對舌》、《王婆罵雞》、《拴娃
娃》、《瞎子觀燈》等劇目，大多是該類滑稽戲之流亞。

另外，本書所收錄的《抱孩子》、《廣舉》、《毛把總上任》、《列女傳》、《三
上吊》、《大蓮花》、《探花趕府》等劇目，《中國劇目辭典》（河北教育出版社
1997 年版）未收，為我們考察早期戲劇之佚存，提供了文獻依據。

〔註15〕王季思主編：《全元戲曲》第十卷，人民文學出版社，1999 年，393 頁。
〔註16〕趙興勤：《中國早期戲曲生成史論》，北京大學出版社，2015 年，第 356 頁。
〔註17〕趙興勤：《中國早期戲曲生成史論》，北京大學出版社，2015 年，第 358 頁。
〔註18〕田士林：《中國戲劇研究》，臺灣東方文化書局，1981 年影印本，第 6 頁。

二、本編所收文獻對清代戲班、戲園的描述

　　戲班，乃戲曲藝人的演唱組織，戲曲演出活動的最基本單位。在通俗文學作品中，經常敘及戲班演出活動的情景，如《宦門子弟錯立身》、《漢鍾離度脫藍采和》、《香囊怨》、《桃園景》諸劇作，以及《金瓶梅詞話》、《檮杌閑評》、《歧路燈》、《儒林外史》、《紅樓夢》等小說，都曾不同程度地涉及這方面的內容。即使在外國人眼裡，這也是一件很了不起的事情：

> 　　我相信這個民族是太愛好戲曲表演了。至少他們在這方面肯定超過我們。這個國家有極大數目的年輕人從事這種活動。有些人組成旅行戲班，他們的旅程遍及全國各地，另有一些戲班則經常住在大城市，忙於公眾或私家的演出。毫無疑問這是這個帝國的一大禍害，為患之烈甚至難於找到任何另一種活動比它更加是罪惡的淵藪了。有時候戲班班主買來小孩子，強迫他們幾乎是從幼就參加合唱、跳舞以及參與表演和學戲。幾乎他們所有的戲曲都起源於古老的歷史或小說，直到現在也很少有新戲創作出來。凡盛大宴會都要雇用這些戲班，聽到召喚他們就準備好上演普通劇目中的任何一齣。通常是向宴會主人呈上一本戲目，他挑他喜歡的一齣或幾齣。客人們一邊吃喝一邊看戲，並且十分愜意，以致宴會有時要長達十個小時，戲一齣接一齣也可連續演下去直到宴會結束。〔註19〕

　　以上這段文字，乃出自意大利耶穌會傳教士利瑪竇（1552～1610）的「中國箚記」。他於明萬曆十年（1582）奉命來中國，時隔不幾年，便接替羅明堅，創建中國耶穌傳教團。同年秋，抵達中國澳門。次年，來廣東肇慶，又輾轉到達韶州、南京、南昌、天津等地，最後定居南京，直至萬曆三十八年（1610）去世。居住中國長達二三十年，熟悉中國情況，這一記載當是可信的。

　　至清代，各類戲班則更多。如山東歷下泊有鹽商劉氏的棗園班（又名棗香班），為很多文人所關注，並歌詠之。浙江海寧查氏十些班，有「查氏勾欄第一家」之稱。京師一三班，享有「內府第一樂」之譽。康熙間，金斗班以搬演《桃花扇》而馳名，引一時之風尚，以致「勾欄爭唱孔、洪詞」〔註20〕。

〔註19〕〔意〕利瑪竇、〔比〕金尼閣：《利瑪竇中國箚記》，何高濟等譯，何兆武校，中華書局，2010年，第24頁。

〔註20〕金埴：《巾箱說》，中華書局，1982年，第135頁。

寶應喬侍讀萊蓄有家班，伶人管六郎乃箇中翹楚。乾隆之時，京師有慶成班、寶和班，方俊官、李桂官皆得名於時。而揚州乃商業重鎮，官吏、商賈輳集，所彙聚之戲班則更多。據李斗《揚州畫舫錄》記載，就有老徐班、大洪班、德音班（即內江班）、春臺班（即外江班）、汪府班、黃府班、張府班、程府班、大張班、小張班、小洪班、百福班、雙清班、府串班、司串班、引串班、邵伯串班、恒知府班，還有趁暑月入城演出的眾多趕火班。另有草臺班、句容梆子班、安慶二黃班、弋陽高腔班、湖廣羅羅腔班、勝春班等。還敘及惠州陳府班，京師唱京腔的宜慶、萃慶、集慶諸班，蘇州的集秀班，蘇州織造海府班。僅活動於揚州一地的戲班，就有二三十個，足見戲曲演出之盛況。

其它如蘇班、畢沅家班，蘇州的集秀班、合芳班、擷芳班，為「崑腔中第一部」〔註 21〕。還有江淮某大吏戲班、季氏家班、莊氏家班、李漁家班、王夢林家班、太倉王氏家班、院班、道班、立尚書家班、下天仙班，江寧的清音班、九松班、慶福班、吉慶班、餘慶班、四松班，以及由清音班發展而來的以福壽、榮華命名的蘇、杭等處戲班。

至於京城，更是戲班雲集，有四大徽班，即四喜、三慶、春臺、嵩祝（一說和春）。其中三慶班最早，「乾隆庚戌（五十五年，1790），高宗八旬萬壽，入都祝厘，時稱三慶徽，是為徽班鼻祖」〔註22〕。四喜有聲於嘉慶間，《都門竹枝詞》有「新排一齣《桃花扇》，到處哄傳四喜班」〔註23〕之說。嵩祝班之聲價，「亦不亞於三慶、四喜、春臺，當時堂會必演四大班，足徵嵩祝之馳名一時矣」〔註 24〕。嵩祝班解體後，又有人召集幼伶，成立小嵩祝，但演技遠遜於嵩祝舊人。

乾隆中葉，秦腔盛行於京師，至同、光之際，義順和、寶盛和兩個秦腔戲班最負盛名，然多為下層人們所歡迎。光緒時，官居高位的張之萬（字子青，直隸南皮人）喜好秦腔，春節團拜時，義、寶兩部得以與徽班同時應召演出。後玉成班入京，「遂為徽、秦雜奏之始」〔註25〕。大都市西安，秦腔演出甚盛，有三十六個著名戲班，其中保符班、江東班、雙賽班、雙子班名最著。雙賽班較保符、江東班晚出，稱「雙賽」，意謂欲超出兩班之上，足見競

〔註21〕錢泳：《履園叢話》卷一二，中華書局，1979 年，第 332 頁。
〔註22〕徐珂編撰：《清稗類鈔》第十一冊，中華書局，1986 年，第 5019 頁。
〔註23〕徐珂編撰：《清稗類鈔》第十一冊，中華書局，1986 年，第 5019 頁。
〔註24〕徐珂編撰：《清稗類鈔》第十一冊，中華書局，1986 年，第 5019 頁。
〔註25〕徐珂編撰：《清稗類鈔》第十一冊，中華書局，1986 年，第 5020 頁。

爭之激烈。此班後因著名伶人祥麟、色子的加盟，才改名爲「雙子班」的。
同、光之時，古城開封的戲曲演出，崑曲不時常見，而二黃演出較盛，有春
仙班（後改爲富貴春班）較知名。而廣州則有外江班、本地班之別，「外江班
所演關目，與外省同，本地班則以三晝四夜爲度」〔註26〕。清初王宸章的十
公班，皆爲貴介公子「棄儒爲伶」者。軍閥吳三桂也「喜度曲」，有周公瑾之
風，「蓄歌童十數輩，自教之」〔註27〕，其中六人皆以燕名，且演技最妙，故
稱「六燕班」〔註28〕。據說，吳三桂還曾在江淮茶賈處演《西廂記》中《惠
明寄柬》一折，「聲容臺步，動中肯要」〔註29〕，爲眾人所稱賞。此事很少有
人敘及。禮親王昭槤也蓄有家樂，大興舒位、太倉畢華珍，曾客王邸，「取古
人逸事，撰爲雜劇」〔註30〕，「王邸舊有吳中菊部，每一折成，輒付伶工按譜，
數日嫻習，即邀二人顧曲，盛筵一席，輒侑以潤筆十金」〔註31〕。《清稗類鈔》
中這段話，似由葉廷琯《鷗陂漁話》卷一「舒鐵雲古文樂府」條節錄而來，
文字大致相同。與鄧之誠《骨董瑣記》卷三所載，禮親王「日與群優狎處，
自亦能唱崑戲」〔註32〕相吻合。這一事，陸萼庭《清代戲曲家叢考》已作詳
細考證，此不贅述。〔註33〕又載：同、光間，髦兒班在京師、揚州、南京、
上海、濟南等地甚爲活躍，上海還出現清桂、雙繡這兩個著名的髦兒班社。
所謂「髦兒班」，所收伶人大多在「十歲以上、十五以下聲容並美者」〔註34〕，
雖年紀小卻「技藝皆嫻，且皆由選拔而得」〔註35〕，各擅所長，一旦「裝束
登場，神移四座」〔註36〕。所謂「檔子班」，其實是「髦兒班」之別稱，也是
小班。筆者早些年曾撰有《晚清的濟南劇壇》〔註37〕一文，所述即「檔子班」

〔註26〕徐珂編撰：《清稗類鈔》第十一冊，中華書局，1986年，第5048頁。
〔註27〕徐珂編撰：《清稗類鈔》第十一冊，中華書局，1986年，第5050頁。
〔註28〕徐珂編撰：《清稗類鈔》第十一冊，中華書局，1986年，第5050頁。
〔註29〕徐珂編撰：《清稗類鈔》第十一冊，中華書局，1986年，第5050頁。
〔註30〕徐珂編撰：《清稗類鈔》第十一冊，中華書局，1986年，第5050頁。
〔註31〕徐珂編撰：《清稗類鈔》第十一冊，中華書局，1986年，第5050頁。
〔註32〕鄧之誠：《骨董瑣記》卷三，《骨董瑣記全編》，北京出版社，1996年，第77頁。
〔註33〕參看陸萼庭：《舒位與畢華珍》，《清代戲曲家叢考》，學林出版社，1995年，第183頁。
〔註34〕徐珂編撰：《清稗類鈔》第十一冊，中華書局，1986年，第5052頁。
〔註35〕徐珂編撰：《清稗類鈔》第十一冊，中華書局，1986年，第5051頁。
〔註36〕徐珂編撰：《清稗類鈔》第十一冊，中華書局，1986年，第5052頁。
〔註37〕參看趙興勤：《中國古典戲曲小說考論》，吉林教育出版社，2004年，第149～156頁。

演出狀況。其它還有上海習演新劇的春陽社、進化團，北京的勝春堂班、松鳳班、同春班、嵩祝成班、百順班，以及外地來京的泉湘班，鄭州善歌「胯胯（侉侉）調」的馬班等，涉及各類戲班，不下七十個，為我們考察清代戲曲的花雅爭勝、盛衰相接的發展趨勢，提供了第一手資料。

與拙編《清代散見戲曲史料彙編》「詩詞卷・初編」〔註 38〕、「詩詞卷・二編」〔註 39〕、「方志卷・初編」〔註 40〕相比較，「筆記卷・初編」不僅所收戲班數量大為增多，而且在戲班的性質上，也發生了根本性的變化。前者以高官富豪蓄養的家班居多，而本編所收，則大多是戲曲藝人為應對文化消費市場而自己組建的民間組織。家班的服務對象，主要是封建階級的上層人物，或富紳巨賈之類有錢階層。而遊走江湖的戲班則不然，更多面向的是販夫走卒、市井細民。劇作內容發生變化，實與戲班演出的接受群體的審美需求、情趣嗜好有很大關係。從另一角度來看，伶人努力跳出豪門世家對自身自由的束縛，靠自己的智慧與演技在文化消費市場博弈、開拓，也具有個人意識覺醒、擺脫人身依附、追求個性解放的意義。

而且，本編還收錄不少有關清代各地戲園設置的相關文獻。就北京而論，建在肉市的戲樓建築年代最早，為明代富豪出貲建成，名曰「查樓」。乾隆庚子（四十五年，1780）燬於火。後建者雖仍從舊名，但晚於太平園、四宜園，與明月樓建築時間相近。後來，又有方壺軒、蓬萊軒、昇平軒出現，在當時也很有名氣。〔註 41〕還有同、光年間建於正陽門外的廣德戲園，瞽者王玉峰「以三絃作諸聲，並能彈二簧各戲曲，生旦淨丑、鑼鼓絃索亦各盡其妙」〔註 42〕，曾演奏於此。另有隆福寺的景泰園、四牌樓的泰華軒、東安門外金魚胡同、北城府學胡同一帶的戲園泰華軒、景泰軒等。地安門的樂春芳，所演「多魚龍曼衍、吐火吞刀，及平話、嘌唱之類，內城士夫皆喜觀覽」〔註 43〕。女伶恩曉峰曾演出於丹桂園。天和館，梅蘭芳表兄賈洪林曾在

〔註 38〕趙興勤、趙韡編：《清代散見戲曲史料彙編（詩詞卷・初編）》，臺灣花木蘭文化出版社，2014 年。
〔註 39〕趙興勤、趙韡編：《清代散見戲曲史料彙編（詩詞卷・二編）》，臺灣花木蘭文化出版社，2015 年。
〔註 40〕趙興勤、趙韡編：《清代散見戲曲史料彙編（方志卷・初編）》，臺灣花木蘭文化出版社，2016 年。
〔註 41〕俞樾：《茶香室三鈔》卷二二，清光緒二十五年刻春在堂全書本。
〔註 42〕張祖翼：《清代野記》卷中，南京圖書館藏文明書局民國四年鉛印本。
〔註 43〕震鈞：《天咫偶聞》卷七，清光緒甘棠精舍刻本。

此演出《罵曹》，「以時事改爲白文，痛詆端、剛、趙、董輩，慷慨悲憤，不可一世，觀者爲之聲淚俱墮」〔註44〕。其它還有上天仙、下天仙、大觀園諸戲場。尤其值得注意的是，同治間，三慶、四喜、義順、和源、順和諸戲園，集結各種角色，竟達二千餘人。〔註45〕京師的戲園，一般並非個人獨資興建，「其始，釀金建之，各有地段，如樓上、下池子，各有主，若地畝然。日後或轉買，典於他家，開戲時派人收票。緣京中居人，無地可種，故以此爲業」〔註46〕，這種操作方式，近於後世之股份制，爲研究藝術經濟史者提供了史料。

其它城市，也都建有戲園。如新興城市上海的戲園建設，一開始僅在公共租界內，「戲臺客座，一仍京、津之舊式，光緒初年已盛，如丹桂、金桂、攀桂、同桂，皆以桂名，稱爲巨擘」〔註47〕。它如三雅園、三仙園、滿庭芳、詠霓、留春等，都很有名。還有山陝班所設義錦園，專供幼伶演戲的丹桂、群仙二園。在廣州，道光年間始建戲園，乃江南史姓人所設，名慶春園。此後，怡園、錦園、慶豐、聽春諸園相繼建成，繼起者又有劉園、廣慶戲園，結束了廣州城西關無戲園之歷史。「自是而南關、東關、河南亦各有戲園」〔註48〕。而濟南，宣統末，則有鵲華居、富貴茶園兩戲園較著名。京劇名伶劉永春演出於鵲華居，有「文榜狀元」之譽的汪笑儂在富貴茶園演出，「以營業競爭，漸成仇敵。汪尙有涵養，劉則逢人便罵，輒曰：『汪笑儂何能唱戲！』一日，值某會館堂會戲，主者以二人皆負盛名，強令合演《捉放》，劉去曹操，出場唱『八月中秋桂花香』句，改『香』字爲『開』字。唱罷，目視汪，汪應聲曰：『棄官拋印隨他來。』座客咸以汪之才思敏捷，歡賞久之。劉自是誓不與汪合演，而罵如故」〔註49〕。劉永春出身於影戲世家，而他本人改習皮黃，於光緒九年（1883）搭永勝奎班，十四年（1888）搭春臺班，十七年（1891）入四喜班。〔註50〕同年五月，被選入昇平署充當教

〔註44〕徐珂編撰：《清稗類鈔》第十一冊，中華書局，1986年，第5122頁。
〔註45〕參看徐珂編撰：《清稗類鈔》第六冊，中華書局，1986年，第2805頁。
〔註46〕陳恒慶：《諫書稀庵筆記》，《近代中國史料叢刊》第41輯，臺灣文海出版社，
　　　　1969年，第160頁。
〔註47〕徐珂編撰：《清稗類鈔》第十一冊，中華書局，1986年，第5046頁。
〔註48〕徐珂編撰：《清稗類鈔》第十一冊，中華書局，1986年，第5048頁。
〔註49〕徐珂編撰：《清稗類鈔》第十一冊，中華書局，1986年，第5124頁。
〔註50〕參看王芷章：《中國京劇編年史》上冊，中國戲劇出版社，2003年，第621頁。

習。〔註51〕次年，入三慶班，是一位經常在各大名班擔綱的淨行演員，與名伶金秀山並享盛名於當時。而汪笑儂乃旗籍，原名德克津（又作德克金），生於咸豐八年（1858），光緒五年（1879）舉人，捐貲授河南太康知縣，嗜好戲曲，被誣陷落職後，經三慶班武老生夏奎章長子夏月恒介紹，以票友下海。〔註52〕習須生，學無師承，但效法程長庚，「得中正和平之象，具抑揚頓挫之妙」〔註53〕，成為一代名伶。光緒二十六年（1900）入上海桂仙園，「百花祠主定庚子梨園文榜，列汪為甲等第一名」〔註54〕，此即「文榜狀元」之由來。次年，上海天仙園將汪笑儂聘去，同往者有三甲程永龍，故桂仙園派蔣寶珍前往北京，邀請劉永春等伶人來滬，欲與天仙一爭高低。〔註55〕但究竟如何，尚不甚了了。作為伶界前輩且多經名人指點的劉永春，自然看不起靠自學成才的汪笑儂，故借「罵」以壓之，倒是很可能的。

據說，對汪笑儂演出技藝不以為然的，還有另一名伶汪桂芬，他也是學程長庚的。齊如山《百餘年來平劇的盛衰及其人才》一文記載，汪笑儂曾將所學唱與汪桂芬聽，想請他提提意見。不料，「桂芬笑之」，這可能刺傷了德克津的自尊心，才改名汪笑儂的。〔註56〕根據後人追記，當時，汪笑儂唱的是《取成都》，此乃汪桂芬的拿手好戲，故對臺而笑，「自不外笑其不守繩墨之意；雖不是惡意的譏誚，其不為宗匠所重視則在意中了。這一笑給德大爺心裡拴上一個疙瘩」〔註57〕。

汪笑儂以一票友而下海，雖然贏得了眾星拱月般的榮耀，但在演藝界均為生計而奔波、競爭十分激烈的情勢下，引惹來同行的一些妒忌或醋意，也是意料之中的事。生活在如此的條件下，他不因儕輩的譏誚、謾罵而自墮其志，反而在聲腔的完善、劇目的豐富與改良京劇諸方面作出了很大的努力，

〔註51〕參看王芷章：《中國京劇編年史》上冊，中國戲劇出版社，2003年，第625頁。

〔註52〕參看王芷章：《中國京劇編年史》上冊，中國戲劇出版社，2003年，第237頁。

〔註53〕王芷章：《中國京劇編年史》下冊，中國戲劇出版社，2003年，第863頁。

〔註54〕王芷章：《中國京劇編年史》下冊，中國戲劇出版社，2003年，第863頁。

〔註55〕參看王芷章：《中國京劇編年史》下冊，中國戲劇出版社，2003年，第745頁。

〔註56〕齊如山《百餘年來平劇的盛衰及其人才》謂：「汪笑儂，旗人，舉人，國子監南學學生，逸其名，唱老生，學汪桂芬，而音太窄，試唱與桂芬聽，桂芬笑之，自遂名曰汪笑儂。」（《齊如山文集》第五卷，河北教育出版社，2010年，第62頁）

〔註57〕曹其敏、李鳴春編：《民國文人的京劇記憶》，中國戲劇出版社，2013年，第359頁。

創作出一系列斥責黑暗現實、抒發愛國激情的作品，在戲曲藝術界開拓出新的天地，也成就了自我，是十分難得的。有人說，汪笑儂排《戲迷傳》，「伶界皆輾轉仿效，津門能此曲者，曰麒麟童、小桂芬。」〔註58〕汪是編劇高手，自不待言，《戲迷傳》是否出自他手，亦不好論定，但該戲初排是由他始，則為有案可稽的事實。《戲迷傳》由一人而唱各種腔調、各行當中角色，非有深厚功力者難以承擔。汪笑儂為了展現個人的表現才能，以杜塞譏誚者之口，故意演出這一純然戲嬉、沒多少情節可言但卻極見演員功力的劇作，倒也是很可能的。如此看來，戲園不僅是伶人獻藝的處所，也是他們憑實力博弈、一賭高低的競技場，還是複雜人際關係的膠結糾葛所在。這裡，仿佛仍有他們當年揚鞭催馬、叱吒風雲的矯健身影，也因其觀念、情趣的不同，引發出不少恩怨情仇，給後人留下了不少思考與遺憾。

本編所收文獻中的戲園，儘管還是其中很少一部分，但已充分說明，戲曲文化市場已相當成熟。演出場所，已由初時私人府第的花園、客廳，轉而為紅塵鬧市、社會鄉場。由清初的戲曲藝人依茶館而生存或借酒樓而演戲，逐步過渡為演藝團體相對自由與獨立，擁有了自己願去即去的專門表演場所。這一變化，使從民間發展起來的戲曲藝術又回歸民間，回歸到普通民眾族群中去，為戲曲藝術的發展大大拓展了空間，表演格局也發生了顛覆性的改變。此現象，很值得作進一步深入研究。

三、本編所涉戲曲演出群體的發展走向及情趣追求

戲曲之所以能夠活在舞臺上，是因為有了戲曲藝人的搬演。忽略了對這一傳播主體的觀照，就難以全面理清戲曲發展、演化的軌跡。就此而言，對戲曲藝人生活態度、藝術追求、審美指向的考察，就顯得十分重要。本編收錄各色藝人達五百餘人，其中見於李斗《揚州畫舫錄》者二百餘人，且主要為戲曲藝人。這一數量，遠遠超過了「詩詞卷」、「方志卷」諸編。當然，從事戲曲演出行業者，人數遠遠超過這一數字。據相關文獻記載，僅同治年間，「時戲園有三慶、四喜、義順、和源、順和等數家，合各項角色計之，不下二千餘人」〔註59〕，即此可見一斑。儘管如此，我們仍能從所收錄的五百餘名伶人遭際中，發現不少值得探究的問題。

〔註58〕徐珂編撰：《清稗類鈔》第五冊，中華書局，1984年，第2113頁。
〔註59〕徐珂編撰：《清稗類鈔》第六冊，中華書局，1986年，第2805頁。

　　就戲曲演出群體共性特徵而論，大致呈現出這樣幾點特色：

一是演出隊伍的專業化。

　　如果說明末清初的戲曲藝人，有不少寄身青樓、賣身爲活，偶爾兼作戲曲表演的話，到了乾隆之時，這一情況有了很大改變，出現了許多以演戲爲謀生手段的專業演員。成書於清康熙中葉的余懷《板橋雜記》就曾記載，明時，「名妓仙娃，深以登場演劇爲恥，若知音密席，推獎再三，強而後可」〔註60〕。至明末尹春，雖舉止落落大方，卻「專工戲曲排場，兼擅生、旦」，晚年，曾在余家演出《荊釵記》，扮王十朋，「至《見母》、《祭江》二齣，悲壯淋漓，聲淚俱迸，一座盡傾，老梨園自歎弗及」〔註61〕。即使男性藝人，如丁繼之、張燕築諸名伶，以及說書的柳敬亭等，也往往依附青樓而討生活，「或集於二李（李貞麗、李香君）家，或集於眉樓（顧媚所居）」〔註62〕。至康熙間，巡迴演出的專業戲班已比較活躍，姑蘇名班來山東兗州府衙上演《節孝記》，「至王孝子見母，不惟座客指顧稱歎，有欲涕者，即兩優童亦宛然一母一子，情事眞切，不覺淚滴氍毹間」〔註63〕。當別人問及如何演這麼好時，優童答道：「逼肖則情眞，情眞則動人。且一經登場，己身即戲中人之身，戲中人之啼笑即己身之啼笑，而無所謂戲矣」〔註64〕，眞切闡述出場上演員如何把握劇中人物性格之表現、以情動人這一深層問題，所云頗具專業水準，非精於此技者難以道此。說明該童伶的表演，並非停留在一招一式模仿的表層，而是考慮到摹情入戲、演活人物、強化舞臺效果的理論層面，是很不容易的。

　　至乾隆時，藝人的專業化水準又有了很大提高。如《揚州畫舫錄》所載山崑璧，以出演老生見長；張德容工於巾戲；陳雲九工小生，九十歲時演《彩毫記》「吟詩脫靴」一齣，還「風流橫溢」〔註65〕；周德敷「以紅黑面笑叫擅場」〔註66〕；馬文觀（字務功），爲白面，兼工副淨，「沉雄之氣寓於嘻笑怒

〔註60〕余懷：《板橋雜記》上卷「雅遊」，《余懷全集》下冊，李金堂編校，上海古籍出版社，2011年，第407頁。

〔註61〕余懷：《板橋雜記》中卷「麗品」，《余懷全集》下冊，李金堂編校，上海古籍出版社，2011年，第411頁。

〔註62〕余懷：《板橋雜記》下卷「軼事」，《余懷全集》下冊，李金堂編校，上海古籍出版社，2011年，第428頁。

〔註63〕金埴：《不下帶編》卷四，中華書局，1982年，第76頁。

〔註64〕金埴：《不下帶編》卷四，中華書局，1982年，第76頁。

〔註65〕李斗：《揚州畫舫錄》卷五，中華書局，1960年，第122頁。

〔註66〕李斗：《揚州畫舫錄》卷五，中華書局，1960年，第123頁。

罵」〔註67〕；馬繼美年九十，爲小旦，「如十五六處子」〔註68〕；顧天一，「以武大郎擅場」〔註69〕；張國相，「工於小戲」〔註70〕；丁秀容，擅長插科打諢，令人絕倒；范三觀「工小兒戲」，「啼笑皆有可憐之態」〔註71〕。徐班朱念一，以鼓技見長，「聲如撒米，如白雨點，如裂帛破竹」〔註72〕；季保官、陸松山、孫順龍、王念芳、戴秋朗，皆以鼓板知名於時。擅長笛子演奏者，則有許松如、戴秋澗、莊有齡、郁起英、黃文奎、陳聚章等人。謝壽了演花鼓戲，「音節淒婉，令人神醉」〔註73〕。郝天秀以柔媚動人，有「坑死人」〔註74〕之號。「丑以科諢見長，所扮備極局騙俗態，拙婦騃男，商賈刁賴，楚咻齊語，聞者絕倒」〔註75〕。以演丑角見長者，有世家子淩雲浦、廣東劉八，以及當地亂彈小丑吳朝、萬打岔、張破頭、痘張二、鄭士倫等人。

　　只有當演出團體形成一定規模之時，各行當的分工才會如此細密，也才有可能產生某一行當的專門名家。各個行當，皆有名家出現，恰說明它專業化程度有了很大提高。戲曲藝人，由爲少數貴族豪家所專賞，到走向市井、親近大眾，無疑拓寬了戲曲藝術發展的路徑，爲藝人施展才能搭建起廣闊的平臺，也爲技藝的磨砥與提高，提供了難得的良機。

　　二是表演技能的精細化。

　　在清代，戲曲演出成爲人民群眾普遍歡迎的最佳娛樂方式，以致融入民間生活，轉化爲人們表達思想傾向、褒貶人間是非的最富有象徵意味的情感載體。大家喜歡看戲，戲場遍布城鄉，「即如寧波一郡，城廂內外，幾於無日不演劇」〔註76〕。「金閶商賈雲集，宴會無時，戲館、酒館凡數十處，每日演劇養活小民不下數萬人」〔註77〕。各種演出團體乘機而起，就江寧一地而論，乾隆時，清音小部有單廷樞、朱元標、李錦華、孟大綏等家，「至末

〔註67〕李斗：《揚州畫舫錄》卷五，中華書局，1960年，第123頁。
〔註68〕李斗：《揚州畫舫錄》卷五，中華書局，1960年，第124頁。
〔註69〕李斗：《揚州畫舫錄》卷五，中華書局，1960年，第124頁。
〔註70〕李斗：《揚州畫舫錄》卷五，中華書局，1960年，第124頁。
〔註71〕李斗：《揚州畫舫錄》卷五，中華書局，1960年，第127頁。
〔註72〕李斗：《揚州畫舫錄》卷五，中華書局，1960年，第129頁。
〔註73〕李斗：《揚州畫舫錄》卷五，中華書局，1960年，第131頁。
〔註74〕李斗：《揚州畫舫錄》卷五，中華書局，1960年，第131頁。
〔註75〕李斗：《揚州畫舫錄》卷五，中華書局，1960年，第132頁。
〔註76〕徐時棟：《煙嶼樓筆記》卷四，清光緒三十四年鄞縣徐氏蓬學齋刻本。
〔註77〕錢泳：《履園叢話》卷一，中華書局，1979年，第26頁。

葉，次第星散。後起者爲九松、四松、慶福、吉慶、餘慶諸家，而腳色去來，亦鮮定止，而以慶福堂之三喜、四壽、添喜，餘慶堂之巧齡、太平爲品藝俱精」〔註78〕。「西安樂部著名者凡三十六，最先者曰保符班」〔註79〕。戲班林立，相互間的競爭自不可免，「戲園如逆旅，戲班如過客。凡戲班於各戲園演戲，四日爲一周，周而復始」〔註80〕。能否在某一戲園長期演出，關鍵要看演員實力能否征服觀眾。至晚清，這一現象表現得尤爲突出。故而，各戲班一方面在演出人員上互相調劑、互爲支援；另一方面演員則著力提升自身的表演技藝。技高一籌，始能站穩舞臺，爲謀取生計提供保障。

如崑曲名伶陸小香，爲演好三國戲中武生周瑜一角，「室懸巨鏡，日必作周瑜裝，臨鏡自照，凡一嚬一笑，必揣摩《三國演義》中之意義，達之於容，喜怒藏奸，必備一種少年英雄好勝卞急之態。且常伶冠插雉尾，往往掃眉蕩口，左右不適於用，甚或動而墜地。小香於雉尾用力頗勤，每一低頭，則其上作左右轉，盤旋上矗，如雙塔淩空，且不露挺頸努力之狀」〔註81〕。其演技爐火純青，無人能企及。武技之表演，「或淩空如落飛燕，或平地如翻車輪，或爲倒懸之行，或作旋風之舞」〔註82〕，或「上下繩柱如猿猱，翻轉身軀如敗葉，一胸能勝五人之架迭，一躍可及數丈之高樓」〔註83〕，「他如擲棍、拋槍、拈鞭、轉鐧，人多彌靜，勢急愈舒，金鼓和鳴，百無一失。而且刀劍在手，諸式並備，全有節奏，百忙千亂之際，仍不失大將規模」〔註84〕，非身手矯健，勤苦練習，豈能達到這一境界？都中某班名伶葛四，暮年病盲，仍時常演劇，「每演，必《尼姑下山》一劇，神采飛動，臺步整齊，背負一人，其行如駛，見者不知其盲。蓋精熟既久，權衡在心也」〔註85〕。崑曲某伶，遊於陝，在一偶然的機會，得以登臺演戲，甫一出聲，傾動四座，「使演《掃花》一齣。伶既畜技久，思一逞，又多歷轗軻，憤鬱無所泄，至是，乃盡吐之，瀏亮頓挫，曲盡其妙。某號稱知音，不覺神奪而身離席也」〔註86〕。

〔註78〕徐珂編撰：《清稗類鈔》第十冊，中華書局，1986年，第4940頁。
〔註79〕徐珂編撰：《清稗類鈔》第十一冊，中華書局，1986年，第5020頁。
〔註80〕徐珂編撰：《清稗類鈔》第十一冊，中華書局，1986年，第5044頁。
〔註81〕徐珂編撰：《清稗類鈔》第十一冊，中華書局，1986年，第5125頁。
〔註82〕徐珂編撰：《清稗類鈔》第十一冊，中華書局，1986年，第5023～5024頁。
〔註83〕徐珂編撰：《清稗類鈔》第十一冊，中華書局，1986年，第5024頁。
〔註84〕徐珂編撰：《清稗類鈔》第十一冊，中華書局，1986年，第5024頁。
〔註85〕徐珂編撰：《清稗類鈔》第六冊，中華書局，1986年，第2806頁。
〔註86〕徐珂編撰：《清稗類鈔》第六冊，中華書局，1986年，第2736頁。

名伶侯俊山，演出《新安驛》，「始則紅鬚裝束嚴急，令人但聞其聲，已而去
鬚，已而改爲豔裝，已而又改爲便服，裝束雅淡，頃刻之間，變換數四，無
不絕妙。於是一二日間，名即大噪」〔註 87〕。尙和玉出演《四平山》中李元
霸，「其雙鍾在手，重若千鈞，轉動有時，低揚有節。每抬足，則靴見其底，
每止舞，則樂終其聲。且盔靠在身，略無紊亂，平翻陡轉，全符節拍」〔註 88〕。
擅長三絃的李萬聲，「引場唱京都時調數句。既而按指輕彈，仿佛鑼鼓聲，《敎
子》中之三娘出焉。一曲青衫，抑揚婉轉，忽焉而生，忽焉而老生，過門唱
句，按腔合板，字字清楚，至生旦對唱，亦無絲毫夾雜。繼彈《滑油山》，宛
然老旦聲調，得心應手，有頓挫自如之妙。終彈洋操一節，軍樂聲，洋鼓聲，
步伐聲，一時並舉，若遠若近，不疾不徐，更覺出神入化」〔註 89〕。

　　有時爲了強化演出效果，還及時吸取了新科技成果或民間表演技藝。如
民初天津有太慶恒戲班，演《金山寺》一劇，「以泰西機力轉動之水晶管，置
玻璃巨篋中，設於法海座下，流湍奔馭，環往不休，水族鱗鱗，此出彼入，
頗極一時之盛。又演《大香山》一劇，諸天羅漢，貌皆飾金，面具衣裝，人
殊隊異。而戲中三皇姑之千手千眼，各嵌以燈，金童玉女之膜坐蓮臺，悉能
自轉，新奇詭麗，至足悅觀」〔註 90〕。還有的戲班上演《火燒木哥寨》一劇，
巧用燄火，「此起彼顛，前仆後繼，或繞場連熾，或當胸忽燃，或迅如流星之
光，或斷如磷火之焰，最難在收場之際，其人俯躬以入，火即從其僻處倒擲
而出，光如匹煉，作拋物線，到地熊熊，併發火燄而止。能此者，闔座之人
無不鼓掌稱善」〔註 91〕。也有的「以西法佈景，繪形於幕」〔註 92〕，使舞臺
上呈現「古樹矮屋，小橋曲徑」〔註 93〕，以給人視覺方面的衝擊。但此類方
法，雖使場面上熱鬧一時，但畢竟有喧賓奪主之嫌，難以喚起觀眾的欣賞情
趣。觀眾看的是「戲」，是伶人的精湛表演，而並非空洞的裝點。如上述太慶
恒班，因「班中唱做無人，未久即廢」〔註 94〕。臺上之佈景，所治景物，多

〔註 87〕徐珂編撰：《清稗類鈔》第十一冊，中華書局，1986 年，第 5057 頁。
〔註 88〕徐珂編撰：《清稗類鈔》第十一冊，中華書局，1986 年，第 5127 頁。
〔註 89〕徐珂編撰：《清稗類鈔》第十冊，中華書局，1986 年，第 4996 頁。
〔註 90〕徐珂編撰：《清稗類鈔》第十一冊，中華書局，1986 年，第 5032～5033 頁。
〔註 91〕徐珂編撰：《清稗類鈔》第十一冊，中華書局，1986 年，第 5035 頁。
〔註 92〕徐珂編撰：《清稗類鈔》第十一冊，中華書局，1986 年，第 5033 頁。
〔註 93〕徐珂編撰：《清稗類鈔》第十一冊，中華書局，1986 年，第 5033 頁。
〔註 94〕徐珂編撰：《清稗類鈔》第十一冊，中華書局，1986 年，第 5033 頁。

為西洋式，而戲中人物卻「峨冠博帶作漢人古裝」〔註95〕，也顯得很不協調。如此看來，新興科技不能一味硬性植入，而應有機融入，使之與場上表演密合無垠，才有助於情節的表述與人物刻畫。這一點，對當今戲曲之發展仍具有重要的啟示意義。

三是戲劇演出的市場化。

戲劇，只有得以舞臺演出，才真正完整地實現了它存在的意義。伶人的演出，是戲曲能夠廣泛傳播的最直接媒介。而市井百姓、芸芸眾生，則是戲曲文化的重要消費群體。清代中葉之後，戲曲演出組織，走出了王公貴族、富豪鄉紳的深宅大院，勇敢地跨進文化消費市場，這不僅是對封建宗法人身依附關係的顛覆，也為戲曲的發展、繁榮提供了可能，拓展了路徑。

清代的戲曲演出活動，很大程度上不是「要我演」，而是「我要演」，是見縫插針，尋覓演出市場。四川人魏長生，擅長秦腔，長途跋涉數千里來京演出，因其出色的表演能力，使得原本很有名氣的唱京腔的宜慶、萃慶、集慶諸戲班黯然失色，不得不習學秦腔，致使「京、秦不分」〔註96〕。後來，魏長生回四川，安慶人高朗亭（月官）入京，「以安慶花部，合京、秦兩腔」〔註97〕，組建三慶班，自此主持班事三十餘年。〔註98〕之所以命名「三慶」，實則包含有超越宜慶、萃慶、集慶之意，終於打開了京師的演出市場，宜慶等三部反而「湮沒不彰」〔註99〕。

揚州乃繁華的商業都市，平時城中演戲，「皆重崑腔」〔註100〕。至於城外邵伯、宜陵、馬家橋、僧道橋、月來集、陳家集等地的土班，所唱不過是「本地亂彈」，只是用之於祈禱、祭祀之類的祀神場合，是基本上沒資格進城演出的。但當時有一風俗，至五月農忙時，崑腔散班，作些休整。而亂彈土班則趁機進城演出，佔領市場，以彌補這一時期無戲可看的空缺。亂彈班通過努力擴大自身影響，得到越來越多的人的認可，逐漸開發出城市戲曲演出市場，為花部的發展注入了活力，也為其它地方戲的都市演出提供了可供

〔註95〕 徐珂編撰：《清稗類鈔》第十一冊，中華書局，1986年，第5033頁。
〔註96〕 李斗：《揚州畫舫錄》卷五，中華書局，1960年，第131頁。
〔註97〕 李斗：《揚州畫舫錄》卷五，中華書局，1960年，第131頁。
〔註98〕 參看王芷章：《中國京劇編年史》上冊，中國戲劇出版社，2003年，第31頁。
〔註99〕 李斗：《揚州畫舫錄》卷五，中華書局，1960年，第131頁。
〔註100〕 李斗：《揚州畫舫錄》卷五，中華書局，1960年，第130頁。

借鑒的經驗。此後，「句容有以梆子腔來者，安慶有以二簧調來者，弋陽有以高腔來者，湖廣有以羅羅腔來者，始行之城外四鄉，繼或於暑月入城，謂之趕火班。而安慶色藝最優，蓋於本地亂彈，故本地亂彈間有聘之入班者」〔註101〕，強化了各戲曲聲腔的的碰撞與融合，也利於藝人間技藝的交流與切磋。如陸三官擅長演花鼓戲，而「熟於京、秦兩腔」〔註102〕。樊大以演《思凡》一齣而知名，他「始則崑腔，繼則梆子、羅羅、弋陽、二簧，無腔不備」〔註103〕，大爲觀眾歡迎，被稱爲「戲妖」〔註104〕。「工文詞」的廣東人劉八，因赴京兆試流落京師，習成小丑絕技，又應春臺班所聘演劇，所演《廣舉》一齣，「嶺外舉子赴禮部試，中途遇一腐儒，同宿旅店，爲群妓所誘。始則演論理學，以舉人自負；繼則爲聲色所惑，衣巾盡爲騙去，曲盡迂態。又有《毛把總到任》一齣，爲把總，以守汛之功，開府作副將。當其見經略，爲畏縮狀；臨兵丁，作傲倨狀；見屬兵升總兵，作欣羨狀、妒狀、愧恥狀；自得開府，作謝恩感激狀；歸晤同僚，作滿足狀；述前事，作勞苦狀；教兵丁槍、箭，作發怒狀；揖讓時，作失儀狀；經略呼，作驚愕錯落狀，曲曲如繪」〔註105〕，既吸取了自身對現實人生的種種體驗，又融合眾家之長。四川伶人陳銀，「走數千里來京師」〔註106〕，加入宜慶部。演劇時，以善於穿插科諢詼諧，爲市井販夫走卒所喜，「屠沽及輿臺隸，往往拍案狂叫，歡聲雷動」，「久之，士大夫亦群起叫絕。劇中無陳銀，舉座不樂」〔註107〕。風氣移人如此！

　　乾隆時，京師盛行亂彈，「聚八人或十人，鳴金伐鼓」〔註108〕，即可演唱，「其調則合崑腔、京腔、弋陽腔、皮黃腔、秦腔、羅羅腔而兼有之」〔註109〕。融合數腔爲一體，或一劇用多種戲曲聲腔演唱，與揚州大致相同。即以皮黃而論，二黃爲正宗，「爲漢正調，西皮則行於黃陂一縣而已。其後融合爲一，亦不可復分」〔註110〕。戲曲的廣泛流行，涵養出接受群體的欣賞情趣及賞鑒

〔註101〕　李斗：《揚州畫舫錄》卷五，中華書局，1960年，第130～131頁。
〔註102〕　李斗：《揚州畫舫錄》卷五，中華書局，1960年，第131頁。
〔註103〕　李斗：《揚州畫舫錄》卷五，中華書局，1960年，第131頁。
〔註104〕　李斗：《揚州畫舫錄》卷五，中華書局，1960年，第131頁。
〔註105〕　李斗：《揚州畫舫錄》卷五，中華書局，1960年，第133頁。
〔註106〕　俞蛟：《夢廠雜著》卷一「春明叢說」上，清刻深柳讀書堂印本。
〔註107〕　俞蛟：《夢廠雜著》卷一「春明叢說」上，清刻深柳讀書堂印本。
〔註108〕　徐珂編撰：《清稗類鈔》第十一冊，中華書局，1986年，第5015頁。
〔註109〕　徐珂編撰：《清稗類鈔》第十一冊，中華書局，1986年，第5015頁。
〔註110〕　徐珂編撰：《清稗類鈔》第十一冊，中華書局，1986年，第5016頁。

水準，「販夫豎子，短衣束髮，每入園聆劇，一腔一板，均能判別其是非，善則喝彩以報之，不善則揚聲以辱之，滿座千人，不約而同」〔註111〕，「故京師爲伶人之市朝，亦梨園之評議會也」〔註112〕。所以，「優人在京，不以貴官鉅賈之延譽爲榮，反以短衣座客之輿論爲辱，極意矜慎」〔註113〕，足見演出市場對戲曲表演、唱功的制約。並逐漸形成了一套程式：「揚鞭則爲騎，累桌則爲山，出宅入戶，但舉足作踰限之勢，開門掩扉，但憑手爲挽環之狀，紗帽裏門旗，則爲人頭，飾以僞鬚，則爲馬首，委衣於地，是爲屍身，俯首翻入，是爲墜井。乃至數丈之地，舉足則爲宅內外，繞行一周，即是若干里。凡此，皆神到意會，無須責其形似者」〔註114〕，「聲音、腔調、板眼、鑼鼓、胡琴、臺步姿勢、武藝架子，在在均有定名定式，某戲應如何，某種角色應如何，固絲毫不可假借也。」〔註115〕

　　緣此之故，許多帶有濃郁鄉野氣氛的戲劇，如《送枕頭》、《賣餑餑》、《抱孩子》、《滾樓》、《大夫小妻打門吃醋》、《相約》、《相罵》等，才得以在城中紛紛上演，進一步贏得了更多的市民階層觀眾，擴大了演出市場。

　　戲班有無名角，往往能決定其聲譽、存沒，所以在當時，「優伶負盛名者，雖遠道必羅致之」〔註116〕。程長庚初入京時，受舅氏影響，學登臺演戲，但爲座客所笑，深感蒙受大辱，遂閉門三年，刻苦鑽研。一日，應人之約，出演《昭關》中伍胥，「冠劍雄豪，音節慷慨，奇俠之氣，千載若神。座客數百人皆大驚起立，狂叫動天」〔註117〕，於是「叫天」之名遍都下。此後，凡有宴樂，「長庚或不至，則舉座索然」〔註118〕。因其名重天下，故有「伶聖」之稱。到了晚年，須人攙扶才能登臺演出，然嗓音宏亮如故。有一天演《天水關》，當唱到「先帝爺白帝城」一句時，因咳嗽將「白」字唱得像「拍」字，次日，「都人轟傳其又出新聲，凡唱此戲者，莫不效之」〔註119〕。後來，人們一旦聽說程出場，則「舉國若狂，園中至無立足地」

〔註111〕　徐珂編撰：《清稗類鈔》第十一冊，中華書局，1986年，第5016～5017頁。
〔註112〕　徐珂編撰：《清稗類鈔》第十一冊，中華書局，1986年，第5017頁。
〔註113〕　徐珂編撰：《清稗類鈔》第十一冊，中華書局，1986年，第5016～5017頁。
〔註114〕　徐珂編撰：《清稗類鈔》第十一冊，中華書局，1986年，第5033頁。
〔註115〕　徐珂編撰：《清稗類鈔》第十一冊，中華書局，1986年，第5028頁。
〔註116〕　況周頤：《眉廬叢話》，山西古籍出版社，1995年，第175頁。
〔註117〕　徐珂編撰：《清稗類鈔》第十一冊，中華書局，1986年，第5111頁。
〔註118〕　徐珂編撰：《清稗類鈔》第十一冊，中華書局，1986年，第5111頁。
〔註119〕　徐珂編撰：《清稗類鈔》第十一冊，中華書局，1986年，第5112頁。

〔註120〕。所謂名人效應，正指此也。有名角，就能使戲班演火；無人扛大樑，即使舞臺搞得再花俏，也無濟於事。這就是歷史給我們的啓示。

　　還有，晚清之時，京師名伶有「三靈芝」，分別姓崔、丁、李。崔「無美不備」〔註121〕，聲價極高。有一戲班以年聘金三百邀約，另一戲班因崔是本班舊人，故一力相爭，以致鬧上官府。〔註122〕當時名伶的身價於此可知。崔靈芝，王芷章《中國京劇編年史》未見收錄，陳恒慶《諫書稀庵筆記》敘及。陳恒慶生於清咸豐二年（1852），光緒十二年（1886）進士及第。陳京師爲官，當在中進士之後。易順鼎《琴志樓詩集》卷二〇「集外詩存」收有《鮮靈芝曲》，中云：「靈芝草崔、丁、李，豔幟香名爭鼎峙」〔註123〕，且述及劉喜奎、梅蘭芳諸人，又有「年可二十強」〔註124〕之語，詩編排在《癸丑年本事詩，除夕作》之後。癸丑，即民國二年（1913）。據此可知，本詩或寫於民初，崔靈芝生活於清末民初，其生年大概在光緒十八年（1892）前後。也就是說，清末民初，名伶一年的包銀在三百兩左右。若是六百兩，便超過了當時的「宰相年俸」。若傳入內廷演戲，則賞銀二十兩，「若譚鑫培、羅百歲等，歲且食俸米二十石」〔註125〕。至於京師美伶五九，爲張樵野侍郎所寵，「日酬以五十金」〔註126〕，並非演戲之酬贈，而將其視作玩物，額外厚贈，則另當別論。譚鑫培在天津，本不想演戲，但爲一鹽商央求不過，才勉強出演，「所得有一千數百金之多」〔註127〕，是不得已而爲之，並非演出市場通例。在鄭州，善唱侉侉調的戲班，「若招使侑酒，須錢三千文」〔註128〕，「點一曲，更賞錢二千文」〔註129〕，則反映出一般演出市場的價格。至於學藝拜師，價格也不菲。即使學唱彈詞，「每拜一師，非

〔註120〕　徐珂編撰：《清稗類鈔》第十一冊，中華書局，1986年，第5112～5113頁。
〔註121〕　陳恒慶：《諫書稀庵筆記》，《近代中國史料叢刊》第41輯，臺灣文海出版社，1969年，第37頁。
〔註122〕　參看陳恒慶：《諫書稀庵筆記》，《近代中國史料叢刊》第41輯，臺灣文海出版社，1969年，第37～38頁。
〔註123〕　趙興勤、趙韡編：《清代散見戲曲史料彙編（詩詞卷·初編）》下冊，臺灣花木蘭文化出版社，2014年，第549頁。
〔註124〕　趙興勤、趙韡編：《清代散見戲曲史料彙編（詩詞卷·初編）》下冊，臺灣花木蘭文化出版社，2014年，第549頁。
〔註125〕　徐珂編撰：《清稗類鈔》第十一冊，中華書局，1986年，第5042頁。
〔註126〕　徐珂編撰：《清稗類鈔》第十一冊，中華書局，1986年，第5135頁。
〔註127〕　徐珂編撰：《清稗類鈔》第十一冊，中華書局，1986年，第5065頁。
〔註128〕　徐珂編撰：《清稗類鈔》第十一冊，中華書局，1986年，第5157頁。
〔註129〕　徐珂編撰：《清稗類鈔》第十一冊，中華書局，1986年，第5157頁。

六七十金不辦」〔註130〕，家境不好者難以承受。

如此看來，戲班若能站穩市場，必須有名角撐持場面，才能贏得觀眾的支持。即以馳譽京城的三慶班爲例，能佔據京師戲曲演出市場那麼多年，大都因爲程長庚、楊月樓等名角的存在。程長庚到了晚年仍不時登臺演戲，人們不解，曾問道：「君衣食豐足，何尚樂此不疲？」長庚答曰：「某自入主三慶以來，於茲數十年，支持至今，亦非易易。且同人依某爲生活者，正不乏人，三慶散，則此輩謀食艱難矣。」〔註131〕因程長庚晚年不常演唱，所以，三慶班演戲時，上座率就很低，「每日座客僅百餘人」〔註132〕。班主在萬不得已時，才跑去找程長庚，說：「將斷炊矣，老班（板）不出，如眾人何！」〔註133〕實在沒有辦法，程長庚方隔三差五偶一登臺，「或唱或不唱，人無從測之。有時明知其不登臺，然仍不敢不往也」〔註134〕。此處所述，恰反映了這一實際。在當時，除名伶生活條件較好，一般藝人，大多爲朝不保夕。同治甲戌（十三年，1874），穆宗載淳駕崩，戲園停演二十七個月。僅三慶、四喜、義順、和順、順和等戲班伶人，就達兩千餘人。因生路斷絕，都將流爲乞丐，是程長庚拿出個人積蓄，易米施粥，才使得眾人度過難關。

因爲戲曲眞正走向了市場，才有了與戲曲演出市場相關的「人」或者「事」，如「案目」，即戲館所委派用以接待、應對前來觀看者的專門人員。「戲單」，「將日夜所演之劇，分別開列，刊印紅箋，先期挨送，謂之『戲單』」〔註135〕。「客飲於旗亭，召伶侑酒，曰『叫條子』。伶之應召，曰『趕條子』」〔註136〕。「戲提調」，專爲撫臺衙門辦理演劇事務的，被稱作「戲提調」。晚清時，京師演戲比較頻繁，將要演戲時，就「擇能肆應者一人司其事」〔註137〕，此人即「戲提調」。其實，相當於調度。有人還專就此寫《戲提調歌》，略曰：

> 眾賓皆散我不散，來手（原注：班中管事之目）未到我已到。巍然
> 獨踞下場門，赫赫新銜戲提調。定席要便宜，點戲誇精妙。怒目看

〔註130〕 徐珂編撰：《清稗類鈔》第十冊，中華書局，1986年，第4945頁。
〔註131〕 徐珂編撰：《清稗類鈔》第十一冊，中華書局，1986年，第5112頁。
〔註132〕 徐珂編撰：《清稗類鈔》第十一冊，中華書局，1986年，第5112頁。
〔註133〕 徐珂編撰：《清稗類鈔》第十一冊，中華書局，1986年，第5112頁。
〔註134〕 徐珂編撰：《清稗類鈔》第十一冊，中華書局，1986年，第5113頁。
〔註135〕 徐珂編撰：《清稗類鈔》第十一冊，中華書局，1986年，第5046頁。
〔註136〕 徐珂編撰：《清稗類鈔》第十一冊，中華書局，1986年，第5095頁。
〔註137〕 徐珂編撰：《清稗類鈔》第四冊，中華書局，1984年，第1605頁。

官人，（原注：是日必向司坊中借二三執鞭者在門前彈壓，名曰官人，又曰小馬。）
軟語磨車轎。（原注：老師及各堂官車轎夫飯錢最難開銷，且易得罪，故須磨以
軟語。）遍索前年舊戲單，爛熟胸中新堂號。（原注：京師旦腳曰相公，所
居之寓曰某堂。知其堂知其人，始能點其戲。）大蠟新試三枝頭，（原注：曰
受熱，曰坐蠟者，皆京師俗呼為難者之別名。此語有雙關之意。）靴頁偶裝幾
千吊。（原注：京官多窮，故曰偶裝，亦見其所費不菲矣。）〔註138〕

「戲莊」，即演戲處所，「京師梨園最盛，公宴慶祝，別有演劇之所，名曰『戲
莊』」〔註139〕。「奏技於書場曰『坐場』，又曰『場唱』」〔註140〕。還有「點
戲」，「演劇時，貼持朝笏及戲名冊呈請選擇，擇意所欲者一二齣令演之，曰
『點戲』。餘由伶人任意自演」〔註141〕，與《教坊記》所載，「凡欲出戲，
所司先進曲名上，以墨點者即演，不點者即否，謂之進點」〔註142〕有所不
同。前者是由「貼」這一角色持笏和戲名冊來至座客前，行禮畢，請主人點
戲；後者為「所司」呈上曲名，由當權者決定演出與否，以墨筆點者即演。
因演出場合不同、接受對象不同，故「點戲」形式各別，這或與戲曲走向市
場有關。「壓軸（一作『冑』）戲」，「伶界公例，以登臺最後為最佳，以名角
自命者，非壓冑子不肯出。戲在末者，俗稱為後三齣，與此者皆上選。其前
為中冑子，（原注：日中時例應有小武劇，故謂之中冑子。）中冑前後皆中
選。再前為頭三齣，開臺未久，客均不至，以下駟充場，藉延晷刻，不特上
選斷不與此，即中角亦無為之者」〔註143〕，則完全是市場行銷的運作方式。
將名角放在中間出演，而大牌演員則最後出場，顯然是給接受群體以期待
感，使之不忍遽去，非看完不可。在說唱伎藝中，還出現帶有競爭性質的會
書習俗，「會書者，會於書場而獻技，各說傳奇一段，不能與不往者，自是
皆不得稱先生，不得坐場」〔註144〕。會書成功，才取得說唱伎藝的入門證，
可以掛牌演出；否則，便無此資格。請人表演，還應付訂金以確保準時到場，
「彈詞家之應外埠聘也，場主必先訂定銀若干，名曰『帶擋』」〔註145〕。諸

〔註138〕　徐珂編撰：《清稗類鈔》第四冊，中華書局，1984年，第1605～1606頁。
〔註139〕　徐珂編撰：《清稗類鈔》第四冊，中華書局，1984年，第1605頁。
〔註140〕　徐珂編撰：《清稗類鈔》第十冊，中華書局，1986年，第4948頁。
〔註141〕　徐珂編撰：《清稗類鈔》第十一冊，中華書局，1986年，第5028頁。
〔註142〕　徐珂編撰：《清稗類鈔》第十一冊，中華書局，1986年，第5028頁。
〔註143〕　徐珂編撰：《清稗類鈔》第十一冊，中華書局，1986年，第5028頁。
〔註144〕　徐珂編撰：《清稗類鈔》第十冊，中華書局，1986年，第4948頁。
〔註145〕　徐珂編撰：《清稗類鈔》第十冊，中華書局，1986年，第4945頁。

如此類，都是表演伎藝走向市場的產物。是表演伎藝在與演出市場接榫的長期磨合中，逐漸催生出的適應市場需求的新生事物。

如此看來，戲曲藝術要想謀得發展出路，必須走向演出市場，敢於直面社會大眾，接受觀賞群體的檢驗，不斷吸收新的藝術營養，以豐富完善自身。同時，每一演藝團體，都應有自己立得起、叫得響、站得久的品牌人物，是本劇種的標杆式形象，以其藝術上的獨特造詣，影響並征服觀眾，並不斷培植新生力量，傳遞薪火，才能使戲曲不致消亡。

四是戲曲藝人情趣追求的雅化。

在古代，藝妓也有追求雅化的傾向。遠的且不論，唐宋之時，藝妓不僅「絲竹管絃，豔歌妙舞，咸精其能」，而且「多能文詞，善談吐，亦平衡人物，應對有度」〔註 146〕。「善詩筆，好讀書，喜與能文之士談論」〔註 147〕者，不乏其人。至元代，也有伶人濡染文墨，有點文士氣象。如元人夏庭芝《青樓集》所載梁園秀，「喜親文墨，作字楷媚，間吟小詩，亦佳」〔註 148〕。張怡雲「能詩詞，善談笑，藝絕流輩」〔註 149〕。樂人李四之妻劉婆惜，「頗通文墨，滑稽歌舞，迴出其流」〔註 150〕。但此類人畢竟較少，在《青樓集》所收七十餘位藝妓中，能通文墨者，不過三五人而已。至明代，則有所改觀。錢謙益《列朝詩集小傳》「閏集‧香奩」所載，營妓呼文如，「知詩詞，善琴，能寫蘭」〔註 151〕。流落北里的廣陵草衣道人王微，「所與遊，皆勝流名士」〔註 152〕，時常為「生非丈夫，不能掃除天下」〔註 153〕而歎喟。金陵南市樓歌妓馬如玉，「熟精《文選》、唐音，善小楷八分書及繪事，傾動一時士大夫」

〔註 146〕 金盈之：《新編醉翁談錄》卷七《平康巷陌記》「平康總序」，遼寧教育出版社，1998 年，第 31 頁。

〔註 147〕 金盈之：《新編醉翁談錄》卷七《平康巷陌記》「常兒詩筆」，遼寧教育出版社，1998 年，第 35 頁。

〔註 148〕 中國戲曲研究院編：《中國古典戲曲論著集成》第二冊，中國戲劇出版社，1959 年，第 17 頁。

〔註 149〕 中國戲曲研究院編：《中國古典戲曲論著集成》第二冊，中國戲劇出版社，1959 年，第 17 頁。

〔註 150〕 中國戲曲研究院編：《中國古典戲曲論著集成》第二冊，中國戲劇出版社，1959 年，第 38 頁。

〔註 151〕 錢謙益撰集：《列朝詩集》，中華書局，2007 年，第 6550 頁。

〔註 152〕 錢謙益撰集：《列朝詩集》，中華書局，2007 年，第 6608 頁。

〔註 153〕 錢謙益撰集：《列朝詩集》，中華書局，2007 年，第 6609 頁。

〔註 154〕。如此等等，皆是其例。然而，通詩詞文墨者，多爲流落舊院的風塵女子，賣藝兼賣身。而專門從事戲曲表演藝術且又「通文墨」者，卻甚少見諸相關文獻記載。

至清，尤其是清中葉之後，這一情況有了很大改變。本編收錄的各類戲曲藝人，大概有五百餘人。他們的情趣追求，主要體現在如下幾個方面：

首先，對文士才華與風度向慕，並由此而產生潛在的追攀心理。

本來，「梨園子弟目不識丁」〔註 155〕，但「一上戲場便能知宮商節奏」〔註 156〕，照樣能成爲「一時之名伶」〔註 157〕。投身梨園者，大多爲生活所迫，所謂「兒年十一賣入都，聯星堂上教歌舞。昨歲登戲場，羞澀兒女裝。對人且歡笑，背人心惻快」〔註 158〕，所反映的正是這一現實。據文獻記載，「京師伶人，輒購七八齡貧童，納爲弟子，教以歌舞」〔註 159〕，「十年以內，生死存亡，不許父母過問」〔註 160〕，「當就傳時，雞鳴而起喊嗓後，日中歸室，對本讀劇，謂之念詞。夜臥就濕，特令發疥，癢輒不寐，期於熟記」〔註 161〕，「凡一嚬笑，一行動，皆按節照式爲之，稍有不似，鞭棰立下，謂之排身段。凡此種種，皆科班所必經，其難其苦，有在讀書人之上者。故學者十人，成者未必有五」〔註 162〕。而這些習藝的幼童，大多來自蘇、杭、皖、鄂，遠離家鄉父母，生活上沒有多少自由可言，連受教育的權利也被剝奪，所以基本上都「目不識丁」，其艱難遭際可以想像。因從未進學堂之門，故對讀書人有著特殊的情感。他們渴望有文化，對書生舉止安詳、談吐風雅、把筆能文羨慕不已，有意識地將他們視作人生的樣範。如俞蛟《夢廠雜著》所載，京都樂部「色藝雙絕」的名伶李玉兒，對達官巨賈、豪門紈絝不屑一顧，實在回避不得，則「寒暄數語，即退」〔註 163〕，而一旦發現酷嗜戲曲的

〔註 154〕錢謙益撰集：《列朝詩集》，中華書局，2007 年，第 6648 頁。

〔註 155〕錢泳：《履園叢話》卷三，中華書局，1979 年，第 85 頁。

〔註 156〕錢泳：《履園叢話》卷三，中華書局，1979 年，第 85 頁。

〔註 157〕錢泳：《履園叢話》卷三，中華書局，1979 年，第 85 頁。

〔註 158〕董沛：《孤兒行，爲陶生作》，趙興勤、趙韡編：《清代散見戲曲史料彙編（詩詞卷‧初編）》下冊，臺灣花木蘭文化出版社，2014 年，第 499 頁。

〔註 159〕徐珂編撰：《清稗類鈔》第十一冊，中華書局，1986 年，第 5102 頁。

〔註 160〕徐珂編撰：《清稗類鈔》第十一冊，中華書局，1986 年，第 5102 頁。

〔註 161〕徐珂編撰：《清稗類鈔》第十一冊，中華書局，1986 年，第 5102 頁。

〔註 162〕徐珂編撰：《清稗類鈔》第十一冊，中華書局，1986 年，第 5102～5103 頁。

〔註 163〕俞蛟：《夢廠雜著》卷一「春明叢說」上，清刻深柳讀書堂印本。

江左書生李重華，卻馬上邀之入室，鼓勵他「奮跡雲路，以圖進取」〔註 164〕，不能妄自菲薄，自甘落拓。並將對方引爲知己，邀其來家居住，供其膏火，令其讀書以取功名。當看到對方文章出色，字字珠璣，「益愛敬生，聯床語夜，隔座啣盃，凡可以愉生意者，靡不盡」〔註 165〕。後來，李重華考中進士，入職翰林院，對玉兒感恩有加，欲與之「敘雁行」，「玉兒因呼生爲兄。凡平日相與往來之達官巨賈及紈綺兒，皆謝絕不復與通。後生出知某州，既典郡，自簿書外，皆玉兒一人總持之。相從數十年，交情不替如一日」〔註 166〕。玉兒對「喪志落魄，幾墮泥塗」〔註 167〕的窮書生施以援手，根本未曾想能從他那裡謀取什麼榮華富貴，而是「知其懷才不偶，雖衣敝履穿之士，亦敬奉之，不敢忽」〔註 168〕。正體現出他對才學的敬畏，對文士的傾慕，沒有絲毫功利色彩，是難能可貴的。

此等事例很多，如「京師伶人李桂官識畢秋帆尙書沉於未遇」〔註 169〕。魏長生弟子陳銀官，「常以白眼待人」，唯對書生特別友好，「李載園太守年少下第，留京過夏，銀官獨傾倒之。每值梨園演劇，載園至，必爲致殷核，下場周旋。觀者萬目攢視，咸嘖嘖嘆羨，望之如天上人。或赴他臺，聞載園至，亟脫身以往」〔註 170〕。此處所謂「李載園太守」，當是李符清，字仲節，號載園，合浦人。乾隆四十八年（1783）舉人，曾官束鹿知縣、開州知州，著有《海門詩抄》、《鏡古堂文抄》等多種。〔註 171〕陳銀官有意向李載園示好，則表明他對文士的敬重。乾隆間，名伶金德輝，工度曲，曾供奉內廷，喜與文人交遊。光緒初蘅香，常赴江寧藥倦齋雅集，「既與諸名流遊，遂高自位置，俯視一切，碩腹賈無從望見顏色。因此所如不合，鬱鬱不得志，遇有高會，輒以酒澆塊壘，一舉數十觥。醉後耳熱，按拍悲歌，聽者至爲之掩淚」〔註 172〕。

〔註 164〕 俞蛟：《夢廠雜著》卷一「春明叢說」上，清刻深柳讀書堂印本。
〔註 165〕 俞蛟：《夢廠雜著》卷一「春明叢說」上，清刻深柳讀書堂印本。
〔註 166〕 俞蛟：《夢廠雜著》卷一「春明叢說」上，清刻深柳讀書堂印本。
〔註 167〕 俞蛟：《夢廠雜著》卷一「春明叢說」上，清刻深柳讀書堂印本。
〔註 168〕 俞蛟：《夢廠雜著》卷一「春明叢說」上，清刻深柳讀書堂印本。
〔註 169〕 徐珂編撰：《清稗類鈔》第十一冊，中華書局，1986 年，第 5107 頁。
〔註 170〕 徐珂編撰：《清稗類鈔》第十一冊，中華書局，1986 年，第 5107 頁。
〔註 171〕 參看李靈年、楊忠主編：《清人別集總目》，安徽教育出版社，2000 年，第 815 頁。
〔註 172〕 徐珂編撰：《清稗類鈔》第十一冊，中華書局，1986 年，第 5221 頁。

同樣，文人出於情趣愛好或其它種種複雜的原因，也樂於加盟演劇行當。晚清爐臺子，本姓盧。據說，此人本安徽舉人，流落京師，「其人夙有戲癖，尤崇拜長庚，日必至劇場，聆其戲，久之遂識長庚。長庚詢得其狀，頗憐之，遂留至寓中，供其衣食。爐亦以功名坎坷，無志上進，願廁身伶界。長庚復爲之延譽，凡演戲，非爐爲配角不唱，爐因是得有噉飯地矣。爐之唱工平正，長於做工，演《盜宗卷》、《瓊林宴》等劇，容色神肖，臺步靈捷，能人之所不能，故亦有聲於伶界」〔註173〕。而且，「爐善排戲，三慶部所演全本《三國志》，由馬跳檀溪起，多出爐之手筆，詞句關目，均有可觀，雖他伶演之，亦能體貼入微，栩栩欲活，故一時有活張飛（錢寶峰）、活曹操（黃潤甫）、活周瑜（徐小香）之號」〔註174〕。侯俊山初入京師，名聲不彰，不爲人知。據說，某太史有意提拔之，針對侯氏自身條件，根據彈詞《文武香毬》相關內容，編創出新劇《新安驛》，爲侯發揮表演才能提供了契機。侯俊山演此劇時，「始則紅鬚裝束嚴急，令人但聞其聲，已而去鬚，已而改爲豔裝，已而又改爲便服，裝束雅淡，頃刻之間，變換數四，無不絕妙。於是一二日間，名即大噪」〔註175〕。

伶人與文士的雅集交流，不自覺地接受了不同層面的文化薰陶，對他們增強理解劇本能力、提高表演技藝，都起到了潛移默化的作用。而文人對劇本創作、舞臺活動的直接參與，又使得戲劇文本的文學性、表演的規範性與藝術性有所強化，對戲曲的發展大有助益。

其次，是伶人對文士處世方式的摹仿。

文人受傳統文化的濡染，自有一套爲人所普遍認可的生活、行爲方式。如哪怕住室再簡陋，也常常給自己的居處或書室取一榜名。福建長汀人黎志遠，爲清雍正時官員，「性端介，立氣節」，名所居爲「抑堂」。長垣邰獻珂，明時任吏部主事，入清不仕，晚更號「潛庵」。乾隆時文士程晉芳，「少讀蕺山劉念臺（宗周）《人譜》，見所論守身事親大節，輒心慕之，故自號『蕺園』。以後綜核百家，出入貫串漢、宋諸儒說，一以程、朱爲職志」〔註176〕。明湯顯祖以「繭翁」自號，取周青來「我輩投老，如住繭中」之意。晚年以玉

〔註173〕 徐珂編撰：《清稗類鈔》第十一冊，中華書局，1986年，第5114頁。
〔註174〕 徐珂編撰：《清稗類鈔》第十一冊，中華書局，1986年，第5114頁。
〔註175〕 徐珂編撰：《清稗類鈔》第十一冊，中華書局，1986年，第5057頁。
〔註176〕 《皖志列傳稿》卷三《程晉芳》，民國二十五年刻本。程晉芳：《勉行堂詩文集》「附錄」，黃山書社，2012年，第843頁。

茗堂榜所居，因撫州府衙西原有玉茗亭，亭前種有玉茗花，大如山茶而色白，人以瓊花比之。該亭建於宋嘉定中，故「借宋代故實以作佳話」〔註 177〕。再如，馬福齡書房榜號為「恨不讀書齋」，賀炳則為「拾古吟月軒」，莊綏甲的書室是「拾遺補藝齋」，潘觀寶則以「哦詩拜佛之軒」為書齋命名，朱稻孫以娛村老人自名，鄭燮以「徐青藤門下牛馬走」自許，姜紹書號晏如居士，張兆熊號為海山忘機客。如此等等，皆不同程度地反映出取字號者個人的情趣愛好、信仰或追求。而文人相見，相互打問訊時，往往稱字或號，而不直呼其名，以示尊重。「只有尊長對卑幼，才能直呼其名」〔註 178〕。「諱名稱字」，成了當時的一種風俗。所以，在我國古代，給所居、書室或自身起字號，似乎是文士的專利。而在一般百姓中，卻極少有這種情況出現。在楊廷福、楊同甫所編《清人室名別稱字號索引》一書中，收錄清人有字號者 36000餘人，凡 133000 餘條。當然，這並非全部，仍有不少漏收者，足見時人起字、號之盛。

在清代後葉，伶人也往往以某某堂（閣）為所居命名。據《蕊珠舊史》、《辛壬癸甲錄》、《長安看花記》等書記載，伶人宋全寶，太湖人，所居深山堂，人以「籟聲閣主人」〔註 179〕稱之；陳金彩所居為歌素堂；桂慶，先入寶善堂，後居玉慶堂；順林，居國安堂；天祿，居國香堂；長春，為春福堂主；聯柱，則居春之堂。其它還有春和堂、三和堂、傳經堂、浣香堂、椿年堂、輝山堂、四順堂、鴻喜堂、日新堂、永發堂、敬業堂、光裕堂、敬義堂、大有堂、聽春樓、玉慶堂、福雲堂、復新堂、餘慶堂、四順堂、五柳堂、貴福堂、榮發堂、清河堂、詠霓堂、文盛堂、春暉堂、雲仍書屋、天馥堂、綺春堂、玉樹堂、麗華堂、春華堂、福雲堂、來月齋、遇源堂等名目。堂號，雖「多承襲前人舊號」〔註 180〕，但也與師徒傳承有關。如傳經堂主人劉雲桂、國香堂主人檀天祿、遇源堂主人琵琶慶、日新堂主人殷采芝、敬義堂主人董秀蓉、寶善堂主人陳金彩、耕齋主人吳震田等，下皆收羅徒弟多人。有的則

〔註 177〕 徐朔方：《晚明曲家年譜・贛皖卷》，浙江古籍出版社，1993 年，第 377 頁。

〔註 178〕 楊廷福、楊同甫編：《清人室名別稱字號索引：增補本》上冊「小引」，上海古籍出版社，2001 年，第 1 頁。

〔註 179〕 張次溪編纂：《清代燕都梨園史料》上冊，中國戲劇出版社，1988 年，第 286頁。

〔註 180〕 蕊珠舊史：《夢華瑣簿》，張次溪編纂：《清代燕都梨園史料》上冊，中國戲劇出版社，1988 年，第 351 頁。

是以某某堂名其室，如林韻香署所居室曰「梅鶴堂」，「文酒之會，茶瓜清話，必在梅鶴堂」〔註181〕。皖伶徐桂林本居北京韓家潭天馥堂，後將該處讓與門徒居住，「而自署所居室曰『雲仍書屋』，意將以自別於樂籍中人」〔註182〕，「不欲與眾草凡卉伍」〔註183〕。名號皆較雅。如「光裕堂」，取光前裕後之意；「五柳堂」，顯然受了晉陶潛《五柳先生傳》一文的啓發；「日新堂」，《周易‧繫辭上》：「富有之謂大業，日新之謂盛德。」「日新」，取日日更新之意。「大有」，《周易‧大有》：「象曰：火在天上，大有。」其卦象爲 ☲，乃盛大豐有的徵象。《傳》曰：「大有，柔得尊位，大、中而上下應之，曰『大有』。」〔註184〕「陰居尊位，得五陽比附，是博有眾陽，故爲『大有』」〔註185〕，皆寄寓有美好的期待，各有深意。

伶人還往往在姓名之外，再取字、號，以見其雅。這一現象，在乾、嘉之時，似不多見。李斗《揚州畫舫錄》收錄那麼多伶人，有字號者僅郝天秀（字曉嵐）、魏三兒（號長生）數人而已。至於其他人，則直敘其名，或以綽號稱之。如謝瑞卿，人稱小耗子。另有劉歪毛、痘張二、張三網、張破頭、萬打岔、劉八、楊八官、姚二官、雲官、巧官、金官、魚子、三喜、康官、秀官、六官、四官、大松、小松、王大等，有很多連其眞實姓名都難以知曉。同時，本書還載及許多文士，且逐一標出姓名、字號。由此可以推知，伶人競相取字號，大概是乾隆末葉以後之事。安樂山樵的《燕蘭小譜》，成書於乾隆乙巳（五十年，1785），其中所敘伶人，已有了名號。如王桂官，名桂山，即湘雲也；陳銀官，字渼陂；劉二官，即劉玉，字芸閣；劉鳳官，即劉德輝，字桐花；鄭三官，名載興，字蘭成。所收六十四人，幾乎都取有字。這大概與文人功名落拓，身留燕市，「頻上查樓」〔註186〕，「閑親鞠部」〔註187〕，並

〔註181〕　徐珂編撰：《清稗類鈔》第十一冊，中華書局，1986年，第5109頁。

〔註182〕　蕊珠舊史：《夢華瑣簿》，張次溪編纂：《清代燕都梨園史料》上冊，中國戲劇出版社，1988年，第341頁。

〔註183〕　蕊珠舊史：《夢華瑣簿》，張次溪編纂：《清代燕都梨園史料》上冊，中國戲劇出版社，1988年，第341頁。

〔註184〕　《周易正義》，《十三經注疏》上冊，浙江古籍出版社，1998年，第30頁。

〔註185〕　錢世明：《易象通說》，華夏出版社，1989年，第53頁。

〔註186〕　西塍外史：《〈燕蘭小譜〉題詞》，張次溪編纂：《清代燕都梨園史料》上冊，中國戲劇出版社，1988年，第4頁。

〔註187〕　西塍外史：《〈燕蘭小譜〉題詞》，張次溪編纂：《清代燕都梨園史料》上冊，中國戲劇出版社，1988年，第4頁。

借機對伶人包裝有關。文人各有字號，風雅自命，在品花評豔之際，他們頻繁與伶人交往，並力圖使之雅化，故取字號以悅之。其實，這些識字甚少的戲曲藝人，是很難知曉文士所賞字、號的含意的。比如，金官姓江，字毓秀。「毓」為何意？豈能明白？陳銀官，字渼陂。「渼陂」能讀出否？所云者何？蒿玉林，字可淦。「淦」字不常用，能讀得出？其它如煦載、筠穀、縵亭、琴浦、竹馨、柳依、潤霞、韻蘭、影蓮、嘯雲、芰香、仿雲、萼仙、綺琴、玨香、釆蘅、畹雲、叢香、繡卿、香藥、漪蓮、藕雲、浣香等等，都帶有很強的文人況味，很可能是他們根據伶人相貌特徵、性格特點、興趣愛好和文士自身欣賞嘆羨的內在心理品味出來的。

其三，以讀書、作畫、吟詩為途徑，涵養「雅」的品質。

古代文人之「雅」，每每表現在吟詩作畫上。唐代文士鄭虔，善畫山水，曾自寫其詩並畫以獻，常大署其尾曰：「鄭虔三絕。」〔註188〕杜甫在《八哀詩・故著作郎貶臺州司戶滎陽鄭公虔》一詩中亦稱：「三絕自御題，四方尤所仰。」〔註189〕足見文士之才，對人們處世方式、興趣養成的影響。

晚清之時，國家動盪，政局不穩，內憂外患，災難深重。有些讀書人，處在如此內外交困的複雜社會形勢下，加之功名失意，故困惑迷茫，看不到出路與希望，時而到酒樓、歌場尋找精神的慰藉。西膝外史《〈燕蘭小譜〉題詞》曾云：

> 西風木葉，蕭然搖落之晨；烏帽黃塵，老矣羈孤之客。看堂堂之去日，白髮霜凝；聞略略之新聲，青樓夢斷。於無聊賴之中，作有情癡之語。嬉笑怒罵，著為文章；釧動花飛，通於梵乘。徵聲角伎，偶同竿木以逢場；舞榭歌臺，都供水天之閒話。〔註190〕

就反映出當時文人的這一心理。本來，「鐘鼓喤喤，磬管將將」，就能給人們帶來喜悅，使之「欣欣然有喜色」，對那些情懷孤寂、四顧彷徨者來說，無疑更是一劑安神良藥。文士樂意與伶人周旋，伶人也樂於同文士交往，可謂各取所需、各滿所望。文人為消遣歲月，炫示才能，在出入酒樓、流連歌場之際，興致來時，便賦詩題詞、揮毫作畫，或直接題贈名伶。這種頻繁的近

〔註188〕 《新唐書》卷二○二《文藝上》，《二十五史》第六冊，上海古籍出版社、上海書店，1986年，第4742頁。
〔註189〕 杜甫著、仇兆鰲注：《杜詩詳注》第三冊，中華書局，1979年，第1410頁。
〔註190〕 西膝外史：《〈燕蘭小譜〉題詞》，張次溪編纂：《清代燕都梨園史料》上冊，中國戲劇出版社，1988年，第4頁。

距離接觸，使得伶人對文士的處世態度、性情才能有了更爲深切的瞭解。不通文墨的戲曲藝人，對出口成章、詩書兼擅的文士自然心儀之，並進而摹仿之，這乃是順理成章之事。

嘉慶間已「擅清名」的宋全寶（字碧雲），乃安次香詩書弟子，「有翛然出塵之致」〔註191〕，在三慶部如「匡廬獨秀」。安次香所贈楹聯爲：「有鐵石梅花意思，得美人香草風流」〔註192〕，評價不可謂不高。其弟子小雲、妙雲，瀟灑可人，時常吟詠杜甫《詠懷古跡》詩：「搖落深知宋玉悲，風流儒雅亦吾師」〔註193〕，「入其室無綺羅薌澤習氣」〔註194〕。人淡如菊，又佳士滿座，修竹爲伴，有文士氣象，「故知斲梓染絲，非偶然也」〔註195〕。「以善崑曲知名於時。並善徽調」的時琴香之子時慧寶，專習鬚生，馳名於當時。他「平居安貧自得，酷嗜翰墨，於名人碑帖，雖重值，必稱貸以購。尤喜大小篆，每日折紙爲範，作數百字，然後治他事」〔註196〕。光緒間名丑趙仙舫，「齒牙伶利，語妙如環。光緒庚子以來，海內尚新學，趙頗通文理，專以新名詞見長。每登臺，改良、進化諸名詞，滿口皆是，妙在運用切合，不知者或誤以爲東瀛負笈歸也」〔註197〕。女伶金月梅，以山西人而久居南方，「每扮一角，必有所揣摩」〔註198〕，「傳意傳神，惟妙惟肖」〔註199〕，故馳名於上海，「以識字，能閱小說，往往自排新戲，如演《占花魁》中之花魁，《怒沉百寶箱》中之杜十娘，抑鬱牢騷，儼同實事」〔註200〕。藝妓蘅香，「舉止瀟灑，落落有大家風」，「與諸名流遊」，「高自位置，俯視一切，碩腹賈無從望見顏色」。〔註201〕

〔註191〕　蕊珠舊史：《辛壬癸甲錄》，張次溪編纂：《清代燕都梨園史料》上冊，中國戲劇出版社，1988年，第286頁。

〔註192〕　蕊珠舊史：《辛壬癸甲錄》，張次溪編纂：《清代燕都梨園史料》上冊，中國戲劇出版社，1988年，第286頁。

〔註193〕　蕊珠舊史：《辛壬癸甲錄》，張次溪編纂：《清代燕都梨園史料》上冊，中國戲劇出版社，1988年，第286頁。

〔註194〕　蕊珠舊史：《辛壬癸甲錄》，張次溪編纂：《清代燕都梨園史料》上冊，中國戲劇出版社，1988年，第286頁。

〔註195〕　蕊珠舊史：《辛壬癸甲錄》，張次溪編纂：《清代燕都梨園史料》上冊，中國戲劇出版社，1988年，第286頁。

〔註196〕　徐珂編撰：《清稗類鈔》第十一冊，中華書局，1986年，第5123頁。

〔註197〕　徐珂編撰：《清稗類鈔》第十一冊，中華書局，1986年，第5142～5143頁。

〔註198〕　徐珂編撰：《清稗類鈔》第十一冊，中華書局，1986年，第5145頁。

〔註199〕　徐珂編撰：《清稗類鈔》第十一冊，中華書局，1986年，第5145頁。

〔註200〕　徐珂編撰：《清稗類鈔》第十一冊，中華書局，1986年，第5145頁。

〔註201〕　徐珂編撰：《清稗類鈔》第十一冊《娼妓類》，中華書局，1986年，第5221頁。

這類伶人，「日與士大夫親近，其吐屬舉止，自能有名儁氣，非徒侈色藝之工而已」〔註202〕。

　　還有，金德輝是位曾供奉景山的著名戲曲藝人。他粗通文墨，喜與文人交遊，後因病退休，還請文士嚴保庸題一幅字，稱：「願從公乞一言，繼柳敬亭、蘇崑生後足矣。」〔註203〕嚴欣然命筆，滿足了他的要求。京師伶人胖巧玲，扮相雖不佳，但「長言短語，妙合自然」〔註204〕，如《胭脂虎》中史鍾玉、《浣花溪》中任容卿，「說白皆駢語雅辭」〔註205〕。一般伶人不諳文義，說白「如拙童背書，斷續梗塞，文理全失。且又多引古書古語，滿篇之乎也者，讀頓頗難，稍不留心，全無收束」〔註206〕，而胖巧玲因「略通文義」一氣貫之，「以此見賞於上流人物」〔註207〕。文化素養的提高，對場上演技的完善則起到潛在的作用。吳伶萬希濂，「吐屬溫雅，無叫囂之習」〔註208〕，「貌騷人墨士，惟妙惟肖，性相近也」〔註209〕，「工書，孜孜不倦，筆意似趙吳興，秀媚可喜」〔註210〕。吳金鳳，字桐仙，儒雅風流，「談諧筆劄，色色精妙。所與遊多當世文士，性復苦溺於學，故朱藍湛染，厥功甚深。又能出其餘以教其弟子」〔註211〕。居處「插架皆精冊帙，几案間錯列舊銅瓷器數事，咸蒼潤有古色」〔註212〕，「尤工繪事，師袁琴甫，學鷗香館寫生法，作沒骨折枝花卉，殊有生趣」〔註213〕，「所作韻語，楚楚有致。暇復倚

〔註202〕 孫寰鏡：《棲霞閣野乘》卷下，北京古籍出版社，1999 年，第 131 頁。
〔註203〕 徐珂編撰：《清稗類鈔》第十一冊，中華書局，1986 年，第 5110 頁。
〔註204〕 徐珂編撰：《清稗類鈔》第十一冊，中華書局，1986 年，第 5132 頁。
〔註205〕 徐珂編撰：《清稗類鈔》第十一冊，中華書局，1986 年，第 5132 頁。
〔註206〕 徐珂編撰：《清稗類鈔》第十一冊，中華書局，1986 年，第 5132 頁。
〔註207〕 徐珂編撰：《清稗類鈔》第十一冊，中華書局，1986 年，第 5133 頁。
〔註208〕 殿春生：《明僮續錄》，張次溪編纂：《清代燕都梨園史料》上冊，中國戲劇出版社，1988 年，第 427 頁。
〔註209〕 殿春生：《明僮續錄》，張次溪編纂：《清代燕都梨園史料》上冊，中國戲劇出版社，1988 年，第 427 頁。
〔註210〕 殿春生：《明僮續錄》，張次溪編纂：《清代燕都梨園史料》上冊，中國戲劇出版社，1988 年，第 427 頁。
〔註211〕 蕊珠舊史：《辛壬癸甲錄》，張次溪編纂：《清代燕都梨園史料》上冊，中國戲劇出版社，1988 年，第 291 頁。
〔註212〕 蕊珠舊史：《辛壬癸甲錄》，張次溪編纂：《清代燕都梨園史料》上冊，中國戲劇出版社，1988 年，第 291 頁。
〔註213〕 蕊珠舊史：《辛壬癸甲錄》，張次溪編纂：《清代燕都梨園史料》上冊，中國戲劇出版社，1988 年，第 291 頁。

聲學塡長短句，亦自可誦。每於觥籌交錯之時，偶出一語，指事類情，一坐盡傾。好從諸文士遊，諸文士亦樂與之遊也」〔註214〕。伶人小霞，「能畫蘭蕙，水墨淋漓，落紙輒數十幅。其人胸次灑落，品格翛然。故筆墨超脫，非諸郎可及」，曾自題畫蘭曰：「可憐一樣庭階種，流落人間當草看」〔註215〕。鸞仙能畫著色蘭蕙，「拈毫弄翰，時時堆紙盈几案」〔註216〕。張蘭香，字紉仙，「風流自賞，拈毫弄翰，怡然自得。字作歐陽率更體，清拔有致。每當茶瓜清話，把卷問字，捧硯乞題，墨痕沾漬襟袖間。此三慶部後來書呆子也。性既苦溺於學，而一洗咬文嚼字醜態」〔註217〕，「散朗多姿，獨有林下風」〔註218〕。

　　因戲曲藝人文化素養大爲提高，故談吐文雅，舉止有文人風範。「臺公巨卿十九優禮，以士夫接之」〔註219〕，加之當時「上下朝野相率以聲色爲歡」〔註220〕，致使「烏衣子弟時弄粉墨，每每以優爲師。士風豪習，兼濡並染」〔註221〕。如此一來，那些著名伶人，使得「至尊動容，侯王納交，公卿論友」〔註222〕，是社會風氣使然。伶人與文人的交往、互動，在整體上提升了演藝隊伍的文化素質，使戲曲藝術審美追求有了很大改變，向精細、優美方向發展。伶人借助文人的推轂之力，又使自身聲譽大爲提高，有助於表演才能展示平臺的拓展。同時，文人對歌場的屢屢光顧，評頭論足，且不時將所思所

〔註214〕　蕊珠舊史：《辛壬癸甲錄》，張次溪編纂：《清代燕都梨園史料》上冊，中國戲劇出版社，1988年，第291～292頁。

〔註215〕　蕊珠舊史：《長安看花記》，張次溪編纂：《清代燕都梨園史料》上冊，中國戲劇出版社，1988年，第307頁。

〔註216〕　蕊珠舊史：《長安看花記》，張次溪編纂：《清代燕都梨園史料》上冊，中國戲劇出版社，1988年，第308頁。

〔註217〕　蕊珠舊史：《長安看花記》，張次溪編纂：《清代燕都梨園史料》上冊，中國戲劇出版社，1988年，第319頁。

〔註218〕　蕊珠舊史：《長安看花記》，張次溪編纂：《清代燕都梨園史料》上冊，中國戲劇出版社，1988年，第319頁。

〔註219〕　姚華：《〈增補菊部群英〉跋》，張次溪編纂：《清代燕都梨園史料》上冊，中國戲劇出版社，1988年，第448頁。

〔註220〕　姚華：《〈增補菊部群英〉跋》，張次溪編纂：《清代燕都梨園史料》上冊，中國戲劇出版社，1988年，第448頁。

〔註221〕　姚華：《〈增補菊部群英〉跋》，張次溪編纂：《清代燕都梨園史料》上冊，中國戲劇出版社，1988年，第448頁。

〔註222〕　姚華：《〈增補菊部群英〉跋》，張次溪編纂：《清代燕都梨園史料》上冊，中國戲劇出版社，1988年，第448頁。

想形諸書籍、報端，這無疑擴大了戲曲藝術的影響，為開拓演出市場並進而提高藝人待遇推波助瀾，實在是互利雙贏之事。

四、本編所載清代的其它伎藝

在清代戲曲藝術之外，其它伎藝的表演也十分豐富。本編所收文獻，曾記載有說書、彈詞、樂器演奏、小曲、雜耍、戲法、口技、煙戲、電戲、猴戲、馬戲、虎戲、犬戲、鼠戲、魚戲、鳥戲、蟻戲、影戲等種種伎藝，幾乎是無所不有。尤其值得注意的是，還有西洋戲、外國馬戲、西人幻術、電影等相關記載。下面分別敘述之：

（一）曲　藝

晚清之時，曲藝種類甚多，有道情、清音、灘簧、花調、盲詞、鼓詞、子弟書、彈詞、評話等。如灘簧，為滬劇的前身。其實，它本為流行於江浙一帶的曲藝演唱形式，表演時，「集同業者五六人或六七人，分生旦淨丑腳色，惟不加化裝，素衣，圍坐一席，用絃子、琵琶、胡琴、鼓板。所唱亦戲文，惟另編七字句，每本五六齣，歌白並作，間以諧謔」〔註223〕。在表演形式上，與京師的「樂子」、天津的「大鼓」、揚州及鎮江的「六書」相似，演唱者主要為女子。因該演唱大為婦女歡迎，故流行較廣，以致有蘇灘、滬灘、杭灘、寧波灘之別。而清音，主要流行於江寧、蘇、杭一帶，以福壽堂、榮華堂知名較早，以後又有九松、四松、慶福、吉慶、餘慶諸班興起。清音的演唱，一般用「十歲至十五六歲之童子八人，服色皆同，領以教師管班，佐以華麗裝飾品及九雲鑼諸樂器」〔註224〕，受雇於喜慶之家而演出。江寧唱清音者，有單廷樞、朱元標、李錦華、孟大綏等人，而三喜、四壽、添喜、巧齡、太平諸藝人，又「品藝俱精」〔註225〕。

以上各家，以彈詞與評話影響最大。彈詞演出開場前，必奏《三六》（每節為三十六拍）一曲，以候場，開場科白後，例唱開篇一段，然後才轉入唱正文故事，與宋元話本先講「入話」，後講正故事相似。而演唱中的插科，「其先必遲回停頓，為主要語作勢，一經脫口，便戛然而止」〔註226〕。之

〔註223〕　徐珂編撰：《清稗類鈔》第十冊，中華書局，1986年，第4940頁。
〔註224〕　徐珂編撰：《清稗類鈔》第十冊，中華書局，1986年，第4939頁。
〔註225〕　徐珂編撰：《清稗類鈔》第十冊，中華書局，1986年，第4940頁。
〔註226〕　徐珂編撰：《清稗類鈔》第十冊，中華書局，1986年，第4944頁。

所以令人發笑，「其妙處在以冷雋語出之，令人尋味無窮」〔註227〕。然而如何表演，還應「視聽客之高下爲轉移。有名書場，聽客多上流，吐屬一失檢點，便不雅馴，雖鼎鼎名家，亦有因之墮落者。蘇州東城多機匠，若輩聽書，但取發噱，語稍溫文，便掉首不顧而去」〔註228〕。所以，演出不能不顧及聽眾情緒。當時，他們所演唱的作品，主要有《倭袍傳》、《珍珠塔》、《三笑姻緣》、《玉蜻龍》、《水滸傳》、《描金鳳》、《楊乃武》、《雙珠鳳》、《白蛇傳》、《落金錢》、《玉蜻蜓》、《金臺傳》、《五義圖》、《佛撫院》等。同治年間，蘇州湧現出不少彈詞名家，如馬如飛、姚似璋、王石泉、趙湘舟等人。操此業者，也樂與文士交往，「略沾漑文學緒論，則吐屬稍雅馴」〔註229〕。若是在大的莊重場合演出，一旦出以文士口吻，馬上聲價十倍。而且善於情節鋪展，演唱《水滸傳》中「武松打店」一節，「一腳閣短垣，至月餘始放下」〔註230〕。

　　所謂評話，即說書，盛行於江南一帶。一般講一朝一代之事，或一人身世浮沉，以善嘲謔詼諧爲主。所說書，主要有《三國志》、《東漢》、《水滸記》、《五美圖》、《清風閘》、《玉蜻蜓》、《善惡圖》等。著名評話藝人有柳敬亭、孔雲霄、韓圭湖、季麻子、葉霜林、吳天緒、徐廣如、王德山、高晉公、浦天玉、房山年、曹天衡、顧進章、鄒必顯、謊陳四、王景山、陶景章、王朝幹、張破頭、謝壽子、陳達三、薛家洪、諶耀廷、倪兆芳、陳天恭諸人。〔註231〕吳天緒說《三國》，「效張翼德據水斷橋，先作欲叱吒之狀，眾傾耳聽之，則唯張口努目，以手作勢，不出一聲，而滿室中如雷霆喧於耳矣」〔註232〕。沈建中在茶館說書，以致「後至者無地可聽」〔註233〕。揚州有善說皮五鬍子者，「每登場，則滿座傾倒」〔註234〕。江寧周某，擅長說《西遊》，人以「周猴」稱之。以說評話不難學，主要靠的是口齒伶俐，頭腦敏捷，且不用花太多本錢，即可藉以謀生。所以「揚故多說書者，盲婦傖叟，抱五尺檀槽，編輯俚俗僿語，出入富者之家，列兒女嫗嫗，歡咍嘲侮，

〔註227〕　徐珂編撰：《清稗類鈔》第十冊，中華書局，1986年，第4944頁。
〔註228〕　徐珂編撰：《清稗類鈔》第十冊，中華書局，1986年，第4944頁。
〔註229〕　徐珂編撰：《清稗類鈔》第十冊，中華書局，1986年，第4945頁。
〔註230〕　徐珂編撰：《清稗類鈔》第十冊，中華書局，1986年，第4943頁。
〔註231〕　參看李斗：《揚州畫舫錄》卷一一，中華書局，1960年，第257～258頁。
〔註232〕　李斗：《揚州畫舫錄》卷一一，中華書局，1960年，第258頁。
〔註233〕　徐珂編撰：《清稗類鈔》第十冊，中華書局，1986年，第4952頁。
〔註234〕　徐珂編撰：《清稗類鈔》第十冊，中華書局，1986年，第4952頁。

常不下數百人」〔註235〕。實風氣使然。

（二）雜　耍

清代的雜耍，形式多樣、繁難不一，但多驚險，令觀者悚然。據李斗《揚州畫舫錄》等書記載，就有「竿戲」、「飲劍」、「壁上取火，席上反燈」、「走索」、「弄刀」、「風車」、「舞盤」、「簸米」、「躍高蹻」、「弄碗」、「弄獸」、「打毬」、「攢梯」、「弄鐶」、「弄甕」、「蟻戲」、「鼠戲」、「弄蟲蟻」、「滾燈」等雜耍，大多來自於外地，演出於秋天，或「集於堤上」〔註236〕，或「聚於熙春臺」〔註237〕，各出所長，作種種表演。

其中的「舞盤」，即「置盤竿首，以手擎之，令盤旋轉；復兩手及兩腕、腋、兩股及腰與兩腿，置竿十餘，其轉如飛。或飛盤空際，落於原竿之上」〔註238〕。此伎至今仍常見於雜技舞臺。至於「弄碗」，即「置碗頭上，碗中立紙絹人數寸，跪拜跳踉，至於偃僕，其碗不墜」〔註239〕。安慶武部的「滾燈」表演，就是受此技的啓發，加以改造而成的。「猿騎」，「衣伎兒作獼猴之形走馬上，或在脅，或在馬頭，或在馬尾，馬走如故」〔註240〕，世間之跑馬賣解表演與此相類。「擊碟」，儀征人鄭玉，能以象牙筷敲擊碟子作聲，與琴、箏、簫、笛相和，「時作絡緯聲、夜雨聲、落葉聲，滿耳蕭蕭，令人惘然」〔註241〕。今人有敲酒瓶及盛水深淺不一的茶杯等物，作樂曲聲者，亦有古技之遺。「口技」，又稱口戲、象聲、肖聲等，即象聲之戲，能同時爲各種音響或數人口吻及鳥獸叫聲。表演者不過於場上橫放一八仙桌，用布幔圍起，藏身其中，手中所持，不過扇子一把、木尺一塊而已。著名口技藝人有郭貓兒、周德新、陸瑞白、陳金方、畫眉楊、百鳥張等人。「煙戲」，吸旱煙者所吐出的煙霧能幻成種種圖像，或水波浩淼，或層樓峭閣，或仙鶴翔舞，或圓圈無數。當今舞臺表演中的「吐火」，或與此技有一定淵源關係。不過，前者是吐煙，後者爲將松香末噴向暗藏的火紙，以引燃火條。還有「弄鐶」，「始則兩手互擲互承，如轆轤轉於兩臂兩肩及背，繼則或作騎馬勢，而擲鐶

〔註235〕　徐珂編撰：《清稗類鈔》第十冊，中華書局，1986 年，第 4953 頁。
〔註236〕　李斗：《揚州畫舫錄》卷一一，中華書局，1960 年，第 264 頁。
〔註237〕　李斗：《揚州畫舫錄》卷一一，中華書局，1960 年，第 264 頁。
〔註238〕　李斗：《揚州畫舫錄》卷一一，中華書局，1960 年，第 264 頁。
〔註239〕　李斗：《揚州畫舫錄》卷一一，中華書局，1960 年，第 264 頁。
〔註240〕　俞樾：《茶香室叢鈔》卷一八，清光緒二十五年刻春在堂全書本。
〔註241〕　俞樾：《茶香室三鈔》卷二二，清光緒二十五年刻春在堂全書本。

出胯上，摩背躍過頂，承以額，硜然有聲」〔註242〕，又「罋立於額，不以
手扶，屢點其首，則罋盤旋轉於額，或正立，或倒立，或豎轉，或橫轉，壇
中銅鐵絲聲與罋額相擊撞聲，錚錚硜硜，應絃合節。俄以首努力一點，則罋
上擊屋樑，聽其下墜於地，地為震動，而罋不少損，則又取弄如前」〔註243〕，
「上下飛騰，四面盤辟，不辨其是肩，是背，是腰，是尻，是膝，是足，第
見滿身皆罋，滿臺皆罋」〔註244〕，至今仍有擅長此伎者。

（三）戲　法

戲法，即幻術，漢代已有此伎之表演，至清代尤盛。如「飛水」，「以
大碗水覆巾下，令隱去」〔註245〕；「摘豆」，「置五紅豆於掌上，令其自去」
〔註246〕；「大變金錢」，「以錢十枚，呼之成五色」〔註247〕。此類技藝，大
多流行於乾、嘉之時，李斗《揚州畫舫錄》、錢泳《履園叢話》等皆曾敘及，
表演內容與古代相比愈發豐富。如蒲松齡《聊齋志異》所載的「偷桃」之戲，
筆者早年曾撰文考辨〔註248〕，此不贅述。又如「桶戲」，曾表演於山東淄川，
「桶可容升，無底而中空，術人以二席置於街，持一升入桶，旋出，即有白
米滿升，傾注席上。又取，又傾，頃刻兩席皆滿，然後一一量入，畢而舉之，
猶空桶也」〔註249〕，堪稱奇跡。還有「善撮」之法，表演者「於桌鋪紅氈，
口中喃喃，俄見氈下有水三四碗在焉，並叮撮盆果碗菜，食之無異。惟先須
與錢數十文，然後可取」〔註250〕。此外又有「斷肢」之術，「有一人攜一幼
童，立於中央，手持一刀，令童伸二臂，皆斬之，既復斬其二足二腿及頭，
流血如注，一一置之罋中，封其口。須臾破罋，則童已復活，手足仍完備，
從容而出」〔註251〕。此即在民間流傳的「大卸八塊」之術，六十年前鄉間
尚有演出此戲者。另有「種石成樹」之術，表演者乃一老者，他「張布囊，

〔註242〕　徐珂編撰：《清稗類鈔》第十一冊，中華書局，1986 年，第 5083 頁。
〔註243〕　徐珂編撰：《清稗類鈔》第十一冊，中華書局，1986 年，第 5083 頁。
〔註244〕　徐珂編撰：《清稗類鈔》第十一冊，中華書局，1986 年，第 5083 頁。
〔註245〕　李斗：《揚州畫舫錄》卷一一，中華書局，1960 年，第 264 頁。
〔註246〕　李斗：《揚州畫舫錄》卷一一，中華書局，1960 年，第 264 頁。
〔註247〕　李斗：《揚州畫舫錄》卷一一，中華書局，1960 年，第 264 頁。
〔註248〕　趙興勤：《〈聊齋志異·偷桃〉本事考》，《中國古典戲曲小說考論》，吉林教
　　　　　育出版社，2004 年，第 311～314 頁。
〔註249〕　徐珂編撰：《清稗類鈔》第十一冊，中華書局，1986 年，第 5072 頁。
〔註250〕　徐珂編撰：《清稗類鈔》第十一冊，中華書局，1986 年，第 5074 頁。
〔註251〕　徐珂編撰：《清稗類鈔》第十一冊，中華書局，1986 年，第 5073 頁。

出紅巾二，石塊二，又出小鋤，掘地深尺許，將石塊分埋其中，取一紅巾覆其上，旋以清水灌溉之，俄見土起，石芽生焉。老人灌溉愈勤，芽亦猛長，漸分枝節，穿巾而出。已而益高，枝葉並茂，庭中竟生雙玉樹矣」〔註252〕。又有「以杯扣案」術，「術士置杯酒於案，舉掌拍之，杯陷入案中，口與案平，捫案下，不見杯底。少選取出，案如故」〔註253〕。「吞刀」術，演出者「以小刀納口中，未幾，穿頭頂而出，既出，而頭亦宛然毫無傷痕」〔註254〕。此二技至今仍時常演出。

（四）雜　戲

這裡所說的雜戲，是指的與戲曲演出相近的、亦有角色出現的表演伎藝。如肩擔戲、猴戲、傀儡戲、影戲、過錦戲、倒喇戲、臺閣戲之類。下面分別敘述之：

影戲，即皮影戲，又叫羊皮戲。來源甚古，宋代已出現表演皮影戲的名家。此戲「蓋以彩色繪畫羊皮為人，中有機捩，人執而牽之，則能動，進止動作，與生人無異。演時夜設帳，張燈燭，隔帳望之。其唱曲、道白，則皆人為之也，而亦有樂器佐之」〔註255〕。至今仍時常演出。比較著名的有河北唐山影戲和湖南瀏陽影戲、衡山影戲、平江影戲以及甘肅玉環影戲等。

肩擔戲，實際上是小傀儡戲，即掌上傀儡。所有供演出之用的戲具，皆一肩挑之，來去方便，適於走街串巷之演出。表演時，「圍布作房，支以一木，以五指運三寸傀儡，金鼓喧闐，詞白則用叫顙子，均一人為之，謂之『肩擔戲』」〔註256〕。此類傀儡戲，所演唱的往往是《打虎》、《跑馬》諸劇。這類藝人，大都於臘月抵達城郊，在元旦之時進城演出，正月十五後出城，演出於鄉間。此於紹興一帶的挑箱班不同，挑箱班是巡迴演出於鄉間的小戲班，因服裝簡陋，道具又少，所演又是小戲，挑起擔子就走，故以挑箱班稱之。而這裡的肩擔戲，是專演形制很小的傀儡戲的，所有人物唱、白，均由挑擔者一人承擔。

過錦戲，是「以木人浮於水上，旁人代為歌詞」〔註257〕，即古時所謂的

〔註252〕 徐珂編撰：《清稗類鈔》第十一冊，中華書局，1986年，第5074頁。
〔註253〕 徐珂編撰：《清稗類鈔》第十一冊，中華書局，1986年，第5075頁。
〔註254〕 徐珂編撰：《清稗類鈔》第十一冊，中華書局，1986年，第5076頁。
〔註255〕 徐珂編撰：《清稗類鈔》第十一冊，中華書局，1986年，第5092頁。
〔註256〕 李斗：《揚州畫舫錄》卷一一，中華書局，1960年，第263頁。
〔註257〕 震鈞：《天咫偶聞》卷七，清光緒甘棠精舍刻本。

「水傀儡」。明人劉若愚《酌中志》云：

> 過錦之戲，約有百回，每回十餘人不拘，濃淡相間，雅俗並陳，全在結局有趣，如說笑話之類。又如雜劇故事之類，各有引旗一對，鑼鼓送上所扮者，備極世間騙局醜態，並閨閣拙婦騃男，及市井商匠刁賴詞訟、雜耍把戲等項，皆可承應。〔註258〕

水傀儡，至今很少見有演出者，筆者昔年曾在越南偶一觀之。

臺閣戲，是流行於鄉間的一種演出形式。據明張岱《陶庵夢憶》所載：

> （蘇州）楓橋楊神廟，九月迎臺閣。十年前迎臺閣，臺閣而已，自駱氏兄弟主之，一以思致文理爲之。扮馬上故事，二三十騎扮傳奇一本，年年換，三日亦三換之。其人與傳奇中人必酷肖方用，全在未扮時一指點爲某似某，非人人絕倒者不之用。迎後，如扮胡璉者，直呼爲胡璉，遂無不胡璉之，而此人反失其姓。人定，然後議扮法，必裂繒爲之，果其人其袍鎧須某色某緞某花樣，雖足錦數十金不惜也。〔註259〕

七月間，紹興鄉間祈雨，往往演劇娛神。在演《水滸》劇時，管事者「分頭四出尋黑矮漢，尋梢長大漢，尋頭陀，尋胖大和尚，尋茁壯婦人，尋姣長婦人，尋青面，尋歪頭，尋赤鬚，尋美髯，尋黑大漢，尋赤臉長鬚。大索城中，無則之郭，之村，之山僻，之鄰府州縣，用重價聘之，得三十六人。梁山泊好漢，個個呵活」〔註260〕。

猴戲，「令其自爲冠帶演劇，謂之『猴戲』」〔註261〕。詳言之，即「木箱之內藏有羽帽烏紗，猴手自啓箱，戴而坐之，儼如官之排衙。猴人口唱俚歌，抑揚可聽」〔註262〕。鳳陽韓七善弄猴。一般玩猴戲者，僅養一兩隻猴，而韓七卻養有十餘隻，「每演劇，生旦淨丑，鳴鉦者，擊鼓者，奔走往來者，皆猴也，無一不備，而無一逃者」〔註263〕，實乃罕見。筆者幼年在鄉間時常觀看猴戲，耍猴者往往挑一擔子，前後各有一隻大小相同的木箱。一木箱內裝有各色形制很小的戲服，另一木箱則將紗帽及鑼鼓家什等物入藏。箱子

〔註258〕　劉若愚：《酌中志》卷一六，北京古籍出版社，1994年，第107頁。

〔註259〕　張岱：《陶庵夢憶》卷四，浙江古籍出版社，2012年，第50頁。

〔註260〕　張岱：《陶庵夢憶》卷七，浙江古籍出版社，2012年，第91～92頁。

〔註261〕　李斗：《揚州畫舫錄》卷一一，中華書局，1960年，第263頁。

〔註262〕　富察敦崇：《燕京歲時記》，北京古籍出版社，1981年，第56頁。

〔註263〕　徐珂編撰：《清稗類鈔》第十一冊，中華書局，1986年，第5088頁。

上，每每各蹲一猴，後隨小狗。鑼鼓一敲，猴戲開演。它徑直打開木箱，自取衣物，穿戴整齊，蹣跚登場。或騎小狗身上，作各種動作。然而，此猴戲幾近失傳，即使是以耍猴馳名的河南新野藝人，也只是教猴做點簡單動作，僅僅是「耍」而已。「沐猴而冠」已不復可見，遺憾得很。

鼠戲。據載，「康熙時，王子巽在京師，曾見一人於長安市上賣鼠戲。背負一囊，中蓄小鼠十餘頭，每於稠人中，出小木架，置於肩，儼如戲樓狀，乃拍鼓板，唱古雜劇。歌聲甫動，則有鼠自囊中出，蒙假面，被小裝服，自背登樓，人立而舞，男女悲歡，悉合劇中關目」〔註264〕。以鼠扮戲，實乃僅見，其真實性如何，不得而知。

其它如跑旱船，「乃村童扮成女子，手駕布船，口唱俚歌，意在學遊湖而採蓮者」〔註265〕；八角鼓，「乃青衣數輩，或弄絃索，或歌唱打諢」〔註266〕；什不閑，「有旦有丑而無生，所唱歌詞別有腔調，低徊婉轉，冶蕩不堪。咸、同以前頗重之」〔註267〕。

這類民間流傳的伎藝，有不少已為戲曲表演所吸取。如高蹺，早期京劇花旦戲，非常注重蹺功。凡習旦者，首先必須練踩蹺。待蹺功練穩，師父才教以種種身段、種種步驟，然後才能登臺表演。當時，《花田錯》、《紅鸞喜》、《拾玉鐲》等戲的搬演，都非常注重踩蹺。〔註268〕河南梆子所演牛郎織女故事的《天河配》，舞臺出現龍頭佈景。龍頭的左伸右晃，口中吐水，即是參照了民間耍龍燈的制法。〔註269〕足見民間藝術的營養在戲曲發展中的潛在作用。

（五）外來伎藝

鴉片戰爭以後，封閉的清王朝大門，為西方帝國主義列強的堅船利炮野蠻地撞開，隨著資本主義勢力的入侵，西方文化也隨之而來，「中國固有傳統面臨挑戰，文化秩序陷於重組重建的大動盪之中」〔註270〕。紛至沓來的西方表演伎藝，也充斥了上海等大都市的文化市場。

〔註264〕 徐珂編撰：《清稗類鈔》第十一冊，中華書局，1986年，第5089頁。
〔註265〕 富察敦崇：《燕京歲時記》，北京古籍出版社，1981年，第56頁。
〔註266〕 富察敦崇：《燕京歲時記》，北京古籍出版社，1981年，第94頁。
〔註267〕 富察敦崇：《燕京歲時記》，北京古籍出版社，1981年，第94頁。
〔註268〕 參看海上漱石生：《梨園舊事鱗爪錄》，《戲劇月刊》第1卷第4期，1928年。
〔註269〕 參看馬紫晨主編：《中國豫劇大詞典》，中州古籍出版社，1998年，第561頁。
〔註270〕 劉夢溪主編：《中國現代學術經典・蕭公權卷》「總序」，河北教育出版社，1999年，第63頁。

在上海，時有外國劇場建立，如公共租界圓明園路的蘭佃姆、南京路的謀得利，皆是。有時，在禮查路的禮查客寓，也偶有歌舞演出。〔註271〕同治十三年（1874）四月初一晚，英國人瓦納，就曾在圓明園路表演八種戲法，其中的冠中取物，是「取客一高冠，中空無有，手納冠中，出皮一、衣一、巾一、袴一、小洋傘兩擎，又皮盒長五寸，橫闊約三寸，層出不窮，至十二具，堆置於桌。使復納入，則一盒幾不能容。又向冠中取紙裏糖饋客，由十數枚至二十枚，每冠一轉，則糖隨手出，後至百數十枚，源源不絕，饋客幾遍」〔註272〕，「每演一術，座客皆興高采烈，拍掌不已」〔註273〕。光緒年間，西人湯姆也曾在此演出帽中取蛋，表演方法與前者相似，不過，後者是借助機器的燈光「遮人之眼」，以強化演出效果。〔註274〕據說，西方藝人來中國獻技，「道光朝已有之」〔註275〕，由編修陳元鼎《洋戲行》詩來看，所表演的可能是馬戲。還有西洋鏡，據載，「江寧人造方圓木匣，中點花樹、禽魚、怪神、祕戲之類，外開圓孔，蒙以五色瑠璃，一目窺之，障小爲大，謂之『西洋鏡』」〔註276〕。此物雖爲江寧人所造，卻是吸收了西方的科技成果而製造的。其實，這與民間早些年流傳的拉洋片極爲相似。拉洋片即是在長方形木匣上開一圓孔，嵌入放大鏡，借鏡孔觀看匣中畫面。表演者邊唱邊轉動機關，以使畫面不斷交替。筆者早年曾目睹這一伎藝的表演。

尤其值得注意的是，本編還收錄了有關電影的引進。電影，當時叫電光影戲，且對它有了初步的認識，稱：

> 其法於人物動作時，用照相鏡順序攝影，印於半透明之膠片中，片片銜接，成爲長條，用特製器械，以一定之速度移易之，由幻燈中現出，令其影像前後聯續，視之栩栩如生，畫片愈多，舉動之層次愈明。〔註277〕

又說，電影發明者愛迭孫（今譯作愛迪生），後來又「以留聲裝置其中，使聲音與動作相應，其精巧爲益進」〔註278〕，較爲詳細地介紹了電影從無聲到有

〔註271〕　參看徐珂編撰：《清稗類鈔》第十一冊，中華書局，1986年，第5069頁。
〔註272〕　徐珂編撰：《清稗類鈔》第十一冊，中華書局，1986年，第5071頁。
〔註273〕　徐珂編撰：《清稗類鈔》第十一冊，中華書局，1986年，第5071頁。
〔註274〕　參看徐珂編撰：《清稗類鈔》第十一冊，中華書局，1986年，第5071~5072頁。
〔註275〕　徐珂編撰：《清稗類鈔》第十一冊，中華書局，1986年，第5069頁。
〔註276〕　李斗：《揚州畫舫錄》卷一一，中華書局，1960年，第265頁。
〔註277〕　徐珂編撰：《清稗類鈔》第十一冊，中華書局，1986年，第5093頁。
〔註278〕　徐珂編撰：《清稗類鈔》第十一冊，中華書局，1986年，第5093頁。

聲的演化過程，較接近於史實。當然，電影技術的成功，不僅僅是美國人愛迪生一人之功，還有盧米埃爾兄弟。而對電影藝術的解釋，與當今所說「通過一個一個鏡頭構成的運動著的畫面，塑造豐富的視覺形象」〔註279〕，就比較接近。一般認為，1896 年美商雍松在上海徐園「又一村」放映電影，這是電影進入中國的較早記載。〔註280〕而本編所收文獻稱：「光、宣間，我國人亦能仿為之矣」〔註281〕，所指的可能是光緒三十一年（1905）在北京琉璃廠豐泰照相館所拍的由譚鑫培演出的京劇《定軍山》。本編文獻還稱：

> 光緒末，特簡大員赴歐美考察政治，端忠愍公方自西洋調查歸，攜有活動電影器一具，聞將以進呈內廷者。先試演於私第，因光燄配合失當，轟然炸裂，斃多人，忠愍以送客得免，進呈之議遂息。〔註282〕

據《清史稿》卷四六九《端方傳》，端方（字午橋）光緒三十年（1904）調江蘇，代理兩江總督，「尋調湖南，專志興學，貲遣出洋學生甚眾。逾歲，召入覲，擢閩浙總督。未之官，詔赴東西各國考政治。……三十二年，移督兩江。」〔註283〕如此看來，端方的出國考察，當在光緒三十一年（1905）。也就是說，即在這一年，他將「活動電影器一具」帶回國。瞭解這一事實，對於研究中國電影引進史大有助益。

五、本編所涉清代之戲曲表演

　　根據本編所收文獻提供的資訊，僅經常上演劇目（包括單齣小戲）就達三百四十餘種。當然，以皮黃、秦腔之類花部劇目為多。戲曲的搬演，由雅向俗的轉化軌跡隱然可見。當時的戲曲演出，大致可分為這樣幾種情況：

　　一為上流社會人物的戲曲演出。

　　戲曲演出能給人們帶來快感，亦即審美的喜悅。而廁身場上的表演，還能使得人們對生活的體驗又多了一份內容。既有逢場作戲，檢測自身表演能

〔註279〕　《簡明社會科學詞典》編輯委員會編：《簡明社會科學詞典》，上海辭書出版社，1982 年，第 214 頁。

〔註280〕　參看施宣圓等主編：《中國文化辭典》，上海社會科學院出版社，1987 年，第 944 頁。

〔註281〕　徐珂編撰：《清稗類鈔》第十一冊，中華書局，1986 年，第 5093 頁。

〔註282〕　徐珂編撰：《清稗類鈔》第十一冊，中華書局，1986 年，第 5093 頁。

〔註283〕　《清史稿》卷四六九，中華書局，1998 年，第 3276 頁。

力的某些因素，也有滿足好奇、期待成功的內在心理原因。歷史上的不少帝王權貴，往往視百姓大的聚會爲洪水猛獸，擔心由此而引發動亂，故對戲曲演出打壓得比較多。但其自身何嘗不喜歡戲曲？

據載，明熹宗朱由校即一戲迷，皇宮中回龍觀旁廣植海棠，建有六角亭。每當花開時，朱由校便在亭中自扮宋太祖，同高永壽等人演出《雪夜訪趙普》一劇。〔註284〕此且不論，就清王朝的一些帝王而言，對於戲曲的嗜好，有過之而無不及。乾隆帝弘曆，不僅喜好看戲，有時在酒酣耳熱之際，還登場「自演《李三郎羯鼓催花》劇」〔註285〕，伴奏者往往難稱其意，而一旁的無錫書生鄒小山以笛擅長，「隨其意爲節奏，抑揚頓挫，無不合拍。高宗大悅」〔註286〕。他還精通音律，《拾金》一齣，就是乾隆帝親自製作的曲子。〔註287〕《拾金》，乃時調獨腳小戲，乾隆時所編《絃索調時劇新譜》、《納書楹曲譜》、同治間編《蔬香書館納時音》分別收有該劇，未知是否即乾隆帝御製曲？

道光朝，宣宗旻寧（1821～1850 在位）也喜演劇。其母生日，他「演劇以娛之，然只演『斑衣戲彩』一闋耳。帝掛白鬚，衣斑連衣，手持鼗鼓，作孺子戲舞狀，面太后而唱，惟不設老萊父母耳」〔註288〕。至同治間，穆宗載淳（1862～1874 在位）雖好演戲，但往往「不合關目」，「每演必扮戲中無足重要之人。一日演《打灶》，載澄扮小叔。載澄者，恭王奕訢之長子也。某妃扮李三嫂，而帝則扮灶君，身黑袍，手木板，爲李三嫂一詈一擊以爲樂」〔註289〕。恭親王溥偉，能演崑劇，「每遇小飲微醺，輒歌舞間作」〔註290〕，以致「宮中盛行客串，太監宮女，冠履雜遝，王、貝子亦扮演出場」〔註291〕。且「內務府有太監演戲，將庫存緞匹裁作戲衣，每演一日，賞費幾至千金」〔註292〕，「戲中諸景，俱太監等所手繪」〔註293〕，花費無算。難怪有人慨歎：「自

〔註284〕 參看俞樾：《茶香室續鈔》卷一六，清光緒二十五年刻春在堂全書本。
〔註285〕 徐珂編撰：《清稗類鈔》第一冊，中華書局，1984年，第310頁。
〔註286〕 徐珂編撰：《清稗類鈔》第一冊，中華書局，1984年，第310頁。
〔註287〕 參看徐珂編撰：《清稗類鈔》第七冊，中華書局，1986年，第3339頁。
〔註288〕 張祖翼：《清代野記》卷上，文明書局民國四年鉛印本。
〔註289〕 張祖翼：《清代野記》卷上，文明書局民國四年鉛印本。
〔註290〕 徐珂編撰：《清稗類鈔》第十一冊，中華書局，1986年，第5064頁。
〔註291〕 徐珂編撰：《清稗類鈔》第十一冊，中華書局，1986年，第5060頁。
〔註292〕 夫椒蘇何聖生：《簷醉雜記》卷一，民國雲在山房鉛印本。
〔註293〕 德菱：《清宮禁二年記》卷上，民國九年昌福公司鉛印本。

光緒中葉以後，興修頤和園，窮奢極麗，慈輿臨幸，歲歲酣歌。雖以尊養爲詞，而國步方艱，盤遊無度，實於憂勤惕厲之旨失之遠矣。」〔註294〕

上有所好，下必甚焉。乾隆時，山東巡撫國泰「酷嗜戲劇」。一次，在府中演《長生殿》，國泰因「風姿姣好」扮楊玉環，布政司于姓吏飾唐明皇，「每演至《定情》、《窺浴》諸齣，于以爲上官也，不敢過爲媟褻，關目科諢，草草而已。演既畢，國正色責于曰：『君何迂闊乃爾？此處非山東巡撫官廳，奈何執堂屬儀節，以誤正事？做此官行此禮之謂何？君何明於彼而暗於此耶？』于唯唯。自此遂極妍盡態，唐突西施矣。國乃大快曰：『論理原當如是。』」〔註295〕「蕭王善耆，嘗與名伶楊小朵合演《翠屏山》。蕭扮石秀，楊飾潘巧雲。當巧雲峻詞斥逐石秀之時，石秀抗辯不屈。巧雲厲聲呵曰：『你今天就是王爺，也得給我滾出去。』四座觀劇者，皆相顧失色，楊伶談笑自若，而扮石秀之善耆，乃更樂不可支也。叫天嘗語人曰：『我死後得我傳者，惟某王爺一人而已。』或云即蕭王也」〔註296〕。又載，「王景琦太史偕某部郎小酌樓中。王擅二簧，某部郎長崑曲，乃以紅牙檀板，各獻所長。一曲既終，隔座一客，欣然至前，詢太史等姓名官階。曰：『所奏曲良佳，盍爲我再奏一曲。』視其人氣度高華，口吻名貴，太史心知其異，乃如命爲之再歌」〔註297〕。原來，此人即同治帝載淳。未久，以能演戲之故，王景琦「數遷至侍郎，宏德殿行走」〔註298〕。「光緒中葉，京師知音之士以孫春山部郎爲最。春山雅善歌唱，尤工青衣，字正腔圓，非伶界所及」〔註299〕。此時，戶部小吏魏耀庭，擅長演劇，「嘗串花旦，人戲呼爲魏要命。其人年近不惑，及掠削登場，演《鴻鸞禧》等劇，則嫣然十四五閨娃也」〔註300〕。以此深得當道大吏賞識。如此看來，以演戲而得官者不少，故有人說，「得一佳唱，貴與科名等。」〔註301〕

二為城中戲班的戲曲表演。

城市人口密集，因經貿往來或謀生計而短暫逗留者也多，前來戲館欣賞

〔註294〕　夫椒蘇何聖生：《簷醉雜記》卷一，民國雲在山房鉛印本。

〔註295〕　孫寰鏡：《棲霞閣野乘》卷上，北京古籍出版社，1999年，第16頁。

〔註296〕　佚名：《橋杬近志》卷六，民國九年成都昌福公司鉛印本。

〔註297〕　佚名：《橋杬近志》卷六，民國九年成都昌福公司鉛印本。

〔註298〕　佚名：《橋杬近志》卷六，民國九年成都昌福公司鉛印本。

〔註299〕　徐珂編撰：《清稗類鈔》第十冊，中華書局，1986年，第4935頁。

〔註300〕　徐珂編撰：《清稗類鈔》第十一冊，中華書局，1986年，第5059頁。

〔註301〕　徐珂編撰：《清稗類鈔》第四冊，中華書局，1984年，第1712頁。

戲曲者，也不乏具有一定學識的文化人。加之觀眾日常看各類戲班演出多，有了不少審美經驗的積累，故對戲曲表演的要求也相對較高。一個戲班，若想在城市中站穩腳跟，開拓演出市場，非要努力提高自身的藝術水準、滿足觀眾的心理期待不可。

即以程長庚爲例，他雖來自安徽潛山，但藝求專精，曾三年閉門不出，苦練基本功，一旦登臺，名聲人噪。他「專唱生戲，聲調絕高。其時純用徽音，花腔尚少，登臺一奏，響徹雲霄。雖無花腔，而充耳饜心，必人人如其意而去，轉覺花腔拗折爲可厭。其唱以慢板二黃爲最勝。生平不喜唱《二進宮》，最得意者爲《樊城》、《長亭》、《昭關》、《魚藏劍》數戲。又善唱紅淨，若《戰長沙》、《華容道》之類，均極出名」〔註302〕。一般伶人，都喜好觀者喝彩，尤其是一出場即來個「迎簾好」，更覺臉上有光。而長庚不然，「性獨矜嚴，雅不喜狂叫，嘗曰：『吾曲豪，無待喝彩，狂叫奚爲！聲繁，則音節無能入；四座寂，吾乃獨叫天耳。』客或喜而呼，則徑去。於是王公大臣見其出，舉座肅然」〔註303〕。所以，他每當演出，無有敢狂呼亂叫者，以此名重天下。當今某些藝人，甫登臺即懇求觀眾叫好，是缺乏藝術自信的表現，與程長庚恰形成鮮明對比。

「武生爲武劇之主腦，其人必神采奕奕，而又長於技擊，熟於臺步，嫻於金鼓節拍，乃始盡善，若更能唱，斯第一人矣」〔註304〕，而楊月樓數技兼擅，尤以演《西遊記》中孫悟空馳名，人稱「楊猴子」。他「扮相絕佳，而技擊、臺步、身段、打把，又靡不精。每扮悟空，如《芭蕉扇》、《五花洞》、《蟠桃會》、《金錢豹》等劇，皆靈活如猴，有出入風雲之概」〔註305〕，且工力深厚，舒轉自如，演《長阪坡》一劇，「身在重圍，七進七出，備諸牌調、架式，而始終不汗不喘，一絲不走，恢恢乎遊刃有餘，而又喉寬善唱，腔調兼勝」〔註306〕。

譚鑫培，善學前人而能融會貫通，「運喉弄調，瀟灑不群」〔註307〕，唱

〔註302〕　徐珂編撰：《清稗類鈔》第十一冊，中華書局，1986年，第5111頁。
〔註303〕　徐珂編撰：《清稗類鈔》第十一冊，中華書局，1986年，第5111頁。
〔註304〕　徐珂編撰：《清稗類鈔》第十一冊，中華書局，1986年，第5115頁。
〔註305〕　徐珂編撰：《清稗類鈔》第十一冊，中華書局，1986年，第5115頁。
〔註306〕　徐珂編撰：《清稗類鈔》第十一冊，中華書局，1986年，第5115頁。
〔註307〕　徐珂編撰：《清稗類鈔》第十一冊，中華書局，1986年，第5118頁。

《碰碑》時，「字音清利，韻調悠揚，愈唱愈高，遞轉遞緊，揚之則九天之上，抑之則九淵之下，喉之任用，直如意珠，而且憔悴之容，剛烈之氣，又時時見於眉宇。爲劇至此，可歎觀止，宜其有伶界大王之號也」〔註308〕。

　　于三勝，以唱花腔著名，「融會徽、漢之音，加以崑、渝之調，抑揚轉折，推陳出新。其唱以西皮爲最佳，《探母》、《藏劍》、《捉放》、《罵曹》，皆並時無兩」〔註309〕。而且很有口才，能隨地編詞，滔滔不絕。演生旦戲，他專與另一名伶喜祿配唱，「非喜祿登臺，必不肯唱」〔註310〕。一次，唱《坐宮》、《盜令》，應由喜祿扮公主，他出演楊延輝。恰喜祿有事未能及時趕到，主事者多次與他商量另換人代演，他堅決不許。結果，戲開演，劇本原有「我好比籠中鳥，有翅難展；我好比失水魚，困在沙灘；我好比中秋月，烏雲遮掩；我好比東流水，一去不還」〔註311〕等四句，他爲等喜祿登場，竟然隨口編唱，連唱「我好比……」達七十四句之多，座客因喜聽其唱，竟毫不爲怪，含笑以待。此事在當今看來，當然是與相關規定有違，但他的才思敏捷，卻非一般人所能及。

　　他如俞菊笙演唱身段極繁的《挑滑車》，卻「舉重若輕，無懈可擊，至揮舞緊急時，則如電閃風馳，直使人目迷神駭，旋歌旋舞」〔註312〕。張八十、張長保都長於技擊，「專以往來對敵、揮舞捷密取勝。兵將多人，遞出奏技，而兩人僅倚劍左肩，於從容大雅中，作一足之飛旋而止，衣髮不亂，氣宇雍容」〔註313〕。尙和玉演《四平山》中李元霸，「雙錘在手，重若千鈞，轉動有時，低揚有節。每抬足，則靴見其底，每止舞，則樂終其聲。且盔靠在身，略無紊亂，平翻陡轉，全符節拍」〔註314〕。楊桂雲（字朵仙）擅長演潑悍劇中潑婦，如《雙釘計》、《送盒子》、《馬四遠開茶館》諸劇中悍婦，「猛如雌虎，極奸刁凶淫之致。而又詞鋒鑿鑿，層出不窮，他人爲之，無狂厲至此者」〔註315〕。他「善哭善笑，面備春秋兩氣，見所歡，惟恐不盡其

〔註308〕　徐珂編撰：《清稗類鈔》第十一冊，中華書局，1986年，第5118頁。
〔註309〕　徐珂編撰：《清稗類鈔》第十一冊，中華書局，1986年，第5120頁。
〔註310〕　徐珂編撰：《清稗類鈔》第十一冊，中華書局，1986年，第5120頁。
〔註311〕　徐珂編撰：《清稗類鈔》第十一冊，中華書局，1986年，第5121頁。
〔註312〕　徐珂編撰：《清稗類鈔》第十一冊，中華書局，1986年，第5126頁。
〔註313〕　徐珂編撰：《清稗類鈔》第十一冊，中華書局，1986年，第5126頁。
〔註314〕　徐珂編撰：《清稗類鈔》第十一冊，中華書局，1986年，第5127頁。
〔註315〕　徐珂編撰：《清稗類鈔》第十一冊，中華書局，1986年，第5132頁。

歡，見所惡，惟恐不恣其惡，頑婦情態，描摹入細」〔註316〕。草上飛、張黑，技藝高強，皆擅長武戲，「捷如猿猱，迅如飛燕，任意翻倒，隨情縱躍。唱《三上吊》時，貫索兩樓之顛，由臺飛跨而上，或往或來，或倒懸，或斜絆，或踞坐其上，或徐步其端，最後以髮掛而口銜之，挈令其身上下」〔註317〕。草上飛擅長鯉魚打挺，能躍起一丈以外，復落原處；張黑「能以手拍圈椅兩足，躍而登，旋翻而上，即以手持椅，與之同翻，以椅之足爲其手，足起則椅落，椅起則足落，憑空增其半身，翻騰自若」〔註318〕。

　　名丑劉趕三，口齒伶俐，「片語能歡座人」〔註319〕。他崑曲、徽調並擅，平時常一驢一笠，往來於京師街市。唱《探親相罵》時，卻牽眞驢上臺，驢竟然也熟悉臺步，有條不紊，或是平素訓練所致。他性情滑稽，無視權貴。光緒初，在宮中演《思至誠》一齣，出演該劇中鴇母一角。客至，他大聲吆喝道：「老五、老六、老七，出來見客呀。」京師妓女，每以排行相稱。此時，惇、恭、醇三位親王，排行恰爲五、六、七，皆在座看戲。劉趕三或有意爲之。結果，惹怒了惇親王，被杖責四十。〔註320〕伶人的情趣、習性，由此可見一斑。這類記載，對於多層面瞭解伶人的內心世界當有助益，也爲優伶史的撰寫提供了另一視角。

　　由上述可知，戲曲藝人若想拓展個人伎藝表演的平臺，僅借助外力是遠遠不夠的。別人偶爾援之以手，或有利於演出場閾的開拓，但那只是暫時的，而靠自己過硬的表演能力贏得觀眾發自內心的眞誠支持，那才是最可靠的途徑。藝精方能奪人，這是經過歷史檢驗的一個道理。戲班「倘若缺少了生生不息的潛在活力和積極進取的銳意創新，任何形式的大聲疾呼都將無濟於事」〔註321〕。

　　三是鄉村戲曲的演出。

　　舊時的鄉村，與城市相比較，人員居住較分散，識字者無多，文化程度偏低，交通不夠方便。又由其特定的生存環境所決定，每年都有相對的農閒

〔註316〕　徐珂編撰：《清稗類鈔》第十一冊，中華書局，1986年，第5132頁。
〔註317〕　徐珂編撰：《清稗類鈔》第十一冊，中華書局，1986年，第5143頁。
〔註318〕　徐珂編撰：《清稗類鈔》第十一冊，中華書局，1986年，第5143頁。
〔註319〕　徐珂編撰：《清稗類鈔》第十一冊，中華書局，1986年，第5141頁。
〔註320〕　參看孫寰鏡：《棲霞閣野乘》卷下，北京古籍出版社，1999年，第128頁。
〔註321〕　趙興勤：《地方戲曲發展所面臨的難題及應對策略》，《中國古典戲曲小說考論》，吉林教育出版社，2004年，第165頁。

時間，故對與農事相關的各類節令尤其關注。種種傳統習俗，都對農村的戲曲演出產生不同程度的影響。

農村生活條件差，戲曲藝人有不少是邊務農邊演戲的，不可能花重價購買那麼多的高價行頭，劇場又是臨時搭建，條件簡陋，演出自然難以達到城中戲班的專業水準。由於文化生活嚴重匱乏，所以儘管場上「優人如鬼，村歌如哭，衣服如乞兒之破絮，科諢如潑婦之罵街」〔註322〕，但人們仍「衝寒久立以觀之」〔註323〕，不顧天寒地凍、冷風刺骨，仍興致勃勃地關注著場上演繹的那些事，以致「色動神飛，乍驚乍喜」〔註324〕，這就是戲曲藝術的魅力。尤其是年時節令的迎神賽會之戲，更是「一時哄動，舉邑若狂，鄉城士女觀者數萬人，雖有地方官不時示禁，而一年盛於一年。其前導者為清道旗，金鼓，肅靜、回避兩牌，與地方官吏無異。有開花面而持槍執棍者，有絆（扮）為兵卒掛刀負弓箭或作鳥槍藤牌者，有偽為六房書吏持簽押簿案者；有帶腳鐐手靠（銬）而為重犯者，為兩紅衣劊子持一人赤髁背插招旗又云斬犯者」〔註325〕。沿海一帶的女子，「皆濃妝豔服，扮劇中故事，隨神遊行，望之燦然，如錦始濯，如花始發，豔心眩目，莫可名言」〔註326〕，種種情狀，習慣自然。李玉《萬里圓》傳奇第四齣《會纍》，就生動描繪出民間賽會接連出場，扮演戲劇故事人物的熱鬧情景。

晚清之時的農村演劇，與城市有著很大的不同。儘管西方現代科技已滲透進城市劇場，但對農村來說，它依然保留著最原始、最質樸、最自然的本真一面，不借助燈光、佈景，更無有旋轉舞臺，就憑著村民們積極參與的極大熱情，硬是將戲臺上的故事與民間生活融為一體。就四川一帶春日經常上演的《捉劉氏》而論，它不過是《目連救母》「六殿滑油」的全本演出，卻從「劉青提初生演起，家人瑣事，色色畢俱，未幾劉氏扶母矣，未幾劉氏及笄矣，未幾議媒議嫁矣，自初演至此，已逾十日。嫁之日，一貼扮劉，冠帔與人家嫁新娘等，乘輿鼓吹，遍遊城村。若者為新郎，若者為親族，披紅著錦，乘輿跨馬以從，過處任人揭觀，沿途儀仗導前，多人隨後，凡風俗宜忌及禮節威儀，無不與真者相似。盡歷所宜路線，乃復登臺，交拜同牢，亦事事從

〔註322〕　劉獻廷：《廣陽雜記》卷二，中華書局，1957年，第108頁。

〔註323〕　劉獻廷：《廣陽雜記》卷二，中華書局，1957年，第108頁。

〔註324〕　金埴：《不下帶編》卷四，中華書局，1982年，第75頁。

〔註325〕　錢泳：《履園叢話》卷二一，中華書局，1979年，第575頁。

〔註326〕　俞蛟：《夢廠雜著》卷一〇「潮嘉風月」，清刻深柳讀書堂印本。

俗。其後相夫生子，烹飪針黹，全如閨人所爲。再後茹素誦經，亦爲川婦迷信恒態。迨後子死開齋，死而受刑地下，例以一鬼牽挽，遍歷嫁時路徑。諸鬼執鋼叉逐之，前擲後拋，其人以苦束身，任其穿入，以中苦而不傷膚爲度。唱必匝月，乃爲終劇」〔註327〕。四川人演此劇以「被除不祥」，表演時與一般戲曲演出一樣，有唱有做，而不同者在於「以肖眞爲主」〔註328〕，就像與臺下人來往應酬那樣自然。臺上所演，不少是現實生活片段的切入、移植，「嫁時有宴，生子有宴，既死有吊，看戲與作戲人合而爲一，不知孰作孰看」〔註329〕，連衣服都與臺下人一致。「事皆從俗，裝又隨時」〔註330〕，忽而演出於臺上，忽而穿行於村落，忽而至普通人家房舍，演一段生活中的喜事，「全如閨人所爲」〔註331〕，忽而拉鄉民入劇場，成了劇中人的親族。轉換那麼自然，表演是如此自由、開放，這在整個中國戲曲史上是極爲少見的。名義上是演戲娛神，其實是具有中國特色的勞動群眾的狂歡節。

　　蔡豐明的《江南民間社戲》一書，曾這樣描繪浙江一帶目連戲演出情況。《劉氏產子》中，劉氏將切開的生蘿蔔塊，除留一塊自吃，其餘的便拋向觀眾，臺下的婦女爭著搶吃。蘿蔔出生三日的「打三朝」，舅父、舅母前來送賀禮，果眞騎馬、坐轎，穿街巷而來。《劉氏歸陰》中，演出殯，竟從臺下拉來棺木，置於戲臺。「演員在臺上表演，觀眾在臺下響應，演員從臺上跑下來變成了觀眾，觀眾從臺下跑上來又變成了演員」〔註332〕，完全打破了舞臺界限，超出了演出規範的約束，形成臺上、臺下互動的現象。如此看來，這種自由、隨意的表演格局，不僅蜀中如此，江南一帶亦大多是這一模式。城中的目連戲表演，甚至「用活虎、活象、眞馬」〔註333〕，那是因皇家直接支持的緣故，而在農村搞如此大規模的演出，殊爲不易。宋代的目連戲演出，連演七日夜，已歎爲奇絕。而在蜀中，卻「唱必匝月」，可謂空前絕後。這一點，各家戲曲史似均未見涉及，更見資料的珍貴。這種戲曲舞臺的無限拓展，將「戲」與「人生」巧妙融合，消解了臺上演出內容與臺下民眾生計的疏離感，縮短了

〔註327〕　徐珂編撰：《清稗類鈔》第十一冊，中華書局，1986年，第5025頁。
〔註328〕　徐珂編撰：《清稗類鈔》第十一冊，中華書局，1986年，第5025頁。
〔註329〕　徐珂編撰：《清稗類鈔》第十一冊，中華書局，1986年，第5025頁。
〔註330〕　徐珂編撰：《清稗類鈔》第十一冊，中華書局，1986年，第5025頁。
〔註331〕　徐珂編撰：《清稗類鈔》第十一冊，中華書局，1986年，第5025頁。
〔註332〕　蔡豐明：《江南民間社戲》，臺灣學生書局，2008年，第341頁。
〔註333〕　俞樾：《茶香室續鈔》卷二一，清光緒二十五年刻春在堂全書本。

「演」與「看」者之間的心理距離，強化了戲曲藝術的生活化，「把各種抽象、空泛、隱晦的宗教觀念與人神關係變成了具體可感的生動形象，把各種神學意義上的幻想、想像變成了有血有肉、栩栩如生的眞實之物」〔註334〕。這一變革，就某一層面而言，是對元明以來傳統戲曲表演形式的一個顚覆，已對被除不祥、娛悅神靈的帶有宗教性質的表演實現了不同程度的突破，很值得珍視。

　　鄉間演戲，臺上的戲曲藝人，大多是本地農民。筆者曾在《清代散見戲曲史料彙編（詩詞卷・初編）》的「後記」中曾回憶早年家鄉的戲班：

　　　　常常是叔侄、父子、兄弟、郎舅齊上陣，若人手再不夠，就臨時從臺下拉幾個兄弟、爺們湊數，跑跑龍套。這些臨時上臺者，雖說很少受過嚴格訓練，但緣耳聞目染之故，居然也能煞有介事地走上幾遭。〔註335〕

這說明，普通百姓對戲曲演出本來就具有很強的參與意識。一輩子與莊稼打交道的農民，能穿上戲衣，戴上髯口，煞有介事地在舞臺上瀟灑走一回，既體現出個人表演潛能，又對長期受冷遇的落寞心理是一個安慰，何樂而不爲？一齣《目連》戲，竟然能演出一個月之久，自然加進了不少與主幹情節無關的借題發揮，甚至將地方風物、著名故事隨意植入，藉以喚起接受群體的親切感，這是舊戲曲舞臺上常有之事。就群眾對戲曲活動的廣泛參與性、臺上藝人即興表演的隨意性、情節長短伸縮的自主性而言，與城裡戲班是有著很大不同的。

　　在江南一帶的鄉村，花鼓戲也很流行。據載：

　　　　打花鼓，本崑戲中之雜齣，以時考之，當出於雍、乾之際。蓋泗州既沉，治水者全力注重高家堰，而淮患悉在上流，鳳、潁水災，於茲爲烈。是劇以市井猥褻之談，狀家室流離之苦，殆猶有風人之旨焉。歌中有曰：「自從出了朱皇帝，十年倒有九年荒。」

　　　　嘉、道間，江、浙始有花鼓戲，傳未三十年，而變遷者屢，始以男，繼以女；始以日，繼以夜；始於鄉野，繼於鎮市；始盛於村俗農旼，繼沿於紈袴子弟矣。

〔註334〕　蔡豐明：《江南民間社戲》，臺灣學生書局，2008年，第162頁。
〔註335〕　趙興勤、趙韡編：《清代散見戲曲史料彙編（詩詞卷・初編）》下冊，臺灣花木蘭文化出版社，2014年，第578頁。

　　　　同、光間，上海城中西園之際地，有花鼓戲，演者集三四人，

　　男擊鑼，婦打兩頭鼓，和以胡琴、篋板，所唱皆穢詞褻談，賓白亦

　　用土語，取其易曉。觀劇啜茗之餘，日斜人稀之候，結伴往聽者時

　　有之。〔註336〕

這就大致描繪出花鼓戲這一興起於民間的小戲流衍、變遷的較完整過程，即
起源於民間小調，初始時由男子演唱，後有女子參與搬演，演出範圍由農村
逐漸拓展至城鎮，以至富家子弟亦有學唱者。再後來，竟然在沿海城市也佔
有一席之地。這一對花鼓戲形成軌跡的勾勒，是符合地方小戲發展實際的。
但稱「嘉、道間，江、浙始有花鼓戲」，似為時過晚。生於乾隆二十八年（1763）
的溧陽人潘際雲，直至嘉慶十年（1805）始中進士，他就曾觀賞過農村所演
花鼓戲。花鼓戲由小曲到形成具有一定演出規模的小戲，其演化時段當不會
低於三五十年。如此看來，該劇種的形成當不會晚於乾隆之時。對此，李家
瑞《南方的花鼓戲》一文，曾有較詳細的考證，此不贅述。〔註337〕拙編《清
代散見戲曲史料彙編（方志卷・初編）》「前言」也有較清晰之表述，嘉慶初
此戲已流傳入臺灣。〔註338〕可見，該劇種的形成時間當更早。

　　在晚清，擅長唱花鼓戲的陳桐香（字璧月，浙江餘姚人），就時常在浙東
瀕海各縣巡迴演出。當時，棉花已採摘，正值農閒，百姓有餘閒觀賞戲曲，
陳桐香經常「買舟向村落居人，斂錢演劇，士女如雲，負販駢集」〔註339〕，
很多賈豎牧子對歷史故事、民間傳聞津津樂道，大多由看戲所得。

　　廣闊農村的生活現實，為戲曲藝術的發展積蘊了豐富的營養。從某種意
義上來說，戲曲的根應在農村。那些演出火爆的劇目，除傳統劇外，大都與
農村或市井生活相關。如《探親》、《相罵》、《小磨房》、《打柴訓弟》、《小姑
賢》、《賣餑餑》、《馬四遠開茶館》、《三娘教子》、《天雷報》、《拾玉鐲》等，
之所以在當時的舞臺演出甚盛，皆與注入鮮活的現實內容有關。筆者在論及
金院本繁盛時曾強調：「側重於從社會底層生活中採擷素材，將市井村坊細事
入戲，場上所演貼近百姓生活，尤其是城市市民生活，為院本的演出爭得了

〔註336〕　徐珂編撰：《清稗類鈔》第十一冊，中華書局，1986 年，第 5067～5068 頁。
〔註337〕　參看王秋桂編：《李家瑞先生通俗文學論文集》，臺灣學生書局，1982 年，
　　　　　第 130～134 頁。
〔註338〕　參看趙興勤、趙韡編：《清代散見戲曲史料彙編（方志卷・初編）》上冊，臺
　　　　　灣花木蘭文化出版社，2016 年，第 35 頁。
〔註339〕　徐珂編撰：《清稗類鈔》第十一冊，中華書局，1986 年，第 5068 頁。

觀衆，拓展了該項藝術的發展空間」〔註340〕，所表述的就是這一道理。

　　本編所涉及的內容較爲豐富，就戲曲聲腔、劇種而言，涉及京腔、秦腔、弋陽腔、羅羅腔、梆子腔、灘簧、宜黃腔、徽腔、平調、樅陽腔、襄陽腔、甘肅西腔、山陝調、直隸調、山東調、河南調、同州腔、汴梁腔、四平腔、土梆戲等二十餘種，爲考察戲曲聲腔的流變提供了文獻依據。曲調則有【銀紐絲】、【四大景】、【倒板槳】、【剪靛花】、【吉祥草】、【倒花籃】、【劈破玉】、【跌落金錢】、【到春來】、【湘江浪】、【十二月】、【採茶歌】、【歎五更】、【寄生草】、【小郎兒】、【養蠶歌】等。琴曲則有《平沙落雁》、《霸王卸甲》、《龍船鑼鼓》等。鼓曲有《十番》、《燈月圓》、《玉連環》、《大富貴》等。早期的河南曲子劇，就有【劈破玉】、【剪靛花】、【打棗竿】、【倒推船】、【耍孩兒】、【節節高】、【上山林】、【鋪地錦】、【撲燈蛾】、【小桃紅】、【步步嬌】、【寄生草】、【西銀紐絲】、【南銀紐絲】、【羅江怨】、【柳青娘】、【紅繡鞋】、【蓮花落】、【壽州調】、【石榴花】、【南孝順】、【括地風】、【鬥鵪鶉】等曲子，或用於演奏、或用於演唱。這類曲調，大多由古時小曲繼承而來，至今能演唱或演奏者，恐爲數不多了。還有的文獻，對劇目、作家、劇作、本事，以及劇中用語、角色、禮儀等方面的問題，作了較全面的載述，使戲曲研究呈現出多元化的格局，也很值得珍視。因篇幅所限，不一一論及。

說　明

一、《清代散見戲曲史料彙編》（以下簡稱《彙編》），旨在對散見於各類清代古籍中的戲曲史料進行較爲全面的鉤稽、整理和出版，以利學界翻檢。

二、《彙編》作爲一項宏大的學術工程，已被編者列入計劃的有《詩詞卷》、《方志卷》、《筆記卷》、《小說卷》、《詩話卷》、《尺牘卷》、《日記卷》、《文告卷》、《圖像卷》等。至於清代戲曲序跋，因已有多人整理、研究，資料已搜集得較爲完備，爲避免重複勞動，不再納入《彙編》序列。

三、本書作爲《彙編》之一種，主要輯錄清代筆記中散見的戲曲以及相關史料。因清代筆記數量之鉅，以一己之力，實非一朝一夕所能窮盡。故首先出版《筆記卷·初編》，《二編》、《三編》乃至《四編》則有俟來日。《初編》約 50 萬字，涉及筆記 50 餘種。《二編》以後每編所收文字，大致 30～40 萬字。

四、《筆記卷·初編》所收爲清代筆記體戲曲論著專書之外的散見史料，以後各編所收內容，暫定同《初編》。

五、本書所輯筆記，時間以清代爲限，但亦包含民國重刊、重印本。

六、本書所輯筆記，所涉明清或清民易代之際作者，本書定例，凡主要生活於清代者，其筆記作品均納入收錄範圍。

七、本書所輯筆記，大致按照筆記作者生卒時間進行排列。同一生年者，則以卒年先後爲序進行排列。

八、本書所輯筆記，兼及與戲曲發展相關的其它伎藝，如唱曲、說書、雜耍、影戲、雜技、幻術等內容，力圖全面反映戲曲活動之文化場域以及生成、發展之全貌。

九、本書所輯筆記，一般依據古籍或權威出版社排印本輯錄。

十、本書所輯筆記，原文缺損或漫漶無法辨認者，以「□」符號加以標識。
　　明顯錯訛處直接改正，異體字、通假字酌情改爲正字，一般不作說明。

十一、本書所輯筆記，明顯扞格不通或有脫（衍）字者，則參校它書予以補
　　　入或改正；無它書可據者，則以「□」表示闕文，或於文中以括號標
　　　明正字、或於文後加案語予以說明。

十二、本書所輯筆記，凡注釋、案語等，字體皆小一號。

十三、本書所輯筆記，均詳細注明出處，以省讀者翻檢、對勘之勞。書後另
　　　附《主要參考文獻》。

二〇一六年一月

余　懷

余懷（1616～1696），清初文學家。字澹心，一字無懷，又字廣霞，號曼翁，別號鬘持老人，莆田（今屬福建）人，寓居南京。才情綺麗，詞多悽婉。爲詩擅六朝之華藻，運唐賢之格調，清而能綺，麗而不靡，明季莆田詩人莫能與之抗衡，爲王士禛等所推許。與杜濬、白仲調齊名，號「余杜白」。著有詩文集《硏山草堂詩稿》、《味外軒稿》、《玉琴齋詞》、《秋雪詞》等。又有筆記雜著《三吳遊覽志》、《板橋雜記》、《余子説史》、《東山談苑》、《四蓮華齋雜錄》等，其中《板橋雜記》述曲中事甚悉，自比《夢華錄》。見《文獻徵存錄》卷一、《明詩紀事》辛籤卷一四等。

【名妓演劇】教坊梨園，單傳法部，乃威武南巡所遺也。然名妓僛娃，深以登場演劇爲恥，若知音密席，推獎再三，強而後可。歌喉扇影，一座盡傾。主之者大增氣色，纏頭助朵，遽加一倍。（余懷：《板橋雜記》上卷「雅遊」，《筆記小説大觀》，五編，第九冊，臺灣新興書局有限公司，1980年）

編者案：原作無標題，此標題係編者所擬。

【尹春演《荊釵》】尹春，字子春，姿態不甚麗，而舉止風韻，綽似大家。性格溫和，談詞爽雅，無抹脂郭袖習氣，專工戲劇排場，兼擅生、旦。余遇之遲暮之年，延之至家，演《荊釵記》，扮王十朋，至《見母》、《祭江》二齣，悲壯淋漓，聲淚俱迸，一座盡傾，老梨園自歎弗及。余曰：「此許和子《永新歌》也，誰爲韋青將軍者乎！」因贈之以詩曰：「紅紅記曲采春歌，我亦聞歌喚奈何。誰唱江南斷腸句，青衫白髮影婆娑。」春亦得詩而泣，後不知其所終。（余懷：《板橋雜記》中卷「麗品」，《筆記小説大觀》，五編，第九冊，臺

．

灣新興書局有限公司，1980年）

　　編者案：原作無標題，此標題係編者所擬。

　　【王微波】王月，字微波，母胞生三女：長即月，次節，次滿，並有殊色，月尤慧妍，善自修飾，頎身玉立，皓齒明眸，異常妖冶，名動公卿。桐城孫武公昵之，擁致棲霞山下雪洞中，經月不出。己卯歲牛女渡河之夕，大集諸姬於方密之僑居水閣，四方賢豪，車騎盈閭巷。梨園子弟，三班駢演，閣外環列舟航如堵牆。品藻花案，設立層臺，以坐狀元。二十餘人中，考微波第一。登臺奏樂，進金屈卮。南曲諸姬皆色沮，漸逸去。天明始罷酒。次日，各賦詩紀其事。余詩所云「月中僊子花中王，第一姮娥第一香」者是也。微波繡之於帨巾不去手，武公益婉孌，欲置爲側室，會有貴陽蔡香君名如蘅，強有力，以三千金啗其父，奪以歸。武公悒悒，遂娶葛嫩也。香君後爲安廬兵備道，攜月赴任，寵專房。崇禎十五年五月，大盜張獻忠破廬州府，知府鄭履祥死節，香君被擒。搜其家，得月，留營中，寵壓一寨。偶以事忤獻忠，斷其頭，蒸置於盤，以享群賊。嗟乎！等死也，月不及嫩矣。悲夫！（余懷：《板橋雜記》中卷「麗品」，《筆記小說大觀》，五編，第九冊，臺灣新興書局有限公司，1980年）

　　編者案：原作無標題，此標題係編者所擬。

　　【金陵優妓】金陵都會之地，南曲靡麗之鄉。紈茵浪子，瀟灑詞人，往來遊戲，馬如遊龍，車相接也。其間風月樓臺，尊罍絲管，以及孌童狎客，雜妓名優，獻媚爭妍，絡繹奔赴，垂楊影外，片玉壺中，秋笛頻吹，春鶯乍囀，雖宋廣平鐵石爲腸，不能不爲梅花作賦也。（余懷：《板橋雜記》下卷「軼事」，《筆記小說大觀》，五編，第九冊，臺灣新興書局有限公司，1980年）

　　編者案：原作無標題，此標題係編者所擬。

　　【姚北若秦淮笙歌】嘉興姚北若，用十二樓船於秦淮，招集四方應試知名之士百餘人，每船邀名妓四人侑酒，梨園一部，燈火笙歌，爲一時之盛事。先是，嘉興沈雨若費千金定花案，江南豔稱之。（余懷：《板橋雜記》下卷「軼事」，《筆記小說大觀》，五編，第九冊，臺灣新興書局有限公司，1980年）

　　編者案：原作無標題，此標題係編者所擬。

　　【曲中狎客】曲中狎客，則有張卯官笛，張魁官簫，管五官管子，吳章

甫絃索，錢仲文打十番鼓，丁繼之、張燕築、沈元甫、王公遠、朱維章串戲，柳敬亭說書。或集於二李家，或集於眉樓，每集必費百金，此亦銷金之窟也。（余懷：《板橋雜記》下卷「軼事」，《筆記小說大觀》，五編，第九冊，臺灣新興書局有限公司，1980年）

　　編者案：原作無標題，此標題係編者所擬。

　　【鄒公履遊平康】無錫鄒公履遊平康，頭戴紅紗巾，身著紙衣，齒高跟屐，佯狂沉緬，揮斥千黃金不顧。初場畢，擊大司馬門鼓，送試卷。大合樂於妓家，高聲自誦其文，妓皆稱快，或時闌入梨園，氍毹上爲「參軍鶻」也。（余懷：《板橋雜記》下卷「軼事」，《筆記小說大觀》，五編，第九冊，臺灣新興書局有限公司，1980年）

　　編者案：原作無標題，此標題係編者所擬。

　　【柳敬亭說書】柳敬亭，泰州人，本姓曹，避讎流落江湖，休於樹下，乃姓柳，善說書，遊於金陵，吳橋范司馬、桐城何相國引爲上客。常往來南曲，與張燕築、沈公憲俱。張、沈以歌曲，敬亭以譚詞，酒酣以往，擊節悲吟，傾靡四座，蓋優孟、東方曼倩之流也。後入左寧南幕府，出入兵間。寧南亡敗，又遊松江馬提督軍中，鬱鬱不得志。年已八十餘矣，間過余僑寓宜睡軒中，猶說《秦叔寶見姑娘》也。（余懷：《板橋雜記》下卷「軼事」，《筆記小說大觀》，五編，第九冊，臺灣新興書局有限公司，1980年）

　　編者案：原作無標題，此標題係編者所擬。

　　【沈公憲串戲】沈公憲以串戲見長，同時推爲第一。王式之中翰、土恒之水部，異曲同工，遊戲三昧，江總持、柳耆卿依稀再見，非如呂敬遷、李僎鶴也。（余懷：《板橋雜記》下卷「軼事」，《筆記小說大觀》，五編，第九冊，臺灣新興書局有限公司，1980年）

　　編者案：原作無標題，此標題係編者所擬。

　　【桃花扇事】李貞麗者，李香之假母，有豪俠氣，嘗一夜博輸千金立盡，與陽羨陳定生善。香年十三，亦俠而慧，從吳人周如松受歌《玉茗堂四夢》，皆能妙其音節，尤工琵琶。與雪苑侯朝宗善。閹兒阮大鋮，欲納交於朝宗，香力諫止，不與通。朝宗去後，有故開府田仰以重金邀致香。香辭曰：「妾不敢負侯公子也。」卒不往。蓋前此阮大鋮恨朝宗，羅致欲殺之，朝宗

逃而免；並欲殺定生也，定生大爲錦衣馮可宗所辱。（余懷：《板橋雜記》下卷「軼事」，《筆記小說大觀》，五編，第九冊，臺灣新興書局有限公司，1980 年）

編者案：原作無標題，此標題係編者所擬。

【楚雲演劇】（四月）十五，晴。過章少章，偕往陸墓，訪陸子玄。子玄云：「去歲此時，君乘畫舫，挾意珠，招我於小橋古樹之下。今倏忽經年，可勝日月如流之感！」午，赴司李陳天乙之招，復飲於李素心、王伊人、徐麗沖，觀女郎楚雲演《拜月亭》。是時雲爲一傖父所阨，蛾眉斂愁，低首含淚。訊之，云是郡守客逞勢狼戾，非人所堪。觀其態色，眞東坡所謂「石榴半吐紅巾蹙」也。（余懷：《三吳遊覽志》，李金堂編校《余懷全集》，上海古籍出版社，2011 年，第 378 頁）

編者案：原作無標題，此標題係編者所擬。

【屠長卿】屠長卿令青浦，延接吳越間名士馮開之、沈嘉則之流，泛舟置酒，青簾白舫，縱浪柳浦間。罷官後，出盱江，登武夷，窮八閩之勝。阮堅之司李晉安，以癸卯中秋，大會詞人於烏石山之鄰霄臺。名士宴集者七十餘人，而長卿爲祭酒。梨園數部，觀者如堵。酒闌樂罷，長卿幅巾白衲，奮袖作《漁陽摻》。撾鼓聲一作，廣場無人，山雲怒飛，海水立起。快哉此夕，千古矣！（余懷：《東山談苑》卷四，李金堂編校《余懷全集》，上海古籍出版社，2011 年，第 567～568 頁）

編者案：原作無標題，此標題係編者所擬。

【《牡丹亭》杜麗娘事之所本】（沈）萬山有愛妾名麗娘，喜探香亭傍一古梅，因脫所著金翡衫加於樹頭。未幾，麗娘死，葬梅下。月夜有人見其形現，置離思碑。楊製文中有曰：「紅脂塵化，萬態俱空。玉骨土融，百形皆幻。」湯若士《牡丹亭》義或本此，兩用杜太守事耳。（余懷：《四蓮華齋雜錄》卷八，李金堂編校《余懷全集》，上海古籍出版社，2011 年，第 681 頁）

編者案：原作無標題，此標題係編者所擬。

申涵光

　　申涵光〔1620～1677〕，清初文學家。字孚孟，一字元孟、鳧盟，號聰山，直隸永年（今屬河北）人，一作直隸廣平人。博學能文，尤長於詩，「氣體極高」，「高潔宕逸，絕去時俗」，與殷岳、張蓋合稱「畿南三才子」。清順治中恩科貢生，絕意仕進，累薦不就。其詩以杜甫爲宗，兼採眾家之長。著有《聰山集》、《荊園小語》、《荊園進語》等。見《文獻徵存錄》卷一〇、《學案小識》卷一〇、《清文獻通考》卷二三二、《清史稿》列傳第二七一、《印存玄覽》卷二、《篋衍集》卷一一、《國朝畿輔詩傳》卷一〇、《晚晴簃詩匯》卷一四等。

　　【戲文傷忠厚】造作歌謠及戲文小說之類，譏諷時事，此大關陰騭，鬼神所不容。凡有所傳聞，當緘口勿言。若驚爲新奇，喜談樂道，不止有傷忠厚，以訛傳訛，或且疑爲我作矣。（申涵光：《荊園小語》，南京圖書館藏清咸豐十年銘錄吟館刻本）

　　編者案：原作無標題，此標題係編者所擬。

　　【優娼無禮】優娼輩好嗤笑人，而敢爲無禮，此自下賤本色，其趨奉不足喜，怠慢不足怒也。（申涵光：《荊園小語》，南京圖書館藏清咸豐十年銘錄吟館刻本）

　　編者案：原作無標題，此標題係編者所擬。

　　【酬給梨園】用過術士、藝人以及梨園之屬，量力酬給，切不可札薦他所。我之所苦，豈可及人？欲令此輩感德，反不顧親知見怨，可謂輕重失倫矣。（申涵光：《荊園小語》，南京圖書館藏清咸豐十年銘錄吟館刻本）

　　編者案：原作無標題，此標題係編者所擬。

【梨園不可自蓄】梨園一輩，蠹俗耗財，法所宜禁。然相沿既久，富貴家大事吉筵，以此為重，亦難驟革。但萬萬不可自蓄，蕩心敗德，壞閨門，誘子弟，得罪親友，其弊無窮。況日所見者，總此數人，總此數劇，豈不厭耶？（申涵光：《荊園小語》，南京圖書館藏清咸豐十年銘錄吟館刻本）

編者案：原作無標題，此標題係編者所擬。

【婦女不宜看戲】婦女臺前看戲，車轎雜於男子中，成何風俗？且優人科諢，無所不至，可令閨中女聞見耶？（申涵光：《荊園小語》，南京圖書館藏清咸豐十年銘錄吟館刻本）

編者案：原作無標題，此標題係編者所擬。

葉夢珠

葉夢珠（1624～？），原名滑，字濱江，一字于發，號梅亭，松江府上海縣（今屬上海）人，於順治十四年著籍婁縣學。卒年不詳，至康熙中葉猶在世。葉氏博學多聞，尤留心世務。著有《閱世編》二十卷、《九梅堂詩文集》、《續編綏寇紀略》等。見《閱世編》、《（光緒）南匯縣志》卷二二、《（民國）南匯縣續志》卷一二等。

【今昔筵席】昔年筵席，非梨園優人必鼓吹合樂，或用相禮者。今若非優伶，則徑用絃索彈唱，不用鼓樂。其迎賓定席，則彈唱人以鼓樂從之。若相知雅集，則侑觴之具，一概不用，或挾女妓一二人，或用狹客一二人，彈箏度曲，並坐豪飲以盡歡。（葉夢珠：《閱世編》卷九「宴會」，中華書局，2007 年，第 219 頁）

編者案：原作無標題，此標題係編者所擬。

【曲調流變】陳臥子曰：「聲音，惠逆之先見者也。」昔兵未起時，中州諸王府，樂府造絃索，漸流江南，其音繁促淒緊，聽之哀蕩，士大夫雅尚之。因大河以北有所謂夸調者，其言絕鄙，大抵男女相怨離別之音，靡細難辨，又近邊聲。自此以後，政事日蹙，兵滿天下，夫婦仳離者，不可勝數。因考絃索之入江南，由戍卒張野塘始。野塘，河北人，以罪謫發蘇州太倉衛，素工絃索，既至吳，時為吳人歌北曲，人皆笑之。崑山魏良輔者善南曲，為吳中國工。一日至太倉，聞野塘歌，心異之，留聽三日夜，大稱善，遂與野塘定交。時良輔年五十餘。有一女，亦善歌，諸貴爭求之，良輔不與，至是遂以妻野塘。吳中諸少年聞之，稍稍稱絃索矣。野塘既得魏氏，並習南曲，

更定絃索音，使與南音相近，並改三絃之式，身稍細而其鼓圓，以文木製之，名曰絃子。時王太倉相公方家居，見而善之，命家僮習焉。其後有楊六者，創爲新樂器名提琴，僅兩絃，取生絲張小弓，貫兩絃中，相軋成聲，與三絃相高下。提琴既出，而三絃之聲益柔曼婉揚，爲江南名樂矣。自野塘死後，善絃索者皆吳人，范崑白、陸君暘、鄭廷琦、胡章甫、王桂卿、陸美成，其尤著者也。崑白先死，君暘等分派有三，曰：太倉、蘇州、嘉定。太倉近北，最不入耳。蘇州清音可聽，然近南曲，稍失本調。惟嘉定得中，主之者陸君暘也。其人多詭辭大言，能作鳥聲，數年前猶到松，顧見山僉憲常客之。（葉夢珠：《閱世編》卷十「紀聞」，中華書局，2007 年，第 250～251 頁）

編者案：原作無標題，此標題係編者所擬。

【十不閒】吳中新樂，絃索之外，又有十不閒，俗訛稱十番，又曰十樣錦。其器僅九：鼓、笛、木魚、板、撥鈸、小鐃、大鐃、大鑼、鐺鑼，人各執一色，惟木魚、板，以一人兼司二色，曹偶必久相習，始合奏之，音節皆應北詞，無肉聲。諸閒遊子弟，日出長技，以鼓名者，前有陸勤泉，號霹靂，今爲王振宇。以笛名者，前有某，今爲孫霓橋，以吹笛病耳聾，又號孫聾。若顧心吾、施心遠輩，或以鐃名，或以鈸名，皆以專家著者也。其音始繁而終促，嘈雜難辨，且有金、革、木而無絲、竹，類軍中樂，蓋邊聲也。萬曆末，與絃索同盛於江南。至崇禎末，吳閶諸少年，又創爲新十番，其器爲笙、管、絃。（葉夢珠：《閱世編》卷十「紀聞」，中華書局，2007 年，第 251 頁）

編者案：原作無標題，此標題係編者所擬。

趙吉士

趙吉士（1628～1706），字天羽，號恒夫，安徽休寧人。順治辛卯（八年，1651）舉人。康熙七年戊申（1668），任山西交城知縣。凡五年，多有建樹，徵爲戶部山西司主事。二十年（1681），榷揚關，寬以惠商。旋入會典館，修《會典》及《鹽》、《漕》二書。未久，擢戶科給事中。著有《萬青閣自訂詩》、《萬青閣詩餘》、《交山平寇錄》、《寄園寄所寄》等。見《國朝詞綜補》卷一、《（光緒）重修安徽通志》卷一八六、《晚晴簃詩匯》卷二五等。

【寧獻王】朱權，明高皇之十六子也，神姿朗秀，始能言，自稱大明奇士。好學博古，旁通釋老，尤精於史。洪武二十四年，冊封之大寧，文皇踐祚，改封南昌。恃靖難功，頗驕恣，多怨望不遜。晚年深自韜晦，所居宮庭，無丹彩之餙，構精廬一區，蒔花藝竹，鼓琴著書。晚節益慕沖舉，自號臞仙。有《日蝕詩》云：「光浴咸池正皎然，忽如投暮落虞淵。青天俄有星千點，白晝爭看月一弦。蜀鳥亂啼疑入夜，杞人狂走怨無天。舉頭不見長安日，世事分明在眼前。」詩眞怨望不遜矣。《客中閒集》（趙吉士：《寄園寄所寄》卷四「撚鬚寄」，黃山書社，2008 年，第 222 頁）

編者案：原作無標題，此標題係編者所擬。

【周憲王】周憲王朱有燉，明高皇之孫，周定王長子。勤學好古，留心翰墨，集古名跡十卷，手自臨摹勒石，名《東書堂集古法帖》，歷代重之。製《誠齋樂府傳奇》若干種，音律諧美，流傳內府，至今中原絃索多用之。李夢陽汴中《元宵絕句》云：「中山孺子倚新妝，趙女燕姬總擅場；齊唱憲王新樂府，金梁橋外月如霜。」王有《誠齋錄》、《新錄》諸集，傳於世。如

《春日》云：「深巷日斜巢燕急，小樓風靜落花閑。」《春夜》云：「彩檻露華垂柳濕，珠簾風靜落花香。」《秋夜》云：「梧桐露滴鴛鴦瓦，楊柳風寒翡翠堂。」《牡丹亭書景》云：「鶯歸小院穿青柳，燕蹴飛花過粉牆。」《日暮》云：「林鳩喚友常知雨，海燕將雛不避人。」《雪林清趣》云：「採藥一僧雲外去，巢松雙鶴雨中還。」《送人》云：「南浦斷雲收雨去，西風新雁帶霜來。」《漫興》云：「南國音書歸雁盡，西園風雨落花愁。」和王長史云：「採得藥苗遠竹徑，著殘棋子坐花陰。」《紅心驛》云：「枕上夢回鶯語滑，窗前風定柳陰涼。」《橫堤晚望》云：「神如秋水十分淨，心似中原萬里平。」皆風華和婉，盛世之音也。又作《柳枝歌》三首，序云：「白居易《楊柳枝》云：『永豐西角荒園裡，盡日無人屬阿誰？』宣宗朝樂工唱此詞，遂令中使取二株植於苑中。予於洪武年間至長安，尋訪永豐坊，乃在陝西城內，東西兩街尚有垂楊，柔枝拂地，愛而賦之。」歌云：「蘇小門前萬縷垂，白家園內兩三枝。聽歌看舞人何在？惟有東風展翠眉。」「三月風和散麴塵，枝枝垂地每傷神。爲君繫得春心住，忍折長條送遠人。」「宛轉千條召晚風，拖煙帶雨渭城東。征衫點得輕輕絮，寄入陽關曲調中。」《客中閒集》。（趙吉士：《寄園寄所寄》卷四「撚鬚寄」，黃山書社，2008年，第222～223頁）

編者案：原作無標題，此標題係編者所擬。

【樂工騙財】嘉靖乙丑，有遊食樂工乘騎者七人至綿州，其持舞襴衫服，整潔鮮明，拋戈擲甕，歌喉宛轉，腔調琅然。適余憲副至，舉城士夫商賈無不欣悅，以爲奇遇。搬作雜劇，連宵達旦者數日。久而情洽。一日，紿眾曰：「今夕改作雜劇手眼，以新說聽。」遍索士夫富室，陳列珍玩、器具、衣着、織金彩服。乃令本地樂工代司鼓樂，至夜闌人倦，忽隱几者大半，乘機催迫，鼓樂喧震，作雞鳴渡關。七人以次入甕，久之寂然。破甕索之，了無所得，陳列諸物，俱化烏有。此即遁身掩形之法。《宦遊紀聞》。（趙吉士：《寄園寄所寄》卷五「滅燭寄」，黃山書社，2008年，第327頁）

編者案：原作無標題，此標題係編者所擬。

【《女狀元》本事】女學士，孔貴嬪也；女校書，唐薛濤也；女進士，宋女郎林妙玉也；女狀元，蜀黃崇嘏也。崇嘏，臨邛人，作詩上蜀相周庠，庠首薦之，屢攝府縣，吏事精敏，胥徒畏服。庠欲妻以女，嘏作詩辭之曰：「一從拾翠碧江湄，貧守蓬茅但賦詩。自服藍衫居郡掾，永拋鸞鏡畫蛾眉。立身

卓爾青松操，挺志堅然白璧姿。幕府若容爲坦腹，願天速變作男兒。」庠大驚，具跡本末，乃嫁之。傳奇《女狀元春桃記》，蓋黃事也。《升菴外集》。（趙吉士：《寄園寄所寄》卷六「焚塵寄」，黃山書社，2008 年，第 464 頁）

編者案：原作無標題，此標題係編者所擬。

【樂伎之始】葛天氏始歌，陰康氏始舞，朱襄作瑟，伏羲作琴、塤、簫，女媧作笙、竽。黃帝作鐘、磬、鼓吹、鐃、角、鞞、鉦，製律呂，立樂師。少昊作浮磬，舜作崇牙，禹作鼗，桀作爛漫之樂，紂作北里之舞，周有四夷之樂。秦蒙恬作箏，漢田橫客作輓歌，梁有高絙、舞輪之伎。唐高宗置梨園作坊，玄宗置教坊倡優雜伎，元人作傳奇。《湧幢小品》（趙吉士：《寄園寄所寄》卷七「獺祭寄」，黃山書社，2008 年，第 546 頁）

編者案：原作無標題，此標題係編者所擬。

【劇戲之始】夏桀始設侏儒優倡戲，周偃師始造傀儡，宣王始養鬥雞，楚熊渠造弄丸，勾踐始爲弄潮，無終嘉父作千秋、毬踘，秦武王作角觝，始皇作曼延魚龍水戲，漢武帝益以幻眼、走索、尋橦、舞輪、弄碗、影戲，唐玄宗製舞馬、舞象之戲。《稗史》。（趙吉士：《寄園寄所寄》卷七「獺祭寄」，黃山書社，2008 年，第 552 頁）

編者案：原作無標題，此標題係編者所擬。

【小青事屬子虛】小青者，本無其人，邑子譚生造傳及詩，與朋儕爲戲曰：「小青者，離『情』字，正書『心』旁似『小』字也。」或言姓鍾，合之成鍾情字也。其傳及詩俱不佳，流傳日廣，演爲傳奇，至有以《孤山訪小青墓》爲詩題者。俗語不實，流爲丹青，良可噴飯。以事出虞山，故附著於此。《列朝詩集》。（趙吉士：《寄園寄所寄》卷八「豕渡寄」，黃山書社，2008 年，第 635 頁）

編者案：原作無標題，此標題係編者所擬。

【新安風俗】古城山下，即舍家舊墅村，新安各姓，聚族而居，絕無一雜姓攙入者，其風最爲近古。出入齒讓，姓各有宗祠統之。歲時伏臘，一姓村中千丁皆集，祭用文公家禮，彬彬合度。父老嘗謂新安有數種風俗，勝於他邑，千年之塚，不動一抔；千丁之族，未嘗散處；千載之譜系，絲毫不紊；主僕之嚴，數十世不改，而宵小不敢肆焉。先曾祖日紀：「萬曆二十七年，休

寧迎春，其臺戲一百零九座，臺戲用童子扮故事，餙以金珠繪采，競鬭靡麗美觀也。」近來此風漸減，然遊燈猶有臺戲，以綢紗糊人馬，皆能舞鬭，較爲奪目。邑東隆阜戴姓更甚，戲場奇巧壯麗，人馬鬭舞亦然。每年聚工製造，自正月迄十月方成，亦靡俗之流遺也。有勸以移此鉅費以賑貧乏，則群笑爲迂矣。或曰：「越國汪公神會，酬其保障功，不得不然。」（趙吉士：《寄園寄所寄》卷十一「泛葉寄」，黃山書社，2008 年，第 872～873 頁）

　　編者案：原作無標題，此標題係編者所擬。

屈大均

屈大均（1630～1696），初名紹隆，字介子，番禺（今廣東番禺）諸生。鼎革後去爲僧，名今種，字一靈。返儒服更名大均，字翁山，有《翁山詩集》八卷、《翁山文鈔》十卷；又有《翁山詩外》十七卷、《翁山文外》十八卷。著有筆記《廣東新語》廿八卷、《安龍逸史》二卷、《明四朝成仁錄》十二卷等。嘗出遊吳越，又遊秦、隴，與秦中名士李因篤輩爲友，作華嶽百韻。固原守將某見而慕其才，以甥妻之。其詩尤工，五言詠古詩突兀奇崛，多不經人道語；七律雄宕豪邁；五律雋妙圓轉，一氣相生，有明珠走盤之妙。詩尤工於山林、邊塞，一代才也。與陳恭尹、梁佩蘭並稱「嶺南三家」。見《明詩紀事》辛籤卷一一、《清史稿》卷四八四等。

【永安崇巫】永安俗尚師巫。人有病，輒以八字問巫。巫始至，破一雞卵，視其中黃白若何，以知其病之輕重。輕則以酒饟禳之，重則畫神像於堂，巫作姣好女子，吹牛角，鳴鑼而舞，以花竿荷一雞而歌。其舞曰《贖魂之舞》，曰《破胎之舞》；歌曰《雞歌》，曰《暖花歌》。暖花者，凡男嬰兒有病，巫則以五彩團結群花環之，使親串各指一花以祝。祝已而歌，是曰暖花。巫自刳其臂血以塗符，是曰顯陽。七月七夕則童子過關，十四夕則迎先祖。男子或結場度水，受白牒黃誥，婦人或請僮姐，施捨釵鈿。僮姐與女巫不同。女巫以男子爲之，僮姐以瞽人之婦爲之。山深谷邃，淫昏之鬼，或憑藉以爲禍福未可知，縣令嘗厲禁之。然其根株深固，未能剪除二三也。（屈大均：《廣東新語》卷九，清康熙水天閣刻本）

【粵歌】粵俗好歌，凡有吉慶，必唱歌以爲歡樂。以不露題中一字，語

多雙關，而中有「掛折」者爲善。「掛折」者，掛一人名於中，字相連而意不相連者也。其歌也，辭不必全雅，平仄不必全叶，以俚言土音襯貼之，唱一句或延半刻，曼節長聲，自回自復，不肯一往而盡。辭必極其豔，情必極其至，使人喜悅悲酸而不能已已。此其爲善之大端也。故嘗有「歌試」以第高下，高者受上賞，號爲歌伯。其娶婦而親迎者，婿必多求數人與己年貌相若而才思敏給者使爲伴郎。女家索攔門詩歌，婿或捉筆爲之，或使伴郎代草，或文或不文，總以信口而成、才華斐美者爲貴。至女家不能酬和，女乃出閣。此即唐人催妝之作也。先一夕，男女家行醮，親友與席者或皆唱歌，名曰坐歌堂。酒罷，則親戚之尊貴者親送新郎入房，名曰送花。花必以多子者，亦復唱歌。自後連夕，親友來索糖梅啖食者，名曰「打糖梅」。一皆唱歌，歌美者得糖梅益多矣。其歌之長調者，如唐人《連昌宮詞》、《琵琶行》等，至數百言千言，以三絃合之，每空中絃以起止，蓋太簇調也，名曰「摸魚歌」。或婦女歲時聚會，則使瞽師唱之，如元人彈詞，曰某記某記者，皆小說也。其事或有或無，大抵孝義貞烈之事爲多。竟日始畢，一記可勸可戒，令人感泣沾襟。其短調踏歌者，不用絃索，往往引物連類，委曲譬喻，多如《子夜》、《竹枝》。如曰：「中間日出四邊雨，記得有情人在心。」曰：「一樹石榴全著雨，誰憐粒粒淚珠紅？」曰：「燈心點著兩頭火，爲娘操盡幾多心。」曰：「妹相思，不作風流到幾時。只見風吹花落地，那見風吹花上枝。」《蜘蛛曲》曰：「天旱蜘蛛結夜網，想晴只在暗中絲。」又曰：「蜘蛛結網三江口，水推不斷是眞絲。」又曰：「妹相思，蜘蛛結網恨無絲，花不年年在樹上，娘不年年作女兒。」《竹葉歌》曰：「竹葉落，竹葉飛，無望翻頭在上枝。擔傘出門人叫嫂，無望翻頭做女時。」《素馨曲》曰：「素馨棚下梳橫髻，只爲貪花不上頭。十月大禾未入米，問娘花浪幾時收？」凡村落人奴之女，嫁曰不敢乘車。女子率自持一傘以自蔽，既嫁人率稱之爲嫂。此言女一嫁不能復爲處子，猶士一失身不能復潔白也。梳橫髻者，未笄也。宜笄不笄，是猶不肯在花棚上也。十月熟者名大禾，歲晏而米不入。花浪不收，是過時而無實也。此刺淫女，亦以喻士之不及時修德，流蕩而至老也。有曰：「大姐姐，分明大姐大三年。擔凳井頭共姐坐，分明大姐坐頭邊。」言女嫁失時也，妹自愧先其姊也。有曰：「官人騎馬到林池，斬竿筋竹織笞箕。笞箕載綠豆，綠豆喂相思。相思有翼飛開去，只剩空籠掛樹枝。」刺負恩也。有曰：「一更雞啼雞拍翼，二更雞啼雞拍胸，三更雞啼郎去廣，雞冠沾得淚花紅。」有

曰：「歲晚天寒郎不回，廚中煙冷雪成堆。竹篙燒火長長炭，炭到天明半作灰。」有曰：「柚子批皮瓢有心，小時則劇到如今。頭髮條條梳到尾，鴛鴦乍得不相尋。」有曰：「大頭竹筍作三椏，敢好後生無置家，敢好早禾無入米，敢好攀枝無晾花。」敢好者，言如此好也。其蛋女子蕩恣，如吳下唱《楊花》者，曰「縊髻」。有謠曰：「清河縊髻春意鬧，三十不嫁隨意樂。江行水宿寄此生，搖櫓唱歌樂過潡。」槳者，搖船也，亦雙關之意。潡者，覺也。如此類不可枚舉，皆以比興為工。辭纖豔而情深，頗有風人之遺，而《採茶歌》尤善。粵俗，歲之正月，飾兒童為彩女，每隊十二人。人持花籃，籃中然一寶燈，罩以絳紗，以絙為大圈，緣之踏歌，歌十二月採茶。有曰：「二月採茶茶發芽，姐妹雙雙去採茶。大姐採多妹採少，不論多少早還家。」有曰：「三月採茶是清明，娘在房中繡手巾。兩頭繡出茶花朵，中央繡出採茶人。」有曰：「四月採茶茶葉黃，三角田中使牛忙。使得牛來茶已老，採得茶來秧又黃。」是三章，則幾於雅矣。東莞歲朝，貿食媼所唱歌頭曲尾者曰湯水歌。尋常瞽男女所唱，多用某記。其辭至數千言，有雅有俗，有貞有淫，隨主人所命唱之，或以琵琶、篜子為節。兒童所唱以嬉，則曰山歌，亦曰歌仔，多似詩餘音調，辭雖細碎，亦絕多妍麗之句。大抵粵音柔而直，頗近吳越，出於唇舌間，不清以濁，當為羽音。歌則清婉溜亮，紆徐有情，聽者亦多感動。而風俗好歌，兒女子天機所觸，雖未嘗目接詩書，亦解白口唱和，自然合韻。說者謂粵歌始自榜人之女，其原辭不可解。以楚語譯之，如「山有木兮木有枝，心悅君兮君不知」，則絕類《離騷》也。粵固楚之南裔，豈屈宋流風多洽於婦人女子歟？

潮人以土音唱南北曲者，曰潮州戲。潮音似閩，多有聲而無字。有一字而演為二三字，其歌輕婉，閩廣相半，中有無其字而獨用聲口相授，曹好之以為新調者，亦曰佘歌。農者每春時，婦子以數十計，往田插秧。一老摑大鼓，鼓聲一通，群歌競作，彌日不絕，是曰秧歌。南雄之俗，歲正月，婦女設茶酒於月下，罩以竹箕，以青帕覆之，以一箸倒插箕上，左右二人褀之作書，問事吉凶。又畫花樣，謂之「踏月姊」。令未嫁幼女且拜且唱，箕重時神即來矣，謂之「踏月歌」。長樂婦女中秋夕拜月，曰「椓月姑」，其歌曰月歌。蛋人亦喜唱歌，婚夕，兩舟相合，男歌勝則牽女衣過舟也。黎人會集，則使歌郎開場，每唱一句，以兩指下上擊鼓，聽者齊鳴小鑼和之。其鼓如兩節竹而腰小，塗五色漆描金作雜花，以帶懸繫肩上。歌郎畢唱，歌姬乃徐徐

唱，擊鼓亦如歌郎。其歌，大抵言男女之情，以樂神也。

東西兩粵皆尚歌，而西粵土司中尤盛。大約云峒女於春秋時布花果笙簫於山中，以五絲作同心結及百紐鴛鴦囊帶之，以其少好者結爲天姬隊。天姬者，峒官之女也。餘則三五採芳於山椒水湄，歌唱爲樂。男子相與蹋歌赴之，相得則唱酬終日，解衣結襟帶相遺以去。春歌正月初一，三月初三，秋歌八月十五。其三月之歌曰浪花歌。趙龍文云：傜俗最尚歌，男女雜遝，一唱百和。其歌與民歌皆七言而不用韻，或三句，或十餘句，專以比興爲重，而布格命意，有迴出於民歌之外者。如云：「黃蜂細小螫人痛，油麻細小炒仁香。」又云：「行路思娘留半路，睡也思娘留半床。」又云：「與娘同行江邊路，卻滴江水上娘身。滴水一身娘未怪，要憑江水作媒人。」傜語不能盡曉，爲箋譯之如此。修和云：狼之俗，幼即習歌，男女皆倚歌自配。女及笄，縱之山野，少年從者且數十，以次而歌，視女歌意所答，而一人留。彼此相遺，男遺女以一扁擔，上鑴歌詞數首，字若蠅頭，間以金彩花鳥，髹以漆精使不落。女贈男以繡囊錦帶，約爲夫婦，乃倩媒以蘇木染檳榔定之。婚之日，歌聲振於林木矣。其歌每寫於扁擔上。狼扁擔以榕爲之，又以五彩齗作方段，齗處文如鼎彝，歌與花鳥相間，或兩頭畫龍。傜則以布刀寫歌。布刀者，織具也。傜人不用高機，無箸無枝，以布刀兼之。刀用山木，形如刀，長於布之闊，銳其兩端，背厚而橢，如弓之弧，刃如絃而薄，刳其背之腹以納緯，而怱其銳而吐之以當梭。緯既吐，則兩手攀其兩端以當箸也。歌每書於刀上，間以五彩花卉，明漆沐以贈所歡。獞歌與狼頗相類，可長可短。或織歌於巾以贈男，或書歌於扇以贈女。其歌亦有竹枝歌，舞則以被覆首，爲「桃葉舞」。有詠者云：「桃葉舞成鸞睆睨，竹枝歌就燕呢喃」。（屈大均：《廣東新語》卷十二，清康熙水天閣刻本）

【大洲龍船】番禺大洲，有宣和龍舟遺制，是曰大洲龍船。洲有神，曰梁太保公。蓋以將作大匠，從宋幼帝航海而南者也。公將營宮殿於大洲，未成而沒，村民感其忠，祠祀之。每歲旦請舉龍舟，覆珓得全陰，則神許矣。許則舉，輒有巨木十數丈浮出江中，舟之長短准之，號曰龍骨。自崇禎丁丑以來，請輒不許。辛丑之歲，有泣訴於神者：「吾老矣。神今垂許，猶可傳之後人，否則此法遂絕矣。」神乃許之。船長十餘丈，廣僅八尺，龍首尾刻畫奮迅如生。蕩槳兒列坐兩旁，皆錫盔朱甲，中施錦幔。上建五丈檣五，檣

上有臺閣二重，中有五輪閣一重，下有平臺一重。每重有雜劇五十餘種，童子凡八十餘人。所扮者菩薩、天儒、大將軍、文人、女伎之屬，所服者冠裳、介胄、羽衣、衲帔、巾幗、襦襪之屬，所執者刀槊、麾蓋、旌旗、書策、佩帨之屬。凡格鬪、挑招、奔奏、坐立、偃仰之狀，與夫揚袂、蹙裳、喜、懼、悲、恚之情，不一而足，咸皆有聲有色，盡態極妍。觀者疑爲樂部長積歲月練習，不知錦幔之中，操機之士之所爲也。每一舉費金錢千計，神之許以十年二十年之久，蓋以惜民力也。龍之口，鐵鑠鑠之。問之神，曰：不爾則雨。

（屈大均：《廣東新語》卷十八，清康熙水天閣刻本）

王士禛

　　王士禛（1634～1711），字子眞，一字貽上，號阮亭，別號漁洋山人，新城（今山東桓臺）人。卒後，以避世宗諱，追改士正，乾隆間，詔改士禛。生有異稟，六歲入鄉塾，誦《毛詩》至《綠衣》諸什，輒悵觸欲涕。十五歲有詩一卷，曰《落箋集》。十六補諸生。年十八，舉於鄉。順治十二年（1655）成進士，授江南揚州推官。康熙三年（1664）擢禮部主事，歷官户部郎中、國子監祭酒、兵部督捕侍郎、左都御史、刑部尚書等。士禛資稟既高，學問極博，與兄士祿等並致力於詩，獨以神韻爲宗。取司空圖所謂「味在酸鹹外」、嚴羽所謂「羚羊掛角，無跡可尋」，標示旨趣。主持風雅數十年。同時趙執信始與立異，言詩中當有人在。既沒，或詆其才弱，然終不失爲正宗也。著有《帶經堂集》、《帶經堂詩話》、《漁洋詩話》、《池北偶談》、《香祖筆記》、《居易錄》、《分甘餘話》、《古夫于亭雜錄》等。見《（道光）濟南府志》卷五五、《清史稿》卷二六六等。

　　【海鹽少年善歌】《樂郊私語》云：海鹽少年多善歌，蓋出於澉川楊氏。其先人康惠公梓與貫雲石交善，得其樂府之傳，今雜劇中《豫讓吞炭》、《霍光鬼諫》、《敬德不伏老》，皆康惠自製。家僮千指，皆善南北歌調，海鹽遂以善歌名浙西。今世俗所謂海鹽腔者，實發於貫酸齋，源流遠矣。（王士禛：《香祖筆記》卷一，清文淵閣四庫全書本）

　　編者案：原作無標題，此標題係編者所擬。

　　【金鳳】姚叔祥又言：海鹽有優兒金鳳，以色幸於嚴東樓，非金則寢食弗甘。金既衰老，而所謂《鳴鳳記》盛傳於時，於是金復塗粉墨扮東樓焉。

此一事較侯方域《馬伶傳》更奇。（王士禛：《香祖筆記》卷二，清文淵閣四庫全書本）

編者案：原作無標題，此標題係編者所擬。

【伶人滑稽】陶岳《五代史補》載馮道鎮同州，有酒務吏乞以家財修夫子廟，道以付判官。判官素滑稽，書一絕句於判後云：「荊棘森森繞杏壇，儒官高貴盡偷安。若教酒務修夫子，覺我慚惶也大難。」道有愧色，因出俸修之。又李穀爲陳州防禦使，三日，謁夫子廟，惟破屋三間，中存聖像。有伶人李花開進口號曰：「破落三間屋，蕭條一旅人。不知負何事，生死厄於陳。」穀驚歎，遽出俸以修之。五代學校廢壞如此，賴滑稽之言始得復故，可爲浩歎。觀唐玄宗過魯謁孔子廟詩，居然盛世帝王氣象。近聖駕東巡，謁闕里聖廟，載謁孔林，特命戶部發金錢十餘萬重修廟貌，輪奐一新，賜孔氏子孫十餘人爲五經博士等官，特賜御用曲柄傘於大成殿，此又漢、唐、宋、明已來所未有者。故觀於文教之興廢盛衰，而世之治亂可知矣。（王士禛：《香祖筆記》卷八，清文淵閣四庫全書本）

編者案：原作無標題，此標題係編者所擬。

【呂蒙正本事】《避暑錄》言：呂文穆蒙正爲父龜圖所逐，衣食不給，龍門寺僧識其貴人，延致寺中，鑿山岩爲龕以居之，凡九年。後諸子即石龕爲祠堂，名曰肄業。富大忠爲之記。今人以傳奇有破窰之說，志書亦沿俗論，但言窰而不知有龕，並龍門僧亦湮沒不傳，可惜也。（王士禛：《香祖筆記》卷十，清文淵閣四庫全書本）

編者案：原作無標題，此標題係編者所擬。

【《籌邊樓》傳奇】唐牛、李之黨：贊皇君子，功業爛然，與裴晉公相頡頏，武宗之治幾復開元、元和之盛，其黨又皆君子也。僧孺小人，功業無聞，悉怛謀維州一事，怨恫神人，其黨李宗閔、楊虞卿之流，又皆小人也。二人之賢不肖如薰蕕然，不難辨也。自蘇穎濱二人皆偉人之說出，謂僧孺以德量高，德裕以才氣勝，而賢不肖始混淆矣。初僧孺尉嵩縣，而水中灘出，有鸂鶒一雙飛下，僧孺果入西臺。陳仲醇云：「奇章入臺，當以鴟梟應之。」此雖戲論，實公言耳。吾宗鶴尹兄扴，工於詞曲，晚作《籌邊樓》傳奇，一褒一貶，字挾風霜，至於維州一案，描摹情狀，可泣鬼神。嘗屬予序之，而

未果也。今鶴尹歿數年矣，憶前事，爲之憮然，聊復論之如此，將以代序，且以見傳奇小技，足以正史家論斷之謬誣也。鶴尹大父緱山先生作《鬱輪袍》及《裴湛和合》二曲，詞曲家稱爲本色當行。（王士禛：《香祖筆記》卷十二，清文淵閣四庫全書本）

編者案：原作無標題，此標題係編者所擬。

又案：此則「悉怛謀維州一事」句，清康熙刻本及文淵閣四庫全書本，「悉怛謀」均作「怛悉謀」。考諸史籍，《舊唐書》卷一百四十七《杜佑傳》：「李德裕鎮西川，維州吐蕃首領悉怛謀以城來降，德裕奏之，執政者與德裕不協，遽勒還其城」；卷一百七十四《李德裕傳》：「（太和）五年九月，吐蕃維州守將悉怛謀請以城降。……德裕疑其詐，遣人送錦袍金帶與之，託云候取進止，悉怛謀乃盡率郡人歸成都。德裕乃發兵鎮守，因陳出攻之利害。時牛僧孺沮議，言新與吐蕃結盟，不宜敗約。語在《僧孺傳》。乃詔德裕却送悉怛謀一部之人還維州，贊普得之，皆加虐刑。」《新唐書》卷一百八十《李德裕傳》：「吐蕃維州將悉怛謀以城降，……德裕既得之，即發兵以守，且陳出師之利。僧孺居中沮其功，命返悉怛謀於虜，以信所盟。德裕終身以爲恨。」《資治通鑑》卷第二百四十四〈唐紀六十〉：「（太和五年）九月，吐蕃維州副使悉怛謀請降，盡帥其眾奔成都。德裕遣行維州刺史虞藏儉將兵入據其城，庚申具奏其狀，……事下尚書省，集百官議，皆請如德裕策。牛僧孺曰：……上以爲然，詔德裕以其城歸吐蕃，執悉怛謀及所與偕來者悉歸之。吐蕃盡誅之於境上，極其慘酷。德裕由是怨僧孺益深。」由是知牛、李黨爭時，有吐蕃維州副使悉怛謀率眾來降不受一事。漁洋此則所言，傳奇演牛、李故事，名《籌邊樓》，則所謂「維州一案」，當即此事，因據史改。

【名士製曲】屠隆長卿令青浦，梁辰魚伯龍過之，爲演《浣紗記》，遇佳詞，輒浮以大白。昔袁荊州籜菴于令自金陵過予廣陵，與諸名士泛舟紅橋，予首賦三闋，所謂「綠楊城郭是揚州」者，諸君皆和。袁獨製套曲，時年八十矣，曲載《紅橋倡和》。昔張子野與東坡會飲垂虹亭，年亦八十。（王士禛：《香祖筆記》卷十二，清文淵閣四庫全書本）

編者案：原作無標題，此標題係編者所擬。

【潘吳二氏】俗人傳訛襲謬，有絕可笑者。兗州陽穀縣西北有塚，俗呼西門塚，有大族潘、吳二氏，自言是西門嫡室吳氏、妾潘氏之族。一日社

會，登臺演劇，吳之族使演《水滸記》，潘族謂辱其姑，聚眾大哄，互控於縣令。令大笑，各撲一二人，荷校通衢，朱批曰：「無恥犯人某某示眾。」然二氏終不悟也。從侄鶵過陽穀，親見之。（王士禛：《香祖筆記》卷十二，清文淵閣四庫全書本）

編者案：原作無標題，此標題係編者所擬。

【柳敬亭】左良玉自武昌稱兵東下，破九江、安慶諸屬邑，殺掠甚於流賊。東林諸公快其以討馬、阮為名，而並諱其作賊。左幕下有柳敬亭、蘇崑生者，一善說評話，一善度曲。良玉死，二人流寓江南，一二名卿遺老左袒良玉者，賦詩張之，且為作傳。余曾識柳於金陵，試其技，與市井之輩無異，而所至逢迎恐後，預為設几焚香，瀹岕片，置壺一、杯一；比至，徑踞右席，說評話才一段而止，人亦不復強之也。愛及屋上之烏，憎及儲胥。噫，亦愚矣！（王士禛：《分甘餘話》卷二，中華書局，1989年，第52頁）

【王擴與兄抃】婁江十子，虹友王擴才尤高，余嘗序其《金陵集》。鶴尹詩才不及，而獨工金元詞曲，所為《籌邊樓》、《浩氣吟》等傳奇，不但引商刻羽，雜以流徵，殆可謂詞曲之董狐。（王士禛：《分甘餘話》卷四，中華書局，1989年，第97頁）

【詞曲非小道】李白謂五言為四言之靡，七言又其靡也。至於詞、曲，又靡之靡者。詞如少遊、易安，固是本色當行，而東坡、稼軒，直以太史公筆力為詞，可謂振奇矣。元曲之本色當行者不必論，近如徐文長《漁陽三弄》、《木蘭從軍》，沈君庸之《霸亭秋》，梅邨先生之《通天臺》，尤悔庵之《黑白衛》、《李白登科》，激昂慷慨，可使風雲變色，自是天地間一種至文，不敢以小道目之。（王士禛：《古夫于亭雜錄》卷四，中華書局，1988年，第87頁）

【吉道人秋香事】小說有唐解元詭娶華學士家婢秋香事，乃江陰吉道人，非伯虎也。吉父為御史，以建言譴戍。道人於洞庭遇異人，得道術，能役鬼神。嘗遊虎丘，時有兄之喪，上襲麻衣，而內著紫綾褌。適上海一大家攜室亦遊虎丘，其小婢秋香者，見吉衣紫，顧而一笑，吉以為悅己也，詭裝變姓名，投身為僕。久之，竟得秋香為室。一日遁去，大家跡之，知為吉，厚贈奩具，遂為翁婿。華則吉之本姓云。（王士禛：《古夫于亭雜錄》卷五，中華書局，1988年，第106頁）

【沈夫婦】吳江沈君庸自徵作《霸亭秋》、《鞭歌妓》二劇，瀏灕悲壯，其才不在徐文長下。乃其妻張亦才女也，嘗有《寄外》詞云：「漠漠輕陰籠竹院。細雨無情，淚濕霜華面。試問寸腸何樣斷？殘紅碎綠西風片。　萬轉相思才夜半。又聽樓頭，叫過傷心鴈。不恨天涯人去遠，三生緣薄吹簫伴。」張名倩倩。（王士禛：《古夫于亭雜錄》卷六，中華書局，1988年，第123頁）

【孔公父子】史載孔道輔原魯使契丹，優人以文宣王爲戲，道輔艴然徑出。《澠水燕談》載：元祐中，上元，駕幸迎祥池，宴從臣，伶人以先聖爲戲。刑部侍郎孔宗翰奏：唐文宗時有爲此戲者，詔斥之，今聖君宴犒群臣，豈容有此？詔付檢官，置於理。二事絕相類。宗翰字周翰，即原魯子也。宋至道二年，皇太子諸王宴瓊林苑，教坊以孔子爲戲。賓客李至言：唐太和中以此爲戲，文宗笞伶人以懲無禮，魯哀公以儒爲戲尚不可，況先聖乎！（王士禛：《池北偶談》卷六，中華書局，1982年，第122～123頁）

【王李】掖縣王漢，字子房，俶儻有經世才，中崇禎丁丑進士，爲高平、河內二縣令。上書言事，懷宗奇之，召對，擢御史，巡按河南，進巡撫、都御史。死永城賊劉超之難。予少見其奏疏及《小武當詩》一篇，眞奇才也。同邑李森先字琳枝，崇禎庚辰進士，入本朝爲御史，屢上疏，論事切直，三下刑部，不少摧折。巡按下江，清剛端勁，置淫僧三拙、優人王紫稼於法，江南人莫不快之。中忌者被逮，吳中罷市，哭送者萬人。世祖廉知之，尋內擢卿寺，而李不幸死矣。李修髯長身，飲酒無算，家有椒雨園，在南郭外，日與酒徒酣飲其中，醉則衣白衣，徒步歌呼過市，巾幀欹側，酒痕狼籍，有陽城之風。（王士禛：《池北偶談》卷六，中華書局，1982年，第126～127頁）

【阮懷寧】金陵八十老人丁胤，常與予遊祖堂寺，憩呈劍堂，指示予曰：「此阮懷寧度曲處也。阮避人於此山，每夕與狎客飲，以三鼓爲節。客倦罷去，阮挑燈作傳奇，達旦不寢以爲常。《燕子牋》、《雙金榜》、《獅子賺》諸傳奇，皆成於此。」《所知錄》云：「大鋮既降本朝，在營中，諸公聞其有《春燈謎》諸劇，問能自度曲否。大鋮即起，執板頓足而唱以侑酒。」（王士禛：《池北偶談》卷十一，中華書局，1982年，第268頁）

【脫十娘鄭妥娘】金陵舊院，有頓、脫諸姓，皆元人後沒入教坊者。

順治末，予在江寧，聞脫十娘者，年八十餘，尚在，萬曆中北里之尤也。予感而賦詩云：「舊院風流數頓楊，梨園往事淚沾裳。樽前白髮談天寶，零落人間脫十娘。」又鄭姬無美，順治中尚無恙，虞山錢宗伯贈詩云：「閑開閨集教孫女，身是前朝鄭妥娘。」（王士禛：《池北偶談》卷十二，中華書局，1982 年，第 287～288 頁）

【王秋澗論文】元秋澗王惲述承旨王公論文語曰：「入手當如虎首，中如豕腹，終如蠆尾。首取其猛，腹取其楦穰，尾取其螫而毒也。」見本集。喬吉夢符論作今樂府法，亦云：「鳳頭豬肚豹尾，大概起要美麗，中要浩蕩，結要響亮。」見《輟耕錄》。秋澗又記鹿庵先生曰：「《前漢》列傳，多少好樣度，於後插一銘詞，篇篇是個碑表墓誌。作者觀此足矣，不必他求也。」（王士禛：《池北偶談》卷十三，中華書局，1982 年，第 301～302 頁）

【黃幡綽書】唐明皇《霓裳羽衣曲碑》，黃幡綽書，今在蒲州，見于奕正《天下金石志》。（王士禛：《池北偶談》卷十三，中華書局，1982 年，第 312 頁）

【舞馬】杜詩「舞馬既登床」，《珊瑚鉤詩話》云：「舞馬，藉之以榻也。」朱翌引《樂府雜錄》云：「有馬舞者，攏馬人著彩衣，執鞭於床上，舞馬蹀躞，蹄皆應節，是登床而舞乃馭者，而馬應節於下也。」二說未知孰是？（王士禛：《池北偶談》卷十四，中華書局，1982 年，第 328 頁）

【袁崇冕 附高應玘、張國籌、張自愼】袁崇冕，字西野，進士弼之子。兄公冕，弟軒冕，皆用科第起家，崇冕獨以布衣終。工金元詞曲，所著《春遊》、《秋懷》諸曲，足參康、王之座。與李中麓唱酬，王渼陂曰：「雅俗相兼，颯颯有餘音。」楊方城曰：「神聖工巧，元人之儔。」中麓曰：「金石之音，元黃之色。」其為名流擊賞如此。嘗有客以《黃鶯學畫眉》詞謁李太常，坐客皆言佳。西野後至，太常曰：「翁素負知音，試擇佳句幾何，予已有定評。」西野目畢，應聲曰：「止起五字是詞家語，餘無足取。」太常展手示之，云「止『未老已投閑』一句」，客皆大笑嘆服。

同時有高應玘者，中麓弟子，亦工詞曲，以貢仕為元城丞，見知王元美、魏懋權。所著有《醉鄉》、《歸田》諸稿，其《北門鎖鑰》雜劇，論者以為詞人之雄。

又有張國籌者，以貢仕為行唐知縣，善金元詞曲。所著有《脫穎》、《茅

廬》、《章臺柳》、《韋蘇州》、《申包胥》等劇，在袁西野、李中麓伯仲間。皆章丘人，與太常同時。

又有張自慎者，字敬叔，商河人，遊中麓之門，著金元樂府三十餘種。太原萬伯修曰：「北曲一派，海內索解人不得，眼中獨見張就山耳。」就山，自慎別號也。（王士禛：《池北偶談》卷十四，中華書局，1982年，第336～337頁）

【尤悔菴樂府】吳郡尤悔菴侗工樂府，嘗以「臨去秋波那一轉」公案，戲為八股文字，世祖見而喜之。其所撰樂府，亦流傳禁中，世祖屢稱其才。既而世廟升遐，尤一為永平推官，以細故罷去，歸吳中，時時以樂府寓其感慨。所作《桃花源》、《黑白衛》二傳奇，尤為人膾炙。予嘗寄詩云：「南苑西風御水流，殿前無復按《梁州》。淒涼法曲人間遍，誰付當年菊部頭？」「猿臂丁年出塞行，灞陵醉尉莫相輕。旗亭被酒何人識？射虎將軍右北平。」尤為泣下。康熙己未，尤以召試入翰林，為檢討。近見江左黃九煙周星作「怎當他臨去秋波那一轉」制義七篇，亦極遊戲之致。（王士禛：《池北偶談》卷十五，中華書局，1982年，第356～357頁）

【普救寺】《西廂》傳奇，河中有普救寺。《畫墁錄》：郭威宿師河中，逾年，登蒲阪以望城中，憤蒲民固守，曰：「城開日當盡誅之！」幕府曰：「若然，守愈固矣。」第告之曰：「誅守城者，餘皆免。」城既開，乃即其地為普救寺。《蒲志》云：舊名永清院，院僧與郭威約，城克之日，不戮一人，因改名普救寺。二書大同小異。然寺名實始五代，傳奇假以成文耳。（王士禛：《池北偶談》卷廿一，中華書局，1982年，第495頁）

【心頭小人】安丘明經張某嘗晝寢，忽一小人自心頭出，身才半尺許，儒衣儒冠，如伶人結束。唱崑曲，音節殊可聽，說白自道，名貫一與己合，所唱節末，皆其平生所經歷。四折既畢，誦詩而沒。張能憶其梗概，為人述之。（王士禛：《池北偶談》卷廿六，中華書局，1982年，第625頁）

王晫

　　王晫（1636～1695後），原名棐，字丹麓，自號松溪子。仁和（今浙江杭
州）人。年十三，補學官弟子，天質茂美，筆疏氣秀，毛奇齡稱其詩自然溫
厚，不徒以音節入古見長。遭外艱，喪葬遵古制，銜恤竇涕風雪中，重趼遠
涉，徧告當世鉅公長者，乞爲志傳，成帙曰《幽光集》，士大夫讀而悲之。著
有《今世說》八卷，另著有《遂生集》十二卷、《霞舉堂集》三十五卷、《丹
麓雜著》十種十卷、《墻東草堂詞》三卷等。見《四庫全書總目》卷一三三、
《（民國）杭州府志》卷一四五等。

　　【入夢出夢】宋荔裳、王西樵、曹顧庵同客湖上，一夕看演《邯鄲》
盧生事，酣飲達旦。曹曰：吾輩百年間入夢出夢之境，一旦縮之銀鐙檀板中，
可笑亦可涕也。宋名琬，字玉叔，山東萊陽人，丁亥進士，歷官廉使，所至輒有能聲。
數遭困厄，意氣自如，揮毫高視，不覺更有旁人。王名士祿，字子底，山東新城人，壬
辰進士，官司勳。眉宇朗秀，襟懷伉爽，爲人望所屬。撰《然脂集》，攬撷古今閨秀文
章至百六十卷。又撰《閨中遺事》，爲《朱鳥逸史》六十餘卷。曹名爾堪，字子顧，浙
江嘉善人。十歲能屬文，十二歲善詩詞，時人擬之神童。壬辰登進士第，累官侍講學士。
淹博多識掌故，又工強記，所過山川阨塞，無不指畫形勢。士大夫一與之遊，積久不忘，
無貴賤具能識其名氏爵里家世，無毫髮誤。即虞世南之稱行秘書，李守素之號人物志，
無以過之。爲文敏給博麗，兼長眾體，闈試兩稱最，同館皆遜服之。（王晫：《今世說》
卷二「言語」，清康熙二十二年霞舉堂刻本）
　　編者案：原作無標題，此標題係編者所擬。

【胡勵齋里居】胡勵齋納言歸里，居恒端坐一室，左史右圖而外，若聲色貨利徵逐遊觀之樂，去之若浼。菽粟布被，無異爲諸生時。勵齋聰明強記，於書無所不讀。讀已終身不忘。既杜門謝客，惟以古爲歡，自經史子集以及老氏浮屠天官形家醫卜字義音韻歌曲，無不手自裁定，勒爲成書。（王晫：《今世說》卷三「文學」，清康熙二十二年霞舉堂刻本）

編者案：原作無標題，此標題係編者所擬。

【李如穀度曲】李如穀官武昌郡守，荊州曹叔方以所編樂府投之，會李坐黃堂上，立取【梁州序】親自度曲，以扇代拍，時隸役百十輩皆屏息而聽，寂若無人，歌罷即出千金贈曹。曹名國矩，湖廣江陵人。（王晫：《今世說》卷六「豪爽」，清康熙二十二年霞舉堂刻本）

編者案：原作無標題，此標題係編者所擬。

又案：此處「李如穀」，清康熙二十二年霞舉堂刻本、粵雅堂叢書本《今世說》及《詞苑萃編》本均作「李如穀」，惟焦循《劇說》作「李如穀」。據《（康熙）寶慶府志》等，知李如穀即李吳滋，謂「李吳滋，字如穀，太倉人，進士，崇禎四年任。長於政事，迎刃而解，聽訟簡易，種示蒲鞭，及延攬儒生，藹如也。……未幾，調守武昌。風裁矯矯。」故此，從《劇說》及方志改。

王家禎

　　王家禎，號研堂，婁東（今江蘇太倉）人。生平不詳，主要活動時間當在明末清初，爲明末復社著名文人張溥弟子。著有《研堂見聞雜記》，記江南社事以及南都覆亡前後蘇、常一帶擾攘情況，頗爲詳晰。見《研堂見聞雜記》。

　　【李森先】李公森先，山東平度人，崇禎庚辰進士。自秦公去後，繼之者皆不稱職，無何而李公來。公爲人寬厚長者，而嫉惡特嚴。當秦公時，大憝元惡皆已草薙無餘，而踵起者猶蔓衍不絕。公一一擒治之，始根株盡拔無孽矣。其最快者，優人王子玠，善爲新聲，人皆愛之，其始不過供宴劇，而後其則諸豪胥奸吏，席間非子玠不歡。縉紳貴人，皆倒屣迎，出入必肩輿。後棄業不爲，以夤緣關說，刺人機事，爲諸豪胥耳目腹心，遨遊當世，儼然名公矣。一旦走京師，通輦下諸君。後旋里，揚揚如舊，其所汙良家婦女、所受饋遺，不可勝紀。坐間譚及子玠，無不咋舌。李公廉得之，杖數十，肉潰爛，乃押赴閶門，立枷，頃刻死。有奸僧者，以吃菜事魔之術，煽致良民居天平山中，前後姦淫無算。公微行至其所，盡得其狀，立收之，亦杖數十。同子玠相對枷死。當時子玠所演《會眞》紅娘，人人歎絕；其時以奸僧對之，宛然法聰。人見之者，無不絕倒。又有一金姓者，爲宰相金之俊宗人，恃勢橫甚，而家亦豪貴，爲暴甚多。前有殺人事，未白。李公既來，復聚全吳名妓，考定上下，爲臚傳體，約於某日親賜出身，自一甲至三甲，諸名妓將次第受賞。虎阜，其唱名處也，將傾城聚觀。公廉得之，急收捕，並訊殺人事。決數十，不即死；再鞫，斃之，歡聲如雷。此其彰明較著者。會公收捕貪墨，內有淮安司理李子燮、蘇州司理楊昌齡，皆巧宦，善夤緣，前後諸上臺皆薦

剗；而公獨發其奸，收之下獄。兩司理既百計欲脫而擠公，諸上臺曾騰薦，
恐天子震怒將株及，亦媒蘗之，不遺餘力。一日，公在郡考察諸吏，以次入，
其超異者，鼓吹緋酒送出，吳人謂幾百年無此快典。方掩署，忽有緹騎數人
排門突入，即於堂上縛公，出片紙，云有詔就械，即拳桎不少縱；而搜檢衙
署如風卷，幸貧無金。是時公固大駭，不知事所從來，而吳民相聚號呼，知
即日械送京，乃立櫃通衢，曰：願救李御史者，投金於此。頃刻滿。彼緹騎
既縛公，而又須多金；今公貧無所得，乃長、吳兩令及巡撫張各釀金十萬與
之。張公固所謂媒蘗者也，至是解橐亦甘心矣。停一夕，械去。吳民送者，
道路號泣，咸願一見李使君。時公已入舟，緹騎不得已，露一面與之。公揮
涕謝諸父老：幸自愛，毋念我！送者數十里不絕，至梁溪稍返。有感公德者，
變裝挾金，間道尾公，願隨至京以身代。聞公在路備極楚毒，緹騎以公入皮
袋中，掛兩馬間，身據其上，體無完膚。至京，方知在雲間曾出一重犯，而
有人於其間中傷，以為必入賄出獄。以此激天子怒，遂下於理。當鞫時，凡
四十一棍，奄奄幾絕矣。後上怒稍解，知其無罪，仍賜復原官，入西臺理事，
江南額手相賀。乃入臺未幾，而公姜桂之性愈辣。前有建言諸人，以論事觸
上怒，流上陽堡；後雖陰用其言，而賜環無日。公入臺，以為事莫切於此，
即抗疏廷諍，願予生還。上復赫然怒，謂方湔滌，汝復曉曉！再下獄。部議
公徒罪，上不允。按李公碩然偉長，貌極慈仁，紫髯過腹，待人以恩，絕不
以尊官自恃，而頓折殆甚。當烈皇朝，即以科場事，下詔獄；與難者雲間楊
枝起，救之者桐城孫晉也。後李賊破京，亦受轊軻，至此再蹶。秦公短小，
如不勝衣，兩目閃閃有光而貌嚴冷，專以搏擊為事；李公則威斷中復兼愷悌。
要之兩公皆千載人，而秦終任去，李遇奇禍，使竟其施，必更有可觀者。（王
家禎：《研堂見聞雜記》，商務印書館，1911年）

編者案：原作無標題，此標題係編者所擬。

【王在晉孫習俳優】 吾婁王大司馬在晉，當哲皇帝朝經略遼薊，賜蟒
玉、尚方劍。後入中樞，為婁中第一顯官。然其諸子皆敗類，藉父勢，喑嗚
叱吒，金錢狼藉。當大司馬未蓋棺時，而家業已蕩廢塗地矣。有一孫，號宸
章者，習俳優，善為新聲。家業既破，僦一小屋，日與伶人狎。吾鎮周將軍
恒祁承幕府檄，治兵沙溪，一日開燕，呼伶人祗候。宸章即廁身其間，捧板
而歌，與鮑老參軍之屬共為狡獪變幻。時周將軍與里中客岸然上座，而宸章

則氍毹旋舞，不羞也。有觀者歎曰：是固大司馬文孫也。使王大司馬在，且奔走匍匐，叩頭恐後，固無敢仰視腰玉貴人；即宸章貴公子，敢一涕唾其旁？而今且傲睨行爵自如。宸章不過在羯鼓琵琶隊中，博座間一笑，圖酒肉一犒而已。嗟乎！滄桑陵谷，近在十年，人安可不自立？而家門熏灼，欲爲久計者，亦何可不回頭看也？（王家禎：《研堂見聞雜記》，商務印書館，1911 年）

編者案：原作無標題，此標題係編者所擬。

劉獻廷

劉獻廷（1648～1695），清初著名學者。字君賢，號繼莊，一號廣陽子，順天大興（今屬北京）人，寓居吳中（今蘇州）數十年，卒於斯。劉氏博學多知，自象緯、律曆、邊塞、關要、財賦、軍政之屬，旁及釋老家言，無不窮究，尤精音韻之學。其學主於經世，與顧炎武、黃宗羲、王夫之、顏元齊名，嘗批評清初諸儒「考古有餘，而未切實用」的學風傾向。其書多散佚，著有《新韻譜》、《廣陽雜記》等，今惟《廣陽雜記》五卷傳世。見《疇人傳四編》卷七、《國朝先正事略補編》卷一、《國朝詩人徵略》卷五、《文獻徵存錄》卷六、《過夏雜錄》卷二、《（同治）蘇州府志》卷一一二、《（光緒）順天府志》卷一○一、《清史稿》列傳二七一等。

【王長安豪侈】吳三桂之婿王長安，嘗於九日奏女伎於行春橋，連十巨舫以為歌臺，圍以錦繡。走場執役之人，皆紅顏皓齒高髻纖腰之女，吳中勝事，被此公占盡。乃未變之先，全身而沒，可謂福人矣。（劉獻廷：《廣陽雜記》卷二，中華書局，1957 年，第 99 頁）

編者案：原作無標題，此標題係編者所擬。

【小說戲文為性天之「六經」】余觀世之小人，未有不好唱歌看戲者，此性天中之《詩》與《樂》也；未有不看小說聽說書者，此性天中之《書》與《春秋》也；未有不信占卜、祀鬼神者，此性天中之《易》與《禮》也。聖人六經之教，原本人情，而後之儒者，乃不能因其勢而利導之，百計禁止遏抑，務以成周之芻狗，茅塞人心，是何異壅川使之不流？無怪其決裂潰敗也。夫今之儒者之心，為芻狗之所塞也久矣，而以天下大器使之為之，爰以

圖治，不亦難乎？（劉獻廷：《廣陽雜記》卷二，中華書局，1957年，第106～107頁）

編者案：原作無標題，此標題係編者所擬。

【戲文小說有益世道人心】余嘗與韓圖麟論今世之戲文小說，圖老以為敗壞人心，莫此為甚，最宜嚴禁者。余曰：「先生莫作此說。戲文小說，乃明王轉移世界之大樞機。聖人復起，不能捨此而為治也。」圖麟大駭。余為之痛言其故，反覆數千言。圖麟拊掌掀髯，歎未曾有。彼時只及戲文小說耳，今更悟得卜筮祠祀，為《易》、《禮》之原。則六經之作，果非徒爾已也。

（劉獻廷：《廣陽雜記》卷二，中華書局，1957年，第107頁）

編者案：原作無標題，此標題係編者所擬。

【聲色移人不關美好（節錄）】甲戌元宵前一日，於郴陽旅邸，北風陰雨，覺冷甚。……飯後益冷，沽酒群飲，人各二三杯而止，亦皆醺然矣。飲訖，某某者忽然不見，詢之則知往東塔街觀劇矣。噫！優人如鬼，村歌如哭，衣服如乞兒之破絮，科諢如潑婦之罵街，猶有人焉，沖寒久立以觀之，則聲色之移人，固有不關美好者矣。夫登徒子之好色也，非好色也，宋玉固已言之。若夫觀郴郊之劇，吾不識聲色之外，復何所有也！而聲色止若是焉已矣，此其故有非推測而知者也。雖然，有至人焉，見吾之深探化元，細推名理，鑽故紙以終日，惟陳言之是耽，不猶諸子之立觀村劇乎？而諸子之視吾也，亦猶之吾之視彼也。（劉獻廷：《廣陽雜記》卷二，中華書局，1957年，第108～109頁）

編者案：原作無標題，此標題係編者所擬。

【登刀梯】予在郴州時，有巫登刀梯作法為人禳解者。同諸子往觀之，見豎二竿於地，相去二尺許，以刀十二把橫縛於兩竿之間，刃皆上向，層疊而上，約高二丈許。予至少遲，巫已登其巔矣。以紅布為帕而勒其首，束其腰者亦用紅布，更為紅布膝袴著足脛間，如婦人裝，而赤其足蹲踞梯上。梯之左懸一青布幡，並一籃，貯一鴨於中。下又一巫，鳴金鼓向之而禱。久之，梯上之巫，探懷中出三筊連擲於地，眾合聲報其兆焉。巫乃歷梯而下，置赤足於霜刃之上而莫之傷也。乃與下巫舞蹈番擲，更倡迭和，行則屈其膝，如婦人之拜。行繞於梯之下，久之而歸。旁人曰：「此王母教也。」吾聞南方蠻夷皆奉王母教，事皆決焉。嗚呼！聖人不作，天下人心莫之依歸，而鬼神因之出焉。禱祀之事，紛紛雜出矣。刀梯之戲，優人為目連劇者往往能之，

然其矯捷騰躍，遠勝於巫，非奇事也，而其中亦有鬼神之說。又聞南巫有打油火法：熱油於釜，百沸而沃之以水，綠火騰上，巫以袖收之，至病人見魔之所，啓其袖而數放之，碧焰滿空，物遭之而不燃也。此所謂陰火矣，惜無從見之。(劉獻廷：《廣陽雜記》卷二，中華書局，1957 年，第 111～112 頁)

編者案：原作無標題，此標題係編者所擬。

【苦觀劇】亦舟以優觴款予，劇演《玉連環》。楚人強作吳歈，醜拙至不可忍，如唱紅爲橫、公爲庚、東爲登、通爲疼之類，又皆作北音。收開口鼻音中，使非余久滯衡陽，幾乎不辨一字。余向極苦觀劇，今値此酷暑如炎，村優如鬼，兼之惡釀如藥，而主人之意則極誠且敬，必不能不終席，此生平之一劫也。(劉獻廷：《廣陽雜記》卷三，中華書局，1957 年，第 147～148 頁)

編者案：原作無標題，此標題係編者所擬。

【亂彈】秦優新聲，有名亂彈者，其聲甚散而哀。(劉獻廷：《廣陽雜記》卷三，中華書局，1957 年，第 152 頁)

編者案：原作無標題，此標題係編者所擬。

金 埴

　　金埴（1663～1740），字苑孫，一字小郲，號鰥鰥子，又號遠村、鞏翁、淺人、鑒門、春屏，浙江山陰（今浙江紹興）人。生平事蹟不詳，僅知其善詩，特擅三言體，與清初著名文人洪昇、孔尚任、王士禛等有交。王士禛嘗讚其爲「後進之秀」。曾應仇兆鼇之邀校訂《杜詩詳注》中的文字聲韻，並參加過《兗州府志》的編纂。著有《不下帶編》七卷、《巾箱說》一卷。見《不下帶編》，《巾箱說》，《（乾隆）鄞縣志》卷二七，《兩浙輶軒錄》卷一二、卷一六，《全浙詩話》卷四四，《陔餘叢考》卷二三等。

　　【觀劇獲罪】孫太常葃山勷，寄趙宮坊秋谷執信信，讀伸。詩云：「可憐一曲《長生殿》，斷送宮坊到白頭。」《長生殿》者，埴友錢塘洪君昉思昇所譜樂府也。康熙戊辰，二十七年。昉思挾以遊都，首賞之者東海徐尙書乾學也。則命勾欄上部精習之，朝彥群公，醵金演觀。會國服未闋，嫉者借以搆難去，翰部名流有罷官者，宮坊與去焉。宮坊年十七，聯飛入翰苑，蚤播時名，而坐去是廢閒以老。著《談龍錄》，稱詩，海內推爲宗匠。（金埴：《不下帶編》卷一，中華書局，1982 年，第 3 頁）

　　編者案：原作無標題，此標題係編者所擬。

　　【昉思詩讖】埴兩爲淳贄於杭，與洪君昉思昇遊蹤最密，乃忘年交也。嘗爲予曰：「幼初爲詩，有『雪輕梅綻蚤，天遠鶴歸遲』句。吾微名頗蚤，而凋謝或遲。中年遘家難去出奔，所至顛躓，有《詠燕》云：『銜泥勞遠出，覓食耐卑飛。繡幕終多患，□堂詎可依？』自謂此中有一洪昉思在焉，呼去之欲出。」每夕陽棲堞，秋露凝皋；翠雨輕飛，春泥軟步，偕予散誕於東園

－95－

郊郭間。遊魚水曲，欲去還留，啼鳥花間，將行復_{扶又切}。竚。昉思輒誦「明朝未必春風住，且爲梨花立少時」之句，遽成詩讖，不堪追憶耳。（金埴：《不下帶編》卷一，中華書局，1982 年，第 10 頁）

編者案：原作無標題，此標題係編者所擬。

【洪昉思】甲申春杪，昉思應雲間提帥張侯雲翼之聘，依依別予去。侯延爲上客，開長筵，盛集文賓將士，觀昉思所譜《長生殿》戲劇以爲娛。時織部曹公子清寅聞而豔之，亦即迎致白門，南北名流悉預，爲大勝會。公置劇本於昉思席，又自置一本於席，每優人扮演一折，公與昉思讐對其本，以合節奏，_{音凑}。凡三晝夜纔畢。兩公並極盡其興賞之豪，互相引重，致厚幣贐其行，長安傳爲盛事。迨返櫂過烏戍，昉思遽醉而失足，爲汨羅之投。士林競爲詩文以哀輓之。漁洋山人云：「昉思遭天倫之變，怫鬱坎壈纏其身，終從三閭於汨羅，僅以詞曲傳耳，悲夫！」埴製昉思哀詞，其序一聯云：「陸海潘江，落文星於水府；風魂雪魄，赴曲宴於晶宮。」西河、竹垞二太史極推可之。（金埴：《不下帶編》卷一，中華書局，1982 年，第 10 頁）

編者案：原作無標題，此標題係編者所擬。

【《琵琶記》】元末永嘉高則誠明避地於鄞之櫟社，以劉後村有「身後是非誰管得？滿村聽說蔡中郎」句，因編《琵琶記》，有所刺也。時案前列燭，爲之交光，遂名其處爲「交光樓」。今四明遺阯在焉。埴製一唱千金曲有云：「《琵琶》一曲燭交光，燭到交光曲斷腸。祇惜是非風刺謬，千秋冤殺蔡中郎。」蓋《荊釵》、《琵琶》，均非實事，若院本則以二劇爲冠。_{今西湖昭慶寺僧舍有則誠爲《琵琶記》時几案，當案拍處，痕深寸許。按玉蓮乃王梅溪女，梅溪劾史浩，孫汝權實慫慂之，浩所切齒。因令門客作《荊釵記》，故謬其事，以污蠛之。}（金埴：《不下帶編》卷二，中華書局，1982 年，第 28 頁）

編者案：原作無標題，此標題係編者所擬。

【《桃花扇》傳奇】闕里孔稼部東塘尙任手編《桃花扇》傳奇，乃故明弘光朝君臣將相之實事，其中以東京才子侯朝宗方域、南京名妓李香君爲一部針線，而南朝興亡遂繫之桃花扇底。時長安王公薦紳，莫不借鈔，有洛貴之譽。康熙己卯秋夕，內侍索《桃花扇》本甚急，東塘繕稿不知傳流何所，乃於張平州中丞家覓得一本，午夜進之直邸，遂入內府。總憲李公木菴枏買

優扮演，班名「金斗」，乃合肥相君家名部，一時翰部臺垣群公咸集，讓東塘獨居上座，諸伶更平番進觴，座客嘖嘖指顧，大有凌雲之氣。四方之購是書者甚眾，刷染無虛日。今勾欄部以《桃花扇》與《長生殿》並行，罕有不習洪、孔兩家之傳奇者，三十餘年矣。（金埴：《不下帶編》卷二，中華書局，1982年，第38頁）

編者案：原作無標題，此標題係編者所擬。

【卞侍郎博學嗜古】卞侍郎令之永譽第進士，博學嗜古，有《書畫考》行世。其教家伶也，亦請名士正字，院本悉從正音。埴昔遊長安，曾預其宴。伶人有裝爲禰衡者，以禰作平聲音桃，座客驚訝。公曰：「此出《禮·文王世子》：其在軍則守於公禰，注：音桃。又，姓也，讀米、讀你者乖。」凡此類甚夥，至今南北勾欄尙有傳其音者。噫！世之學士文人，反有輕說文之學而口多訛音者，得無見哂於優曹耶？（金埴：《不下帶編》卷三，中華書局，1982年，第43頁）

編者案：原作無標題，此標題係編者所擬。

【陸次公重建玉茗堂】常熟陸次公輅，康熙中判撫州，重建玉茗堂於故阯，大會府僚及士大夫，出吳優演《牡丹亭》劇二日，解帆去。輅自賦詩紀事，江以南和者甚夥。時阮亭王公官京師，聞而豔之，寄詩云：「落花如夢艸如茵，吊古臨川正莫春。玉茗又開風景地，丹青長憶綺羅人。瞿塘迴櫂三生石，迦葉聞箏累劫身。酒罷江亭帆已遠，歌聲猶繞畫梁塵。」如許風致，耐人吟咏。（金埴：《不下帶編》卷三，中華書局，1982年，第49頁）

編者案：原作無標題，此標題係編者所擬。

【喬侍郎家伶】寶應喬侍讀石林萊有家伶管六郎，以姿伎稱。己巳春，車駕南巡，召至行在，曾蒙天賜，自此益矜寵。後侍讀下去世，六郎蹤跡不可問矣。查夏仲愼行再見於都門筵會，有詩云：「一群濃豔領花曹，頭白尙書興最豪。記得送春筵畔立，酒痕紅到鄭櫻桃。」誦之魂銷矣。（金埴：《不下帶編》卷三，中華書局，1982年，第69頁）

編者案：原作無標題，此標題係編者所擬。

【戲曲移風俗】戲曲至隋、唐始盛，在隋謂之「康衢戲」，唐謂之「梨

園樂」，宋謂之「華林戲」，元謂之「昇平樂」，其元人雜劇則有十二科名目，曰神僊道化，曰林泉丘壑，曰披袍秉笏，曰忠臣烈士，曰孝義廉節，曰叱姦罵讒，曰逐臣孤子，曰撥刀趕棒，曰風花雪月，曰悲懽離合，曰煙花粉黛，曰神頭鬼面。今優人登場爨演所謂古戲今戲者，多法元人院本，不能出其範圍於十二科之外。若夫爨演逼肖處，能令₸觀者色動神飛，乍驚乍喜，甚至有簾幙中人淚漬怹巾袖者，蓋彼渾₸忘去其當場之假，而直認爲現在之眞已。埴嘗謂洪昉思曰：「古今善惡之報，筆之於書以訓人，反不若演之於劇以感人爲較易也。」然則梨園一曲，原不徒爲娛耳悅目而設，有志斯民者，誠欲移風易俗，則必自刪正傳去奇始矣。（金埴：《不下帶編》卷四，中華書局，1982 年，第75 頁）

編者案：原作無標題，此標題係編者所擬。

【唱歌兼唱情】凡筵會張去樂，人多樂敀觀忠孝節義之劇。戊戌仲冬，家太守從祖紫庭公一鳳於兗署餞埴南旋，姑蘇名部演《節孝記》，至王孝子見母，不惟座客指顧稱歎，有欲涕者，即兩優童亦宛然一母一子，情事眞切，不覺淚滴氍毹間。夫假悲而致眞泣，所謂無情而有情者，彼文有至文，斯曲非至曲耶！兩優年各十四五，詢其淚落之故，則齊聲對曰：「伎授於師，師立樂色，俗誤作腳色，以樂腳同音也。各如其人，各欲其逼肖。逼肖則情眞，情眞則動去人。且一經登場，己身即戲中人之身，戲中人之啼笑即己身之啼笑，而無所謂戲矣。此優之所以淚落也。」家太守嘉其對，以纏頭錦勞去之。顧埴謂座客曰：「白傳詩『古人唱歌兼唱情』，豈眞能唱情者？曲藝且然，況君子之大道乎？」（金埴：《不下帶編》卷四，中華書局，1982 年，第76 頁）

編者案：原作無標題，此標題係編者所擬。

【老棗樹班】萊州胡中丞有優伶一部，一日張、胡兩夫人會宴，張謂胡曰：「聞尊府梨園甚佳。」胡古樸，不曉文語，輒應曰：「如何稱得梨園？不過老棗樹幾株耳。」左右皆匿笑。萊人因號胡氏班爲「老棗樹班」。（金埴：《不下帶編》卷四，中華書局，1982 年，第76 頁）

編者案：原作無標題，此標題係編者所擬。

【棗香班】歷下濼音泊，俗音洛，誤。口有鹵賈古劉氏，闢棗園爲梨園以教歌，延予連夕賞之棗香中，主人即席索詩，埴應聲曰：「樂爲去紅梨歌太繁，

棗香香裏舞新翻。願祈教主唐天子，今優曹例尊明皇爲梨園教主，稱曰「老郎菩薩」。詔改梨園號棗園。」孫太常莪山勸聞而豔之，有和詩曰：「梨棗知音度曲繁，梨香纔舞棗香翻。玉妃一笑傳優詔，新賜梨園合棗園。」和者甚多。埴因改其名爲「棗園班」，亦曰「棗香班」。今盛行於二東。（金埴：《不下帶編》卷四，中華書局，1982 年，第 76 頁）

　　編者案：原作無標題，此標題係編者所擬。

　　【焦德諧謔】宣和間伶人焦德，以諧謔被遇。一日從幸艮嶽，上指花竹草木以詢其名，對曰：「皆芭蕉也。」上詰之，乃曰：「禁苑花竹，皆取諸四方，用於民力。在途既遠，巴至上林，則已焦矣！」上大笑。亦猶「鍬、澆、焦、燒」四時之號，謂掘之以鍬，取水以澆，既而焦，遂以燒。園林之中，免此者寡矣！（金埴：《不下帶編》卷六，中華書局，1982 年，第 104 頁）

　　編者案：原作無標題，此標題係編者所擬。

　　【十些班】康熙初間，海寧查孝廉伊璜繼佐，家伶獨勝，雖吳下弗逮也。嬌童十輩，容並如姝，咸以「些」名，有「十些班」之目。小生曰風些，小旦曰月些，二樂色俗誤稱腳色，以樂與腳音相似也。尤蘊妙絕倫，伊璜酷憐愛之。數朔以花舲載往大江南北諸勝區，與貴達名流，歌宴賦詩以爲娛，諸家文集多紀咏其事。至今南北勾欄部必有「風月生」、「風月旦」者，其名自查氏始也。伊璜下去世已久，十些無一存者。庚寅秋，查太史德尹嗣瑮，偕予飲煙雨樓，述之嘖嘖，因作八絕句以追艷之。茲錄二首：「查氏勾欄第一家，十些新變楚詞耶！騷翁獨絕歌郎絕，魂宕風些與月些。」「生魂蚤爲艷歌招，十色花曹雙領曹。睨殺月些鉤乍吐，風些香到一作吹向。鄭櫻桃。風些姓鄭，本名阿桃。」（金埴：《不下帶編》卷六，中華書局，1982 年，第 116 頁）

　　編者案：原作無標題，此標題係編者所擬。

　　【一三班】西泠吳子尺鳧焯，築瓶花齋爲同人談醼地。一日奏樂，客言：「長安有內府第一樂曰『一三班』者，名新甚，不知何取？」汪子次顏熠答曰：「此唱歡平之義耳。」次顏極精儷偶之文，且有談風，西泠名流也。予聞之解頤，因作一詩：「勾欄筵上評去勾欄，一曲常排我輩閒。轉想長安美風月，唱歡不絕一三班。」（金埴：《不下帶編》卷六，中華書局，1982 年，第 117 頁）

　　編者案：原作無標題，此標題係編者所擬。

【伶人演《蘇季子六國榮封》】吾郡太守俞公卿上官日，稽、陰二邑令例設曲宴，伶人奏《蘇季子六國榮封》，連唱「卿家遊說税，伐秦有功」等語，太守怒，命治伶人。昔楊萬里為監司，巡歷至一郡，郡守盛禮以宴之，時官妓歌賀新郎詞以送酒，其中有「萬里雲帆何時到」？楊遽曰：「萬里昨日到。」其雅度如此！（金埴：《不下帶編》卷六，中華書局，1982年，第121頁）

編者案：原作無標題，此標題係編者所擬。

【《八僊會》】舊傳郡守某慶生，宴八邑宰，新昌令呂姓者至獨後，守怒，不得與，徬徨門左，囑伶人致詞，首唱《八僊會》，因曰：「紹興太守豈凡人？乃是南山老壽星。今日八僊齊慶壽，緣何獨少呂洞賓？」一僊曰：「呂洞賓候門久矣！」守一笑，命延入之。（金埴：《不下帶編》卷六，中華書局，1982年，第121頁）

編者案：原作無標題，此標題係編者所擬。

【伶人機敏】興化李相君春芳為母太夫人張壽宴，奏《琵琶記》。曲有「母死王陵歸漢朝」語，而伶人易為「母在高堂子在朝」，闔座慶賞。相君大悅，以百金為纏頭勞去之。誰謂優曹不能弄墨掉文耶！（金埴：《不下帶編》卷六，中華書局，1982年，第122頁）

編者案：原作無標題，此標題係編者所擬。

【二勝環】諺以人之作佐事玩忽不經意，謂之「撇在腦後」者，語本於宋時伶倫之口。楊存中在建康軍，以美玉琢成雙勝帽環進高廟，為尚御裏，謂之「二勝環」一作鐶。取兩宮北還之兆。偶一伶在御旁，高宗指環示之：「此楊太進來，名二勝環。」伶接奏云：「可惜二勝環，且掉在腦後！」至今傳其語。（金埴：《不下帶編》卷七，中華書局，1982年，第123頁）

編者案：原作無標題，此標題係編者所擬。

【勾欄李二郎能誦詩】往予客廣陵，有勾欄風月生李二郎漢宗者，見予《題梨園會館》一律，從來名彥賞名優，欲訪梨園第一流。拾翠幾群從茂苑，千金一唱在揚州。定偕侯白為聲黨，還倩秦青作教頭。歌吹竹西能不羨，更知誰占十三樓。謁予請見，自言能誦當代名公之詩。予詢以誦得何詩？答云：「近誦得寒邨鄭太史《曉行》句：『野水無橋驅馬度，曉星如月照人行。』何其明了易誦！吾淺人耳，解深奧乎？」且向予索《寒邨集》。噫！勾欄乃有此生耶！蓋李郎為邗上

巨豪善文咏之馬君秋玉曰琯所賞契，延導師課以詩。凡秋玉所著與所稱之妙詞，義顯者多能心解而掛口。香山老嫗忽變爲柔曼歌郎，想見一段絳幬風流。而吳苑興蠱，亦增卻許多光價矣！時稱以梨園弟子爲「興蠱」。（金埴：《不下帶編》卷七，中華書局，1982 年，第 125～126 頁）

編者案：原作無標題，此標題係編者所擬。

【金斗班演《桃花扇》】闕里孔稼部東塘尚任手編《桃花扇》傳奇，乃故明弘光朝君臣將相之實事，其中以東京才子侯朝宗方域、南京名妓李香君爲一部針線，而南朝興亡遂繫之桃花扇底。時長安王公薦紳，莫不借鈔，有紙貴之譽。康熙己卯秋夕，內侍索《桃花扇》本甚急，東塘繕藁不知傳流何所，乃於張平州中丞家覓得一本，午夜進之直邸，遂入內府。總憲李公木菴枏買優扮演，班名「金斗」，乃合肥相君家名部，一時翰部臺垣群公咸集，讓東塘獨居上座，諸伶更番進觴，座客嘖嘖指顧，大有凌雲之氣。今四方之購是書者甚眾，其家刷染無虛日。勾欄部以《桃花扇》與《長生殿》並行，未有不習孔、洪兩家之樂府者。昉思名昇，錢塘人。所著《長生殿》，亦入內廷。今優人多搬演之者。（金埴：《巾箱說》，中華書局，1982 年，第 134 頁）

編者案：原作無標題，此標題係編者所擬。

【孔東塘】遡予丁卯春，交東塘於維揚、海陵間，時海陵黃君僎裳雲、鹽城宋君射陵曹、廣陵鄧君孝威漢儀、予同里黃君儀逋逵諸前輩，並極相推重東塘。予時方少，亦得與文酒無虛日。迨三十年後，康熙丁酉八月，予自都門負先外王父兵部童公諱欽承，順治己丑進士，兵部職方司主事加一級。及外王母贈安人楊太君遺骨歸葬，取道東魯，因過闕里，重晤東塘，爲作送予負骨南旋序並詩，書於冊以贈外王父母，藉以不朽。予心感之。迨明歲獻春而東塘亡矣！惜哉！予修《魯志》，立《東塘傳略》於《四氏子孫》及《人物志》，以俟采風者。（金埴：《巾箱說》，中華書局，1982 年，第 135 頁）

編者案：原作無標題，此標題係編者所擬。

【洪孔兩家樂府盛行】予過岸堂，漁洋先生書額，東塘即以爲號。索觀《桃花扇》本，至「香君寄扇」一折，借血點作桃花，紅雨著於便面，真千古新奇之事，所謂「全秉巧心，獨抒妙手」，關、馬能不下拜耶！予一讀一擊節，東塘亦自讀自擊節。當是時也，不覺秋爽侵人，墜葉響於庭階矣。憶洪君昉

思譜《長生殿》成，以本示予，與予每醉輒歌之。今兩家並盛行矣，因題二截句於《桃花扇》後云：「潭水深深柳乍垂，香君樓上好風吹。不知京兆當年筆，曾染桃花向畫眉？」「兩家樂府盛康熙，進御均叨天子知。縱使元人多院本，勾欄爭唱孔、洪詞。」（金埴：《巾箱說》，中華書局，1982年，第135頁）

編者案：原作無標題，此標題係編者所擬。

【偕步昉思】往予杭州寄亭，去昉思居咫尺。每風動春朝，月明秋夜，未嘗不彼此相過，偕步於東園。遊魚水曲，欲去還留；啼鳥花間，將行且竚。昉思輒向予誦「明朝未必春風在，更爲梨花立少時」之句。且曰：「吾儕可弗及時行樂耶！」迨甲申春杪，昉思別予遊雲間、白門，兩月而訃至。所誦二句，竟成其讖！至今追思，爲之歎惋。（金埴：《巾箱說》，中華書局，1982年，第136頁）

編者案：原作無標題，此標題係編者所擬。

【昉思遊雲間白門】昉思之遊雲間、白門也，提帥張侯雲翼降階延入，開宴於九峰三泖間，選吳優數十人，搬演《長生殿》。軍士執戈者，亦許列觀堂下。而所部諸將，並得納交昉思。時督造曹公子清寅，亦即迎至於白門。曹公素有詩才，明聲律，乃集江南北名士爲高會。獨讓昉思居上座，置《長生殿》本於其席，又自置一本於席。每優人演出一折，公與昉思讎對其本，以合節奏，凡三晝夜始闋。兩公並極盡其興賞之豪華，以互相引重，且出上幣兼金賭行。長安傳爲盛事，士林榮之。迨歸至烏鎮，昉思酒後登舟，而竟爲汨羅之投矣。傷哉！予爲文以誄，有云：「陸海潘江，落文星於水府；風魂雪魄，赴曲宴於晶宮。」西河毛先生頗稱之。先是，康熙戊辰，朝彥諸名流聞《長生殿》出，各釀金過昉思邸搬演，觴而觀。會國服未除，才一日，其不與者嫉搆難，有翰部名流坐是罷官者。後其本遂經御覽，被宸褒焉。（金埴：《巾箱說》，中華書局，1982年，第136頁）

編者案：原作無標題，此標題係編者所擬。

【觀劇能感人】康熙初間，有某邑民家節婦趙氏者。先是，夫亡，以無依受某聘，行有日矣。偶隨里母觀劇，演《爛柯山·覆水》，所謂買臣婦者，極盡報悔欲殉之態。節婦即變色起，不竢終劇而歸。呼里母，亟以其聘返之，且謂之曰：「我今爲買臣婦喚醒矣！」遂苦節四十載而終。噫！觀劇

之能感人，乃如是哉！如節婦者，眞不可及已。（金埴：《巾箱説》，中華書局，
1982 年，第 139 頁）

編者案：原作無標題，此標題係編者所擬。

【戲曲不徒爲耳目設】戲曲至隋始盛，在隋謂之「康衢戲」，唐謂之
「梨園樂」，宋謂之「華林戲」，元謂之「昇平樂」，其元人雜劇則有十二科
名目，曰神僊道化，曰林泉丘壑，曰披袍秉笏，曰忠臣烈士，曰孝義廉節，
曰叱姦罵讒，曰逐臣孤子，曰鑌刀趕棒，曰風花雪月，曰悲歡離合，曰煙花
粉黛，曰神頭鬼面。今優人登場，爨演所謂古戲、今戲者，多法元人院本，
不能出其範圍於十二科之外。若夫爨演逼肖處，能令觀者色動神飛，乍驚乍
喜，甚至有簾幙中人淚漬巾袖者，蓋彼渾忘其當場之假，而直認爲現在之眞
已。埴謂：凡古今善惡之報，筆之於書以訓人，反不若演之於劇以感人爲較
易也。然則梨園一曲，原不徒爲娛耳悅目而設，有志斯民者，誠欲移風易俗，
則必自刪正傳奇始矣。（金埴：《巾箱説》，中華書局，1982 年，第 139 頁）

編者案：此節重見於《不下帶編》卷四，略異。原作無標題，此標題係編者
所擬。

嚴有禧

嚴有禧（1694～1766），字厚載，一字葦川，江南常熟人。雍正元年進士，先後官河南、山東、湖南、貴州等地，持風裁，敢任事，有政聲，歷官三十餘年，「家無贏資」。不以文學名世，著有《漱華隨筆》四卷、《東萊紀略》、《戒得錄》、《延綠存稿》等。見《（同治）蘇州府志》卷一〇〇、卷一三八，《鄭堂讀書記》卷六五，《東華續錄》等。

【王梅溪】王梅溪先生忠義蹇諤，為宋名臣。因劾丞相史浩八罪，孫汝權實慫恿之，史恨刺骨，遂令門客作《荊釵記》以蔑之。其實玉蓮乃梅溪之女，孫乃梅溪同年生也，史客故謬其說耳。又余少時，聞吾邑修葺東方殿，卸下大樑，樑上有某官孫汝權同妻玉蓮字樣，則似汝權又梅溪之婿，不知何說也。（嚴有禧：《漱華隨筆》卷二，《新編叢書集成》第89冊，臺灣新文豐出版公司，1985年）

龔煒

　　龔煒（1704～1769後），字巢林，號巢林散人，晚號際熙老民，江蘇崑山人。龔氏喜經史，工詩文，善絲竹，兼習武藝。其詩文甚佳，頗得當時名士如沈起元等人稱賞。然屢躓科場，年四十餘猶未第，復因疾病時作，不得已而絕意仕進。平生著述頗豐，除《巢林筆談》六卷、《續編》二卷外，有《屑金集》若干卷、《蟲災志》、《續蟲災志》各一卷、《湖山記遊》一卷、《阮途誌歷》二卷、《翰藪探奇》若干卷等，然大多已佚。今存世可見者惟《巢林筆談》及《續編》二書。見《（同治）蘇州府志》一三七、《巢林筆談》、《茶香室叢鈔》等。

　　【賽會奇觀】 吳俗信巫祝，崇鬼神。每當報賽之期，必極巡遊之盛：整齊執事，對對成行；裝束官弁，翩翩連騎。金鼓管絃之迭奏，響遏行雲；旌旗幢蓋之飛揚，輝生皎日。執戈揚盾，還存大儺之風；走狗臂鷹，或寓田獵之意。集金珠以飾閣，結綺綵而為亭。執香者拜稽於途，帶枷者匍匐於道。雖或因俗而各異，莫不窮侈而極觀。偶至槎溪，適逢勝會，創新奇於臺閣，採故典於詩章。金華山上，現出富貴神僂；柳市南頭，變作繁華世界。陶彭澤之黃花滿徑，都屬寶株；裴晉公之綠野開筵，盡傾珠篋。分兩社以爭勝，致一國之若狂。隊仗之鮮華，乃其餘事；寶珠之點綴，實是奇觀。（龔煒：《巢林筆談》卷二，清乾隆三十年蓼懷閣刻本）

　　【《尋親記》中張員外】 傳奇《尋親記》所指張員外，非真面目。張係崑山人，本舉人，饒於貲，比鄰有周宦者，怙勢侵之，窘辱者數矣。一巡按與周隙，行縣招告，張首其禁書，斃周於獄。記乃周氏所作也。初，張計偕

入都，夢城隍謂之曰：「汝今歲應中會試第幾名，入詞林，然壽命不長矣，近有一大陰功人，感動天曹，欲將汝易之，汝可得富壽，願否？明當枌於廟。」張惺，熟思之，即投枌如神命。張後貨殖，動必倍息，遂致富。水部壽民，其後也。予蓋聞之水部外孫馬賡載云。（龔煒：《巢林筆談》卷二，清乾隆三十年蓼懷閣刻本）

【袁籜庵向輿夫稱知己】袁籜庵嘗於月夜肩輿過街，適有演劇者，金鼓喧震，一輿夫自語云：「如此良夜，何不唱套【楚江情】覺得清趣耶？」袁即命停輿，從者莫解其故，袁出輿，向輿夫拜手曰：「知己。」蓋《西樓記》，袁得意筆也。（龔煒：《巢林筆談》卷二，清乾隆三十年蓼懷閣刻本）

【變形使者】宜興周啓儁立五，其始顴削頤逼，面槁色，蓋薄相也。年逾三十，猶困小試。一夜，偶宿南城外，夢一雉冠絳衣者，易其頭，去其龐，頓改舊觀。又夢一白鬚老人，命一金甲神剖周腹；滌其臟腑，而復納之，祝曰：「清虛似鏡。」自是文思日進，尋登第入詞林。嘗見笠翁著《奈何天》有變形使者，戲文耳；世竟有符此者，大奇。（龔煒：《巢林筆談》卷四，清乾隆三十年蓼懷閣刻本）

【優人稱相公】相公二字，宰輔之稱，以之稱士人，豈以士人讀書談道，有可以爲相之具，不妨過爲期許，猶之大臺柱即端撲之意乎？近來郡中至以相公稱優人，將毋以登場搬演，亦有爲相之時歟？則三旦又可居焉。吳人取笑天下，往往有此。（龔煒：《巢林筆談》卷五，清乾隆三十年蓼懷閣刻本）

【《牡丹亭》非曇陽子事】曇陽子僊去，鳳洲先生傳其事，而世或以《牡丹亭》誣之，誤矣。夫神僊之說，欺愚易而罔智難，飾遠易而誣近難。鳳洲先生以絕人之才，負天下之望，生同里閈，苟非信而有徵，肯稱弟子、浼筆墨，嘖嘖傳其事哉？且《牡丹亭》出自湯遂昌，遂昌品行卓卓，非夫世之輕薄浮浪者比也。《還魂》之作，不過推極夫情之至，豈眞有所指名哉？即使隱有所指，安見其爲曇陽子而發乎？即使爲曇陽子而發，僑居誤聽之傳奇，反足信於同里鉅公之傳記乎？而況遂昌必不爲此也。吾意《牡丹亭》之誤，人見夫還魂之事近乎僊，太傅適有女僊去，而其名位，又有同於所謂杜平章者，求作者之意而不得，遂擬議其事以實之。負冤二百年莫爲申雪，予故表而出之。（龔煒：《巢林筆談》卷五，清乾隆三十年蓼懷閣刻本）

【痛懲戲臺精巧】（高宗）大巡詔下……有一官造一戲臺，轉輪可御。綺彩華燈，使不風而搖曳；清歌妙舞，若駕霧以飛騰。以之娛目，誠屬新異。一隨駕大臣惡其技巧，禁止痛懲。或傳即金吾舒公。公固賢者，宜其得大體如是。（龔煒：《巢林筆談》卷五，清乾隆三十年蓼懷閣刻本）

編者案：原題《乾隆南巡》，此標題係編者節錄後所擬。

【戲題傀儡】偶與錢仲堅、王都選桓重劇談靜寧軒，一優童至，戲以傀儡品題，三人都肖。予笑謂彼置我何等？徐曰：「冠帶上場，定是正人模樣。」予口占句云：「早被塵埃埋本色，不圖寫照在梨園。」（龔煒：《巢林筆談續編》卷上，清乾隆三十四年刻本）

【老郎菩薩】梨園所稱老郎菩薩者，一粉孩兒也，平時宗之，臨場子之，顛倒殊不可解。或云即唐明皇，吾則有說以處之：開元精勵，盡人可稱爲宗；天寶昏庸，優人得蓺爲子。恰合兩截人。（龔煒：《巢林筆談續編》卷上，清乾隆三十四年刻本）

【《泛湖》一齣】予於傳奇，最喜《泛湖》一齣。良弓藏兮，大夫速扁舟之駕；溪紗猶在，美人踐一縷之盟。溯鼙鼙於吳宮，愁花泣雨；敘團圞於舟次，惜玉憐香。慨多少金粉繁華，都成榛莽；舉一切干戈搶攘，悉付煙波。是耶非耶？姑留爲湖山佳話；高矣美矣，休覷作桑濮遺音。每當月白風清，更闌人靜，手撥琵琶而切響，曲分南北兮迭賡，且唱且彈，半醒半醉，恍若一片孤帆飛渡行春橋矣。（龔煒：《巢林筆談續編》卷上，清乾隆三十四年刻本）

趙　翼

　　趙翼（1727～1814），字雲崧，又作耘崧，號甌北，一作鷗北，晚號三半
老人。江蘇陽湖（今江蘇武進）人。乾隆二十六年（1761）恩科會試以一甲
第三名及第，任翰林編修，尋充方略館纂修官。乾隆三十一年歲末，出任廣
西鎮安知府。後調任廣州知府，未久，升貴州分巡貴西兵備道。以事辭官歸
里後，先後掌教於儀徵樂儀書院、揚州安定書院等處。爲清中葉著名文學家、
史學家，與袁枚、蔣士銓並稱「乾隆三大家」。著有《甌北詩集》、《甌北詩話》、
《廿二史箚記》、《陔餘叢考》、《簷曝雜記》、《皇朝武功紀盛》等。其中《廿
二史箚記》與王鳴盛《十七史商榷》、錢大昕《廿二史考異》齊名，合稱清代
三大史學名著。見《文獻徵存錄》卷六、《清史稿》卷四八五等。

　　【趙氏孤之妄】《春秋》：魯成八年，晉殺其大夫趙同、趙括。《左傳》
謂：趙嬰通於趙朔之妻莊姬，趙同、趙括放諸齊。莊姬以嬰之亡，故譖同、
括於晉景公，曰將爲亂。公乃殺之。武趙武也，莊姬子。從姬氏畜于公宮，以
其田與祁奚。韓厥言於公曰：「成季之勳，宣孟之忠，而無後，爲善者懼矣。」
乃立武而返其田焉。《左傳》敘趙氏孤之事如此而已。《國語》：趙簡子之臣
郵無恤進曰：「昔先主少罹於難，從姬氏畜于公宮。」智伯諫智襄子，亦曰：
「趙有孟姬之讒。」又韓獻子曰：「昔吾畜于趙氏，孟姬之讒，吾能違兵。」
是皆謂莊姬之譖殺同、括，並無所謂屠岸賈也。里克殺夷齊、卓子時，曾令
屠岸夷告重耳，欲立之。屠岸之姓始見此，其後亦未見更有姓屠岸之人仕於
晉者。即《史記·晉世家》亦云：景公十七年，誅趙同、趙括，族滅之。韓
厥言趙衰、趙盾之功，乃復令趙庶子武爲趙氏後，復與之邑。是亦尙與《左

傳》、《國語》相合，無所謂屠岸賈也。乃於《趙世家》忽云：屠岸賈爲景公司寇，將誅趙氏，先告韓厥。厥不肯，而陰使趙朔出奔。朔不肯，曰：「子必不絕趙氏。」賈果殺朔及同、括、嬰齊。朔之妻成公姊有遺腹，走匿公宮。後免身，賈聞之，又索於宮中。朔妻置兒袴內，不啼，乃得免。朔之客程嬰、公孫杵臼恐賈復索，杵臼乃取他兒僞爲趙氏孤，匿山中，使嬰出，率賈之兵入山殺之，並及杵臼。而嬰實匿趙氏眞孤。十五年，韓厥言於景公，立之爲趙氏後，即武也。武與嬰乃殺賈，亦滅其族。而嬰亦自殺，以報杵臼於地下。按《春秋》經文及《左》、《國》俱但云晉殺趙同、趙括，未嘗有趙朔也。其時朔已死，故其妻通於嬰，而同、括逐嬰。《史記》謂朔與同、括、嬰齊同日被殺，已屬互異。武從姬氏畜於公宮，則被難時已有武，並非莊姬入宮後始生，而《史記》謂是遺腹子，又異。以理推之，晉景公並未失國政，朔妻乃其姊也。公之姊既在宮生子，賈何人，輒敢向宮中索之，如曹操之收伏后乎？況其時尚有欒武子、知莊子、范文子及韓獻子共主國事，區區一屠岸賈，位非正卿，官非世族，乃能逞威肆毒一至此乎！且即《史記》之說，武爲莊姬所生，則武乃趙氏嫡子也。而《晉世家》又以爲庶子。《晉世家》：景公十七年，殺同、括，仍復趙武邑。晉《年表》於景十七年亦言復趙武田邑，而《趙世家》又謂十五年後。則其一手所著書已自相矛盾，益可見屠岸賈之事出於無稽，而遷之採摭荒誕不足憑也。《史記》諸世家多取《左傳》、《國語》以爲文，獨此一事全不用二書而獨取異說，而不自知其牴牾，信乎好奇之過也！（趙翼：《陔餘叢考》卷五，清乾隆五十五年湛貽堂刻本）

【高宗泥馬渡江之訛】宋高宗初至杭州，即命立崔府君廟以示靈異，於是《精忠小說》遂有泥馬渡江之說。按《宋史・宗澤傳》：康王再使金，至磁州，宗澤勸留，不從，乃假神以止之，曰：「此間有崔府君廟甚靈，可以卜珓。」廟有馬，是夜果銜車輦等物塡塞去路。澤曰：「可以見神之意矣。」乃止。此泥馬故事也。余嘗見曹勳畫《高宗瑞應圖》九幅，內一幅係崔府君廟，廟中一馬獨立，而車轂之類縱橫滿地。勳有跋云：廳子馬不肯行。蓋即塞路之事也。（趙翼：《陔餘叢考》卷二十，清乾隆五十五年湛貽堂刻本）

【兀朮致書秦檜之不可信（節錄）】世謂秦檜私通於金，力主和議，自是實事。然《岳飛傳》謂兀朮以書與檜曰：「汝日以和請，而飛方主用兵，

不殺飛，和議不可成。」此則《金陀粹編》等書附會之詞。其實檜所私結者，撻懶而非兀朮也。檜之南也，由撻懶縱之歸。其時撻懶以尊屬主國政，必與檜先有私約，令宋稱臣納歲幣，而金則歸以帝后及河南、陝西地。故劉豫廢而即令王倫回，許以歸帝后及陝、洛，此皆撻懶主之，一一如檜所請。及兀朮揣知撻懶意私於宋，盡發其奸，再興兵取河南、陝西。檜亦懼不安其位，使馮楫、士次翁探帝旨，實以失奧援，慮和議之不可必成也。（趙翼：《陔餘叢考》卷二十，清乾隆五十五年湛貽堂刻本）

【蘇州擊閹不始於顏佩韋】 蘇州周順昌被逮時，緹騎被擊，至今顏佩韋等五人嘖嘖人口。然此風有先之者。《寓園雜記》：正德中有妖人王臣，同中官王敬採藥各省。至蘇州，凡江南之書畫器玩檢括殆盡，復以妖書數十本，命府學諸生手抄，屢抄不中，實欲得賄。諸生無所出，因致罰於學官。有生員王順等數十人大怒，適樵擔至，遂各取一木將擊臣。臣懼避匿，其下人皆被毆。中官奏諸生抗命，賴巡撫王恕持之，因奏二人不法，王臣遂斬於市。亦見《明史·陸完傳》，乃成化中事。又《湧幢小品》載：蕭景腴為長洲尉。有織造太監張志聰恣橫，長洲令郭波持之，志聰憤，執而倒曳之車後。景腴率所部官兵直前追奪，手批志聰，落其帽。市民觀者，咸張氣，梯屋飛瓦，群擲志聰，志聰遁去。吳中為景腴立「仗義英風」之碑於長洲縣門。此事亦見《明史·吳廷舉傳》，廷舉以此事劾罷志聰者也。又《明史》本紀：萬曆二十九年，蘇州民變，殺織造中官孫隆參隨數人。然則擊閹事，有明一代蘇州凡四見。　按萬曆時，稅礦中官所至為虐，多有激變，為民所忿擊者。本紀：二十七年，臨清民焚稅使馬堂署，殺其參隨三十四人。武昌漢陽民變，擊傷稅使陳奉。二十九年，武昌民又殺陳奉參隨六人。三十年，騰越民變，殺稅監委官。三十四年，雲南民變，殺稅監楊榮，焚其屍。此皆明季擊閹故事，附記於此。

（趙翼：《陔餘叢考》卷二十，清乾隆五十五年湛貽堂刻本）

【明人演戲多扮近事】 明人演戲，多有用本朝事者。《明史》：魏忠賢黨石三畏赴戚畹宴，既醉，誤令優人演《劉瑾酗酒》一劇。忠賢聞之大怒，遂削籍歸。王阮亭《香祖筆記》又載姚叔詳言：海鹽有優兒金鳳，以色幸於嚴東樓，非金則寢食勿甘。嚴氏敗後，金既衰老，而《鳴鳳記》傳奇盛行。於是金復傳粉塗墨，扮東樓焉。此又明人演戲不諱本朝事之明證也。又余澹心《板橋雜志》：馬湘蘭負盛名，與王伯穀為文字飲。鄭應尼落第來遊，湘

頗不禮。應尼乃作《白練裙》雜劇，極其嘲謔，召湘蘭觀之。則並演其人而即使其人見之矣。（趙翼：《陔餘叢考》卷二十，清乾隆五十五年湛貽堂刻本）

【曲牌名入詩】《客中閑集》載舒芬詩云：「爲愛宜春令出遊，風光猶勝小梁州。黃鶯兒唱今朝事，香柳娘牽舊日愁，三撾鼓催花下酒，一江風送渡頭舟。嗟予沉醉東風裡，笑剔銀燈上小樓。」（趙翼：《陔餘叢考》卷二十四，清乾隆五十五年湛貽堂刻本）

【陳季常】陳季常作龜軒，坡贈詩云：「聞君開龜軒，東檻俯喬木。人言君畏事，欲作龜頭縮。」此但言其謝絕塵事耳，於懼內無涉也。後人因坡又有《戲季常》詩云：「忽聞河東獅子吼，拄杖落手心茫然」，王注云：「有王晛者，字達觀，爲坡言：『季常妻柳氏最妒，每季常設客有聲妓，則柳氏以杖擊壁大呼。客爲散去。』」於是傳奇家演其事，至極可笑。而近世諱言龜者，並附會以此爲事始。然坡《別季常》詩云：「家有紅頰兒，能唱綠頭鴨」，是季常有歌妓也；「閉門弄添丁，哇笑雜呱泣」，是季常本有子也。亦何至如傳奇之穢褻哉！（趙翼：《陔餘叢考》卷二十四，清乾隆五十五年湛貽堂刻本）

【假面】假面蓋起於《周禮》：「方相氏黃金四目以逐鬼」。《後漢書・禮儀志》：「大儺之儀，以木面獸爲儺」，其濫觴也。至如高齊蘭陵王長恭潔白類婦人，乃著假面，與周師戰於金墉，勇冠三軍。齊人壯之，爲蘭陵舞，以效其指麾擊刺之容。又齊神武圍玉壁，城中出鐵面拒守，神武命兀（元）盜射之，皆中其目。宋狄青每戰，帶鐵面具。此假面之見於史傳者，則以鐵爲之，軍旅所用也。《老學庵筆記》：「政和中，敕桂府進面具，桂帥進一具，少之，及開視，則一副共八百餘件，老少妍醜，無一相似」，此則後世俳優之假面耳。（趙翼：《陔餘叢考》卷三十三，清乾隆五十五年湛貽堂刻本）

【八僊】世俗相傳有所謂「八僊」者，曰漢鍾離、張果老、韓湘子、鐵拐李、曹國舅、呂洞賓，又女僊二人，藍采和、何僊姑。按《太平廣記》、《神僊通鑒》等書，臚列僊跡，纖悉不遺，並無所謂「八僊」者。胡應麟謂大概起於元世，王重陽教盛行，以鍾離爲正陽，洞賓爲純陽，何僊姑爲純陽弟子，因而輾轉附會，成此名目云。今戲有「八僊慶壽」，尚是元人舊本，則八僊之說之出於元人，當不誣也。其中亦有數人見於正史者，其餘雜見於稗官小說，多荒幻不足憑，故摘錄以質之有識者。張果見《舊唐書》：開元二十二

年，徵恒州張果先生，授銀青光祿大夫，號通玄先生。鍾離權見《宋史‧陳搏傳》：陳堯咨謁搏，有鬈髻道人先在坐，堯咨私問搏，搏曰：「鍾離子也。」又《王老志傳》：有丐者自言鍾離先生，以丹授老志，服之而狂，遂棄妻子去。呂洞賓亦見《陳搏傳》，謂關西逸人，有劍術，年百餘歲，步履輕捷，頃刻數百里，數來搏齋中。此三人者，皆見於正史，尚或可信。韓湘子者，相傳韓昌黎之從孫，即韓詩《左遷藍關示姪孫湘》者也。然公詩中絕不言其有道術。而《酉陽雜俎》、《青瑣高議》等書，轉以此詩附會，謂湘能爲「頃刻花」。公未謫前，湘先有「秦嶺藍關」一聯現於花上。公至藍關而湘適至，故公足成之云。按《唐宰相世系表》，湘乃老成之子，昌黎有《贈姪老成》詩。登長慶三年進士，官大理丞，初不言其有異術。惟昌黎有《徐州贈族姪》一首，云：「擊門者誰子，問言乃吾宗。自云有奇術，探妙知天工。」曰族姪，則非姪孫也；「探妙知天工」，蓋不過如星士之類，能推人貴賤，故下又云「期我語非侫，當爲佐時雍」也。而湘則隨昌黎至嶺南，昌黎有《宿曾江口示湘》詩，曾江即廣州增城縣江也。並非如徐州族姪之能知天工也，而轉以藍田關詩附會之，其爲荒幻更不待辨矣。鐵拐李，史傳並無其人，惟《宋史‧陳從信傳》有李八百者，自言八百歲，從信事之甚謹，冀傳其術，竟無所得。又《魏漢津傳》：自言師事唐人李八百，授以丹鼎之術。則宋時本有李八百者在人耳目間，然不信其跛而鐵拐也。胡應麟乃以《神僊通鑒》所謂劉跛子者當之。然劉、李各姓，又未可強附。《續通考》又謂隋時人，名洪水，小字拐兒，亦不言所出何書，則益無稽之談也。曹國舅，相傳爲宋曹太后之弟。按《宋史》慈聖光獻太后弟曹佾，年七十二而卒，未嘗有成僊之事，此外又別無國戚而學僊者，則亦傳聞之妄也。《道山清話》記晏殊乃僊人曹八百托生，所謂曹八百者，豈即其人耶，然又非國戚也。何僊姑者，劉貢父《詩話》謂永州人，《續通考》則謂廣東增城人。曾達臣《獨醒雜志》謂宋仁宗時人，《續通考》則又謂唐武后時人。傳聞之訛，已多歧互。至藍采和者，《太平廣記》謂常衣破藍衫，一足靴，一足跣，夏則絮，冬則臥於雪。嘗入市持大拍板唱言：「踏歌踏歌藍采和，世界能幾何？古人混混去不返，今人紛紛來更多。」元遺山因以入詩，有「自驚白鬢先潘岳，人笑藍衫似采和」之句。又《題藍采和像》云：「長板高歌本不狂，兒曹自爲百錢忙。幾時逢著藍衫老，同向春風舞一場。」是藍采和乃男子也。今戲本又硬差作女妝，尤可笑。

　　世所傳鍾離權故事，《宣和畫譜》有一則，《夷堅志》、《潛確類書》、《丹鉛錄》各一則。

張果故事，《明皇雜錄》、《獨醒志》、《類書》各一則。

李鐵拐，惟《續通考》及《類書》各一則，其他書不經見。

韓湘子故事，《青瑣集》、《酉陽雜俎》、《仙傳拾遺》各一則。

呂洞賓故事最多，施肩吾有《鍾呂傳道記》，《雅言雜載》、《青瑣集》、《談苑》、《獨醒志》、《輟耕錄》、《摭遺》、《古今詩話》、《貢父詩話》、《東坡詩話》、《西溪叢語》、《竹坡詩話》、《庚溪詩話》、《鶴林玉露》各有一二則，《夷堅》所載更有八則，其散見於說部書者尚多，或輯爲《呂仙外史》，亦可觀也。

曹國舅，惟《續通考》、《類書》各一則。

藍采和故事，《太平廣記》、《續仙傳》各一則，龍袞《江南野錄》載陳絢學仙，嘗醉歌，有藍采和「塵世紛紛事更多」之句，則又以爲陳絢歌也。

何仙姑故事，《貢父詩話》、《續通考》、《獨醒志》各一則。（趙翼：《陔餘叢考》卷三十四，清乾隆五十五年湛貽堂刻本）

【下官】戲本凡官員自稱，皆曰「下官」。《漢書・賈誼傳》：大臣罷軟不勝任者，曰下官不職。「下官」二字始此，然非官員之自稱也。其以之自稱，高江村《天祿識餘》謂，始於梁武帝改稱臣爲下官。按此說非也。《南史・劉穆之傳》：宋以前郡縣爲封國者，諸王所封之國。其內史相並於國主稱臣，去任便止。孝建中，乃創制稱爲下官。《宋書》：武帝孝建二年定制，諸王封國者二十四條，內一條，凡封內官只稱下官，不得稱臣，罷官則不復追敘。《通典》及龔熙正《續釋常談》皆引之。然《晉書》：成帝時，庾亮欲廢王導，與郗鑒書：「公與下官，並荷託付，大奸不掃，何以見先帝於地下？」《晉載記》：靳準對劉粲曰：「下官急欲有所言。」安帝時，劉敬宣答諸葛長民書曰：「下官常慮福過災生。」王誕說盧循曰：「下官與劉鎮軍情味不淺，」王鎮惡乘利趨潼關，乏食欲還，沈林子怒曰：「下官授命不顧，今日之事，當爲將軍辦之。」則晉時已有此稱。蓋晉時仕宦者皆自稱下官，惟王國之僚屬見其王則稱臣，至宋則並令王國之僚屬，見王亦稱下官耳。《宋史・洪湛傳》：群臣請建儲，太宗曰：「若立太子，則東宮僚屬皆須稱臣，形跡之間，易生搖惑。」然則宋時東宮官見太子已稱臣矣。他如宋文帝使沈慶之領隊防，劉湛謂曰：「卿在省歲久，比當相論。」慶之正色曰：「下官在省十年，自應得轉。」又慶之與蕭斌議兵事，曰：「眾人雖知古今，不如下官耳學也。」元顯藉梁兵破洛陽，自立。沛郡（廣陵）王欣欲附之，崔光韶曰：「元顯引寇兵覆中國，豈

惟大王所宜切齒，下官亦未敢仰從。」曹景宗醉後，對梁武帝誤稱下官，帝大笑。此皆六朝時仕宦稱下官之故事也。又按《五代史補》：宋彥筠謂李知損曰：「眾人何爲號足下爲羅隱？」對曰：「下官平素好爲詩，其格致大抵如羅隱故耳。」然則五代時尙相沿有此稱也。今仕途中不復稱下官，凡知府自稱卑府，府以下皆稱卑職。按程棨《三柳軒雜識》：淳熙間，高曡進對，上稱其「不爲高談」。梁相戲云：「高曡不爲高談，以何對？」周益公對云：「卑牧且爲卑牧。」謂武臣見知州自稱卑牧也。則屬吏之以卑自稱，自宋已然。

（趙翼：《陔餘叢考》卷三十七，清乾隆五十五年湛貽堂刻本）

【綠頭巾】明制：樂人例用碧綠巾裹頭，故吳人以妻之有淫行者，謂其夫爲綠頭巾。事見《七修類稿》。又《知新錄》云：明制，伶人服綠色衣，良家帶用絹布，妓女無帶，伶人婦不帶冠子，不穿褙子。然則伶人不惟裹綠巾，兼著綠衣。按《唐書》及《封氏聞見記》：李封爲延陵令，吏人有罪不加杖，但令裹碧綠巾以恥之，隨所犯重輕以定日數，吳人遂以此服爲恥。明之令樂人裹綠巾，或本諸此也。（趙翼：《陔餘叢考》卷三十八，清乾隆五十五年湛貽堂刻本）

【岳忠武之死】岳忠武之死，固由賊檜陷害，然亦必因思陵所疑忌，故讒言得以中之。蓋高宗初即位時，集諸路勤王兵置御營司。韓世忠已爲左軍統制，張俊已爲前軍統制，楊存中已爲殿前主管公事，數人皆元從功臣，恩誼久固。陸放翁《德勳廟碑》謂：高宗開大元帥府，張循王以府西豪傑，首入侍帷幄。其後，高宗每謂「心腹之舊將」，又曰：「從來待卿如家人。」又曰：「是人與他功臣相去萬萬。」忠武雖因劉韐薦，見帝於相州，僅予承信郎。後積官於外，未嘗一日在朝。思陵之分誼，本視諸將較淺，其易於媒孽一也。且當時諸將各以姓爲軍號，如韓家軍、岳家軍、張家軍之類，朝廷頗疑其跋扈。而張俊、楊存中等則皆治第臨安，貪財殖產，即賢如韓忠武，亦家於杭，多營田宅，是以思陵不疑。獨岳忠武引「匈奴未滅，何以家爲」之義，不治生產，因母死葬廬山，遂家焉，初未置宅臨安。今杭州府學相傳爲忠武舊第，乃召爲樞密副使之後所居，其初固未嘗有此宅也。兵權在握，又不營生產爲子孫計想，思陵不無顧慮。觀韓世忠爲將時，欲營新淦田，思陵聞之，即專敕以賜；劉光世請以淮東私田易淮西田，詔即許之，則思陵於諸將結其心而防其變，固未嘗一日忘也。《德勳廟記》又謂：金人請和，而一二重將未還宿衛，論者咸謂非久

長計。張俊率先請罷兵權，奉朝請，於是議始定。是以檜與張俊謀陷忠武，欲其部將自相攻擊，因及忠武父子，使帝不疑。乃手自具獄，謂岳雲致書，令張憲營還忠武兵柄。万俟卨治獄，又誣飛自言「己與太祖皆三十歲建節」，以爲有不臣心。證佐既定，思陵亦不能不信之，而忠武之死決矣。檜、俊之計，夫固有以窺思陵之隱而深中之也。是時和議甫成，檜擅國之日尙淺，言官誣劾韓世忠，帝猶能格其議不下。王次翁謹事檜，帝惡其人，終斥去。勾龍如淵亦謹事檜，竟與奉祠去，檜亦不能違也。則忠武之死，帝固與知之。而小說家及《續通鑑》謂歲暮獄未成，檜因其妻「縛虎縱虎」之語，以片紙付獄吏，即斃忠武於獄，一似帝初不知者。此特以甚檜之惡，而非當日實事也。（趙翼：《陔餘叢考》卷四十一，清乾隆五十五年湛貽堂刻本）

【你】「你」字，惟詞曲用之，詩文未嘗用也。惟《北史》齊文襄求好長史，舉者多不見納。一日大集，謂陳元康曰：「我教你好長史處，李幼廉即其人也。」又《隋書‧李密傳》：密與宇文化及隔水相語，責其弒逆之罪。化及曰：「共你論相殺事，何須作書語。」《許善心傳》：宇文化及之逆，執善心至朝堂，化及令釋之。善心不舞蹈而出。化及怒，命捉來，罵曰：「我好欲放你，敢如此不遜！」遂害之。「你」字見於書惟此。（趙翼：《陔餘叢考》卷四十三，清乾隆五十五年湛貽堂刻本）

【慶典】皇太后壽辰在十一月二十五日。乾隆十六年，屆六十慈壽，中外臣僚紛集京師，舉行大慶。自西華門至西直門外之高梁橋，十餘里中，各有分地，張設燈綵，結撰樓閣。天街本廣闊，兩旁遂不見市廛。錦繡山河，金銀宮闕，剪綵爲花，鋪錦爲屋，九華之燈，七寶之座，丹碧相映，不可名狀。每數十步間一戲臺，南腔北調，備四方之樂。伎童妙伎，歌扇舞衫，後部未歌，前部已迎，左顧方驚，右盼復眩，遊者如入蓬萊僊島，在瓊樓玉宇中，聽霓裳曲、觀羽衣舞也。其景物之工，亦有巧於點綴而不甚費者。或以色絹爲山岳形，錫箔爲波濤紋，甚至一蟠桃大數間屋，此皆粗略不足道。至如廣東所搆翡翠亭，廣二、三丈，全以孔雀尾作屋瓦，一亭不啻萬眼。楚省之黃鶴樓，重簷三層，牆壁皆用玻璃高七、八尺者。浙省出湖鏡，則爲廣榭，中以大圓鏡嵌藻井之上，四旁則小鏡數萬，鱗砌成牆，人一入其中，即一身化千百億身，如左慈之無處不在，眞天下之奇觀也。時街衢惟聽婦女乘輿，士民則騎而過，否則步行。繡轂雕鞍，塡溢終日。余凡兩遊焉。此等勝會，

千百年不可一遇，而余得親身見之，豈非厚幸哉！京師長至月已多風雪，寒侵肌骨，而是年自初十日至二十五日，無一陣風，無一絲雨，晴和暄暖，如春三月光景，謂非天心協應，助此慶會乎？二十四日，皇太后鑾輿自郊園進城，上親騎而導，金根所過，纖塵不興。文武千官以至大臣命婦、京師士女，簪纓冠帔，跪伏滿途。皇太后見景色鉅麗，殊嫌繁費，甫入宮即命撤去。以是，辛巳歲皇太后七十萬壽儀物稍減。後皇太后八十萬壽、皇上八十萬壽，聞京師鉅典繁盛，均不減辛未，而余已出京，不及見矣。（趙翼：《簷曝雜記》卷一，清嘉慶湛貽堂刻本）

【大戲】內府戲班，子弟最多，袍笏甲冑及諸裝具，皆世所未有，余嘗於熱河行宮見之。上秋獮至熱河，蒙古諸王皆觀。中秋前二日爲萬壽聖節，是以月之六日即演大戲，至十五日止。所演戲，率用《西遊記》、《封神傳》等小說中神僊鬼怪之類，取其荒幻不經，無所觸忌，且可憑空點綴，排引多人，離奇變詭作大觀也。戲臺闊九筵，凡三層。所扮妖魅，有自上而下者，自下突出者，甚至兩廂樓亦作化人居，而跨駝、舞馬，則庭中小滿焉。有時神鬼畢集，面具千百，無一相肖者。神僊將出，先有道童十二、三歲者作隊出場，繼有十五、六歲，十七、八歲者。每隊各數十人，長短一律，無分寸參差。舉此則其他可知也。又按六十甲子，扮壽星六十人，後增至一百二十人。又有八僊來慶賀，攜帶道童不計其數。至唐玄奘僧雷音寺取經之日，如來上殿，迦葉、羅漢、辟支、聲聞，高下分九層，列坐幾千人，而臺仍綽有餘地。（趙翼：《簷曝雜記》卷一，清嘉慶湛貽堂刻本）

【煙火】上元夕，西廠舞燈、放煙火最盛。清晨先於圓明園宮門列煙火數十架，藥線徐引燃，成界畫欄杆五色。每架將完，中復燒出寶塔、樓閣之類，並有籠鴿及喜鵲數十在盒中乘火飛出者。未、申之交，駕至西廠。先有八旗騙馬諸戲：或一足立鞍韂而馳者；或兩足立馬背而馳者；或扳馬鞍步行而並馬馳者；或兩人對面馳來，各在馬上騰身互換者；或甲騰出，乙在馬上戴甲於首而馳者，曲盡馬上之奇。日既夕，則樓前舞燈者三千人列隊焉，口唱太平歌，各執綵燈，循環進止，各依其綴兆，一轉旋則三千人排成一「太」字，再轉成「平」字，以次作「萬」、「歲」字，又以次合成「太平萬歲」字，所謂「太平萬歲字當中」也。舞罷，則煙火大發，其聲如雷霆，火光燭半空，但見千萬紅魚奮迅跳躍於雲海內，極天下之奇觀矣。（趙翼：《簷曝雜記》卷一，

清嘉慶湛貽堂刻本）

【木蘭殺虎】上較獵木蘭，如聞有虎，以必得為期。初出塞，過青石梁，至地名兩間房者，其地最多虎。虎槍人例須進一、二虎，其職役也。乾隆二十二年秋，余扈從木蘭。一日停圍，上賜宴蒙古諸王。方演劇，而蒙古兩王相耳語。上瞥見，趣問之。兩王奏云：「適有奴子來報，奴等營中白晝有虎來搏馬，是以相語。」蒙古王隨駕，另駐營在大營數里外。上立命止樂，騎而出，侍衛倉猝隨。虎槍人聞之，疾馳始及，探得虎窩僅兩小虎在。上命一侍衛取以來，方舉手，小虎忽作勢，侍衛稍陝輸，上立褫其翎頂。適有小蒙古突出，攫一虎挾入左腋，又攫一虎挾入右腋。上大喜，即以所褫侍衛翎頂予之。其時虎父已遠，惟虎母戀其子，猶在前山回顧。虎槍人盡力追之，歷重巘，騰絕澗。上勒馬待，至日將酉，始得虎歸。虎槍人被傷者三人，一最重，賞孔雀翎一枝、銀二百兩。其二人各銀百兩。虎已死，用橐駝負而歸，列於幔城，自頭至尻長八、九尺，毛已淺紅色，蹄粗至三、四圍，蓋虎中之最大者。（趙翼：《簷曝雜記》卷一，清嘉慶湛貽堂刻本）

【梨園色藝】京師梨園中有色藝者，士大夫往往與相狎。庚午、辛未間，慶成班有方俊官，頗韶靚，為吾鄉莊本淳舍人所昵。本淳旋得大魁。後寶和班有李桂官者，亦波峭可喜。畢秋帆舍人狎之，亦得修撰。故方、李皆有狀元夫人之目，余皆識之。二人故不俗，亦不徒以色藝稱也。本淳歿後，方為之服期年之喪。而秋帆未第時頗窘，李且時周其乏。以是二人皆有聲縉紳間。後李來謁余廣州，已半老矣。余嘗作《李郎曲》贈之。近年聞有蜀人魏三兒者，尤擅名，所至無不為之靡，王公、大人俱物色恐後。余已出京，不及見。歲戊申，余至揚州，魏三者忽在江鶴亭家。酒間呼之登場，年已將四十，不甚都麗。惟演戲能隨事自出新意，不專用舊本，蓋其靈慧較勝云。（趙翼：《簷曝雜記》卷二，清嘉慶湛貽堂刻本）

【李太虛戲本】李太虛，南昌人，吳梅村座師也。明崇禎中為列卿。國變不死，降李自成。本朝定鼎後，乃脫歸。有舉人徐巨源者，其年家子也，嘗非笑之。一日視太虛疾，太虛自言病將不起。巨源曰：「公壽正長，必不死。」詰之，則曰：「甲申、乙酉不死，則更無死期。以是知公之壽未艾也。」太虛怒，然無如何。巨源又撰一劇，演太虛及龔芝麓降賊，後聞本朝兵入，

急逃而南，至杭州，爲追兵所躡，匿於岳墳鐵鑄秦檜夫人跨下。值夫人方月事，迨兵過而出，兩人頭皆血污。此劇已演於民間，稍稍聞於太虛。適芝麓以上林苑監謫宦廣東，過南昌，亦聞此事。乃與太虛密召歌伶，夜半演而觀之。至兩人出跨下時，血淋漓滿頭面，不覺相顧大哭，謂：「名節掃地至此，夫復何言！然爲孺子辱至此，必殺以洩忿。」乃使人俟巨源於逆旅，刺殺之。此事得之於蔣心餘編修。（趙翼：《簷曝雜記》卷二，清嘉慶湛貽堂刻本）

【洛陽橋】少時見優人演蔡忠惠修洛陽橋，有醉隸入海投文之事，以爲荒幻。及閱《明史》，則鄞人蔡錫守泉州時事也。余至泉州，過此橋，果壯麗。橋之南有忠惠祠，手書碑記猶在。旁有夏將軍廟，即傳奇所謂醉隸夏得海也。橋名萬安而曰洛陽者，其地有洛陽社，此水亦名洛陽江也。按《閩書》以此事屬蔡錫，並記橋圮時有石讖云「石頭若開，蔡公再來」，以爲錫之證。而《堅瓠集》、《名山記》皆亦以爲忠惠事。又云：其母先渡此江，遇風，舟將覆，聞空中有聲呼「蔡學士在」，風遂止。同舟數十人問姓名，公母方有娠，心竊喜，發誓願，如果符神言，當造橋以濟行者。後公守泉而母夫人尚在，遂奉母命成之。而附會者又謂呂洞賓遭劫時，避於公爐內得免，乃謝以筆墨。公造橋時，以之書符檄，故能達海神云。其說不經。而府志兩存之，究未知其爲襄與錫也。今按忠惠手書碑記一百五十二字，但誌其長三百六十餘丈、廣丈五尺，洞四十有七，用錢一千四百萬有奇，而其他不及焉。使其奉母命，且有海神相之，則安得不誌親惠而著神庥？然則醉吏一事，非忠惠可知也。至橋之長三、四百丈固雄壯，然閩橋如此者甚多。福州之南臺，長不及而廣過之，石視萬安更新整。即泉州一府，如通濟橋長八十餘丈，順濟橋長一百五十餘丈，大通長二百餘丈，鎮安長三百餘丈，盤光四百餘丈，東洋四百三十餘丈、釃水二百四十二道，安平八百十有一丈、釃水三百六十二道，其他以數十丈計者，更指不勝屈也。蓋閩多海汊而又有石山，汊闊而取石易，故規製如此。余所見天下橋梁，滇、黔之用鐵索，閩之用石，皆奇觀也。（趙翼：《簷曝雜記》卷四，清嘉慶湛貽堂刻本）

李調元

　　李調元（1734～1803），字羹堂，號雨村、童山、墨莊、蠢翁、鶴洲。四川省羅江縣人。乾隆二十八年（1763）進士，改翰林院庶吉士。散館，授吏部主事。三十九年以副主考典試廣東。四十一年升任員外郎。四十二年放廣東學政。四十六年任滿回京，補直隸通永道道臺。四十七年以事罷官，擬發伊犁，以母老贖歸鄉梓。其著述宏豐，有《童山集》六十四卷、《南越筆記》十卷、《觀海集》十卷、《粵東試牘》二卷、《全五代詩》一百卷、《雨村賦話》十卷等。所輯《函海》，計四十函，一百六十三種，八百五十二卷。戲曲理論方面，輯有《雨村曲話》、《雨村劇話》等，其中《劇話》一書，全係摘錄翟灝《通俗編》相應條目而成。其事見《清秘述聞》卷七、卷一二，《國朝詩人徵略》卷四○，《晚晴簃詩匯》卷九一等。

　　【俗尚師巫】永安俗尚師巫。人有病，輒以八字問巫。巫始至，破一雞卵，視其中黃白若何，以知其病之輕重。輕則以酒饌禳之，重則畫神像於堂，巫作姣好女子，吹牛角，鳴鑼而舞，以花竿荷一雞而歌。其舞曰《贖魂之舞》，曰《破胎之舞》；歌曰《雞歌》，曰《暖花歌》。暖花者，凡男嬰兒有病，巫則以五彩團結群花環之，使親串各指一花以祝。祝已而歌，是曰暖花。巫自刳其臂血以塗符，是曰顯陽。七月七夕則童子過關，十四夕則迎先祖。男子或結場度水，受白牒黃誥，婦人或請僮姐，施捨釵鈿。僮姐與女巫不同。女巫以男子為之，僮姐以瞽人之婦為之。（李調元：《南越筆記》卷一，南京圖書館藏清光緒七年刻本）

　　編者案：此則全剿自屈大均《廣東新語》卷九，結尾處略有刪減，原標題作《永安崇巫》。

【粵俗好歌】粵俗好歌，凡有吉慶，必唱歌以爲歡樂。以不露題中一字，語多雙關，而中有「掛折」者爲善。「掛折」者，掛一人名於中，字相連而意不相連者也。其歌也，辭不必全雅，平仄不必全叶，以俚言土音襯貼之，唱一句或延半刻，曼節長聲，自回自復，不肯一往而盡。辭必極其豔，情必極其至，使人喜悅悲酸而不能已已。此其爲善之大端也。故嘗有「歌試」以第高下，高者受上賞，號爲歌伯。其娶婦而親迎者，婿必多求數人與己年貌相若而才思敏給者，使爲伴郎。女家索攔門詩歌，婿或捉筆爲之，或使伴郎代草，或文或不文，總以信口而成、才華斐美者爲貴。至女家不能酬和，女乃出閣。此即唐人催妝之作也。先一夕，男女家行醮，親友與席者或皆唱歌，名曰坐歌堂。酒罷，則親戚之尊貴者親送新郎入房，名曰送花。花必以多子者，亦復唱歌。自後連夕，親友來索糖梅啖食者，名曰「打糖梅」。一皆唱歌，歌美者得糖梅益多矣。

其歌之長調者，如唐人《連昌宮詞》、《琵琶行》等，至數百言千言，以三絃合之，每空中絃以起止，蓋太簇調也，名曰「摸魚歌」。或婦女歲時聚會，則使瞽師唱之，如元人彈詞，曰某記某記者，皆小說也。其事或有或無，大抵孝義貞烈之事爲多。竟日始畢，一記可勸可戒，令人感泣沾襟。

其短調蹋歌者，不用絃索，往往引物連類，委曲譬喻，多如《子夜》、《竹枝》。如曰：「中間日出四邊雨，記得有情人在心。」曰：「一樹石榴全著雨，誰憐粒粒淚珠紅？」曰：「燈心點著兩頭火，爲娘操盡幾多心。」曰：「妹相思，不作風流到幾時。只見風吹花落地，那見風吹花上枝。」《蜘蛛曲》曰：「天旱蜘蛛結夜網，想晴只在暗中絲。」又曰：「蜘蛛結網三江口，水推不斷是眞絲。」又曰：「妹相思，蜘蛛結網恨無絲，花不年年在樹上，娘不年年作女兒。」《竹葉歌》曰：「竹葉落，竹葉飛，無望翻頭在上枝。擔傘出門人叫嫂，無望翻頭做女時。」《素馨曲》曰：「素馨棚下梳橫髻，只爲貪花不上頭。十月大禾未入米，問娘花浪幾時收？」凡村落人奴之女，嫁日不敢乘車。女子率自持一傘以自蔽，既嫁人率稱之爲嫂。此言女一嫁不能復爲處子，猶士一失身不能復潔白也。梳橫髻者，未筓也。宜筓不筓，是猶不肯在花棚上也。十月熟者名大禾，歲晏而米不入。花浪不收，是過時而無實也。此刺淫女，亦以喻士之不及時修德，流蕩而至老也。有曰：「大姐姐，分明大姐大三年。擔凳井頭共姐坐，分明大姐坐頭邊。」言女嫁失時也，妹自愧先其姊也。有曰：「官人騎馬到林池，斬竿筋竹織筲箕。筲箕載綠豆，綠豆喂相

思。相思有翼飛開去，只剩空籠掛樹枝。」刺負恩也。有曰：「一更雞啼雞拍翼，二更雞啼雞拍胸，三更雞啼郎去廣，雞冠沾得淚花紅。」有曰：「歲晚天寒郎不回，廚中煙冷雪成堆。竹篙燒火長長炭，炭到天明半作灰。」有曰：「柚子批皮瓤有心，小時則劇到如今。頭髮條條梳到尾，夗央乍得不相尋。」有曰：「大頭竹筍作三椏，敢好後生無置家，敢好早禾無入米，敢好攀枝無晾花。」敢好者，言如此好也。其蛋女子蕩恣，如吳下唱《楊花》者，曰「綰髻」。有謠曰：「清河綰髻春意鬧，三十不嫁隨意樂。江行水宿寄此生，搖櫓唱歌槳過溜。」槳者，搖船也，亦雙關之意。溜者，覺也。如此類不可枚舉，皆以比興為工。辭纖豔而情深，頗有風人之遺，而採茶歌尤善。

粵俗，歲之正月，飾兒童為綵女，每隊十二人。人持花籃，籃中然一寶燈，罩以絳紗，以綯為大圈，緣之踏歌，歌十二月採茶。有曰：「二月採茶茶發芽，姐妹雙雙去採茶。大姐採多妹採少，不論多少早還家。」有曰：「三月採茶是清明，娘在房中繡手巾。兩頭繡出茶花朵，中央繡出採茶人。」有曰：「四月採茶茶葉黃，三角田中使牛忙。使得牛來茶已老，採得茶來秧又黃。」是三章，則幾於雅矣。

東莞歲朝，貿食嫗所唱歌頭曲尾者曰湯水歌。尋常瞽男女所唱，多用某記。其辭至數千言，有雅有俗，有貞有淫，隨主人所命唱之，或以琵琶、簫子為節。兒童所唱以嬉，則曰山歌，亦曰歌仔，多似詩餘音調，辭雖細碎，亦絕多妍麗之句。大抵粵音柔而直，頗近吳越，出於唇舌間，不清以濁，當為羽音。歌則清婉溜亮，紆徐有情，聽者亦多感動。而風俗好歌，兒女子天機所觸，雖未嘗目接詩書，亦解白口唱和，自然合韻。說者謂粵歌始自榜人之女，其原辭不可解。以楚詞譯之，如「山有木兮木有枝，心悅君兮君不知」，則絕類《離騷》也。粵固楚之南裔，豈屈宋流風多洽於婦人女子歟？

潮人以土音唱南北曲者，曰潮州戲。潮音似閩，多有聲而無字。有一字而演為二三字，其歌輕婉，閩廣相半，中有無其字而獨用聲口相授，曹好之以為新調者，亦曰佘歌。農者每春時，婦子以數十計，往田插秧。一老攧大鼓，鼓聲一通，群歌競作，彌日不絕，是曰秧歌。南雄之俗，歲正月，婦女設茶酒於月下，罩以竹箕，以青帕覆之，以一箸倒插箕上，左右二人褄之作書，問事吉凶。又畫花樣，謂之「踏月姊」。令未嫁幼女且拜且唱，箕重時神即來矣，謂之「踏月歌」。長樂婦女中秋夕拜月，曰「椓月姑」，其歌曰月歌。蛋人亦喜唱歌，婚夕，兩舟相合，男歌勝則牽女衣過舟也。黎人會集，則使

歌郎開場，每唱一句，以兩指下上擊鼓，聽者齊鳴小鑼和之。其鼓如兩節竹而腰小，塗五色漆描金作雜花，以帶懸繫肩上。歌郎畢唱，歌姬乃徐徐唱，擊鼓亦如歌郎。其歌，大抵言男女之情，以樂神也。

　　東西兩粵皆尚歌，而西粵土司中尤盛。大約雲峒女於春秋時布花果笙簫於山中，以五絲作同心結及百紐鴛鴦囊帶之，以其少好者結爲天姬隊。天姬者，峒官之女也。餘則三五採芳於山椒水湄，歌唱爲樂。男子相與踏歌赴之，相得則唱酬終日，解衣結襟帶相遺以去。春歌正月初一，三月初三，秋歌八月十五。其三月之歌曰浪花歌。趙龍文云：傜俗最尚歌，男女雜遝，一唱百和。其歌與民歌皆七言而不用韻，或三句，或十餘句，專以比興爲重，而布格命意，有迴出於民歌之外者。如云：「黃蜂細小螫人痛，油麻細小炒仁香。」又云：「行路思娘留半路，睡也思娘留半床。」又云：「與娘同行江邊路，卻滴江水上娘身。滴水一身娘未怪，要憑江水作媒人。」傜語不能盡曉，爲箋譯之如此。修和云：狼之俗，幼即習歌，男女皆倚歌自配。女及笄，縱之山野，少年從者且數十，以次而歌，視女歌意所答，而一人留。彼此相遺，男遺女以一扁擔，上鐫歌詞數首，字若蠅頭，間以金彩花鳥，髹以漆精使不落。女贈男以繡囊錦帶，約爲夫婦，乃倩媒以蘇木染檳榔定之。婚之日，歌聲振於林木矣。其歌每寫於扁擔上。狼扁擔以榕爲之，又以五彩齗作方段，齗處文如鼎彝，歌與花鳥相間，或兩頭畫龍。傜則以布刀寫歌。布刀者，織具也。傜人不用高機，無筬無枝，以布刀兼之。刀用山木，形如刀，長於布之闊，銳其兩端，背厚而橢。如弓之弧，刃如絃而薄，剞其背之腹以納緯，而窊其銳而吐之以當梭。緯既吐，則兩手攀其兩端以當筬也。歌每書於刀上，間以五彩花卉，明漆沐以贈所歡。獞歌與狼頗相類，可長可短。或織歌於巾以贈男，或書歌於扇以贈女。其歌亦有竹枝歌，舞則以被覆首，爲「桃葉舞」。有詠者云：「桃葉舞成鴛睆睆，竹枝歌就燕呢喃」。（李調元：《南越筆記》卷一，南京圖書館藏清光緒七年刻本）

　　編者案：此則全剿自屈大均《廣東新語》卷十二，原標題作《粵歌》。

李　斗

　　李斗（1750～1816），字北有，號艾塘。江蘇儀征人。博通文史，且詩筆頗佳，與同時著名文士阮元、焦循、汪中、王昶、凌廷堪等有往還。著有《永報堂集》三十三卷，其中除《揚州畫舫錄》十八卷外，尚有《永報堂詩》八卷、《艾塘樂府》一卷、《奇酸記》傳奇四卷、《歲星記》傳奇二卷等。其中《揚州畫舫錄》十八卷，是比較全面的載錄清中葉揚州社會生活狀況的一部書，係作者積三十餘年的見聞陸續撰成，包羅萬象，對戲曲劇目、演出活動等事項也極為關注，提供了頗有價值的史料文獻。見《永報堂集》卷七、《夢陔堂詩集》卷一八、《清續文獻通考》卷二六七、《湖海詩傳》卷四五、《蒲褐山房詩話》等。

　　【華祝迎恩】「華祝迎恩」為八景之一。自高橋起至迎恩亭止，兩岸排列檔子，淮南北三十總商分工派段，恭設香亭，奏樂演戲，迎鑾於此。檔子之法，後背用板牆蒲包，山牆用花瓦，手卷山用堆砌包托，曲折層疊青綠太湖山石，雜以樹木，如松、柳、梧桐、木日紅、繡球、綠竹，分大中小三號，皆通景像生。工頭用彩樓、香亭三間五座，三面飛簷，上鋪各色琉璃竹瓦，龍溝鳳滴，頂中一層用黃琉璃。綵樓用香瓜銅色竹瓦，或覆孔雀翎，或用櫻毛，仰頂滿糊細畫，下鋪樱，覆以各色絨氈，間用落地罩、單地罩、五屏風、插屏、戲屏、寶座、書案、天香几、迎手靠墊。兩旁設綾錦綏絡香襆，案上爐瓶五事，旁用地缸栽像生萬年青、萬壽蟠桃、九熟僊桃及佛手香櫞盤景，架上各色博古器皿書籍。次之香棚，四隅植竹，上覆錦棚，棚上垂各色像生花果草蟲，間以幡幢傘蓋，多錦緞、紗綾、羽毛、大呢之屬，飾以博古銅玉。

中用三層臺、二層臺，平臺三機四權，中實賓鐵。每出一幹，則生數節，巨細尺度必與根等，上綴孩童褥衣，紅綾襖袴，絲縧緞靴，外扮文武戲文，運機而動。通景用音樂鑼鼓，有細吹音樂、吹打十番、粗吹鑼鼓之別，排列至迎恩亭。亭中雲氣往來，或化而爲嘉禾瑞草，變而爲矞雲醴泉。御制詩云：「夾岸排當實厭鬧，殷勤難卻眾誠殫。卻從耕織圖前過，衣食攸關爲喜看。」（李斗：《揚州畫舫錄》卷一，中華書局，1960 年，第 20～22 頁）

編者案：原作無標題，此標題係編者所擬。

【曾曰唯】曾曰唯，字貫之，江都人，襄愍八世孫。書精楷法。嗜牛肉，不苟合於世，與之交，如麋鹿不可接。觀劇至忠孝處，輒慟哭。演《鳴鳳記》，長跪不起視。客有遺貂裘者，剪碎以二葛表裏紉之，其傀異若此。（李斗：《揚州畫舫錄》卷二，中華書局，1960 年，第 51 頁）

編者案：原作無標題，此標題係編者所擬。

【汪膚敏】汪膚敏，字公碩，號春泉，江都人。書法歐、褚。性廉介，安麓村延之弗就，就之弗見。使人要於路，掖之入，見則命書戲目數齣。公碩爲其所迫，書而進之。命掖入密室中，良久，數僕延至一堂，麓村迓於階下，曰：「先生古君子，前特相戲耳。」乃欵留堂上，水陸競獻，笙謌錯陳，所奏戲文，即爲所書戲目也，盡歡而罷。歸，爲麓村母書壽序一通。時程宣字實夫，號秋槎，汪舸字可舟，書法與公碩齊名，皆居揚州。（李斗：《揚州畫舫錄》卷二，中華書局，1960 年，第 51～52 頁）

編者案：原作無標題，此標題係編者所擬。

【王式序】王式序，蘇州人。身短，人呼爲「矮王」。初爲海府班串客，工楷隸。來揚州，爲內班教師。岑僩築群芳圃，扁聯多出其手。又有周仲昭者，爲十番教師，亦精小楷。（李斗：《揚州畫舫錄》卷二，中華書局，1960 年，第 55 頁）

編者案：原作無標題，此標題係編者所擬。

【戲分花雅】天寧寺本官商士民祝釐之地。殿上敬設經壇，殿前蓋松棚爲戲臺，演僊佛麟鳳太平擊壤之劇，謂之「大戲」。事竣拆卸。迨重寧寺構大戲臺，遂移大戲於此。兩淮鹽務例蓄花、雅兩部，以備大戲：雅部即崑山腔；花部爲京腔、秦腔、弋陽腔、梆子腔、羅羅腔、二簧調，統謂之「亂

彈」。崑腔之勝，始於商人徐尙志徵蘇州名優爲老徐班；而黃元德、張大安、汪啓源、程謙德各有班。洪充實爲大洪班，江廣達爲德音班，復徵花部爲春臺班；自是德音爲內江班，春臺爲外江班。今內江班歸洪箴遠，外江班隸於羅榮泰。此皆謂之「內班」，所以備演大戲也。（李斗：《揚州畫舫錄》卷五，中華書局，1960 年，第 107 頁）

編者案：原作無標題，此標題係編者所擬。

【淩廷堪】淩廷堪，字仲子，又字次仲，歙縣監生。僑居海州之板浦場，以修改詞曲來揚州。繼入京師，遊於豫章、雒陽，中戊申科副榜，己酉科舉人，庚戌科進士，官安徽寧國府教授。始不爲時文之學。既與黃文暘交，文暘最精於制藝，仲子乃盡閱有明之文，得其指歸，洞徹其底蘊。每語人曰：「人之刺刺言時文法者，終於此道未深，時文如詞曲，無一定資格也。」善屬文，工於選體，通諸經，於《三禮》尤深，好天文、曆算之學，與江都焦循並稱。（李斗：《揚州畫舫錄》卷五，中華書局，1960 年，第 108 頁）

編者案：原作無標題，此標題係編者所擬。

【程枚《一斛珠》】程枚，字時齋，海州板浦場監生。長於詞曲，有《一斛珠傳奇》最佳。（李斗：《揚州畫舫錄》卷五，中華書局，1960 年，第 111 頁）

編者案：原作無標題，此標題係編者所擬。

【《曲海》】修改既成，黃文暘著有《曲海》二十卷，今錄其序目云：「乾隆辛丑間，奉旨修改古今詞曲。予受鹽使者聘，得與修改之列，兼總校蘇州織造進呈詞曲，因得盡閱古今雜劇傳奇，閱一年事竣。追憶其盛，擬將古今作者各撮其關目大概，勒成一書。既成，爲總目一卷，以記其人之姓氏。然作是事者多自隱其名，而妄作者又多僞託名流以欺世，且其時代先後，尤難考核。即此總目之成，已非易事矣。」

△元人雜劇

《漢宮秋》、《薦福碑》、《三醉岳陽樓》、《陳摶高臥》、《黃粱夢》、《青衫淚》、《三度任風子》七種，馬致遠作。《金錢記》、《揚州夢》、《玉簫女》三種，喬孟符作。《玉鏡臺》、《謝天香》、《望江亭》、《救風塵》、《金線池》、《竇娥冤》、《蝴蝶夢》、《魯齋郎》八種，關漢卿作。《合汗衫》、《薛仁貴》、《相國寺》三種，張國賓作。《風花雪月》、《東坡夢》二種，吳昌齡作。《趙禮讓肥》、《東堂老》

二種，秦簡夫作。《燕青博魚》李文蔚作。《臨江驛》、《酷寒亭》二種，楊顯之作。《李亞僊》、《秋胡戲妻》二種，石君寶作。《楚昭王》、《後庭花》、《忍字記》三種，鄭廷玉作。《梧桐雨》、《牆頭馬上》二種，白仁甫作。《老生兒》、《生金閣》、《玉壺春》三種，武漢臣作。《虎頭牌》李直夫作。《鐵拐李樂》岳伯川作。《翠紅鄉》楊文奎作。《風光好》戴善甫作。《伍員吹簫》李壽卿作。《勘頭巾》孫仲章作。《雙獻功》高文秀作。《倩女離魂》、《王粲登樓》、《㧓梅香》（編者案：「㧓」當作「偢」）三種，鄭德輝作。《賢母不認屍》王仲文作。《麗春堂》王實甫作。《范張雞黍》宮大用作。《竹葉舟》范子安作。《紅黎花》（編者案：「黎」當作「梨」）張壽卿作。《意馬心猿》、《玉梳記》、《蕭淑蘭》三種，賈仲名作。《灰闌記》李行甫作。《單鞭奪槊》、《氣英布》、《柳毅傳書》三種，尚仲賢作。《三度城南柳》谷子敬作。《留鞋記》曾瑞卿作。《劉行首》楊景賢作。《誤入桃源》王子一作。《魔合羅》孟漢卿作。《竹塢聽琴》石子章作。《趙氏孤兒》紀君祥作。《李逵負荊》康進之作。《還牢末》李致遠作。《張生煮海》李好古作。《桃花女》王曄作。《昊天塔》朱凱作。《馮玉蘭》、《碧桃花》、《貨郎旦》、《看錢奴》、《連環計》、《抱妝盒》、《百花臺》、《盆兒鬼》、《度柳翠》、《梧桐葉》、《誶范叔》、《漁樵記》、《馬陵道》、《清風府》、《神奴兒》、《小尉遲》、《陳蘇秦》（編者案：「陳」當作「凍」）、《珠砂擔》、《龐居士》、《鴛鴦被》、《殺狗勸夫》、《風魔蒯通》、《陳州糶米》、《合同文字》、《舉案齊眉》、《冤家債主》、《隔江鬥智》、《三虎下山》二十八種，無名氏。

△元人傳奇二種　附一種

《絃索西廂》董解元作。《西廂記》王實甫作，關漢卿續。《伏虎縧》今德音班演此，相傳爲元人作，附於此。

△明人雜劇

《桃花人面》、《英雄成敗》、《死裡逃生》、《花舫緣》、《紅顏年少》五種，孟稱舜作。《女狀元》、《雌木蘭》、《翠鄉夢》、《漁陽弄》四種，徐渭作。《武陵春》、《龍山宴》、《午日吟》、《南樓月》、《赤壁遊》、《同甲會》、《寫風情》七種，許潮作。《崑崙奴》梅鼎祚作。《遠山戲》、《高堂夢》、《洛水悲》、《五湖遊》四種，汪道昆作。《絡冰絲》、《春波影》許翽作（編者案：「許」當作「徐」）。《鞭歌妓》、《簪花髻》、《霸亭秋》三種，沈自徵作。《紅線女》、《紅綃》二種，梁伯龍作。《碧蓮紈繡符》、《丹桂鈿盒》、《北邙說法》、《團花鳳》、《夭桃紈扇》、《素梅玉蟾》、《易水寒》七種，葉憲祖作。《虯髯翁》凌初成作。《蘭亭會》、《太和

記》二十四齣，故事六種，每事四折。以上二種，楊慎作。《脫囊穎》、《有情癡》二種，徐陽輝作。《昭君出塞》、《文姬入塞》二種，陳與郊作。《曲江春》王九思作。《中山狼》康海作。《鬱輪袍》、《哭倒長安街》、《眞傀儡》、《沒奈何》四種，王衡作。《廣陵月》汪廷訥作。《魚兒佛》僧湛然作。《逍遙遊》王應遴作。《青蚓記》林章作。《不伏老》北海馮氏作。《雙鸞傳》幔亭儂史作。《齊東絕倒》竹癡居士作。《櫻桃夢》澹居士作。《蕉鹿夢》蓬然子作。《男王后》秦樓外史作。《一文錢》破慳道人作。《紅蓮債》盃三館作。《再生緣》蘅蕪室作。以上八種，無名氏可考。《相思譜》、《錯轉輪》二種，無名氏。

　　△國朝雜劇
　　《讀離騷》、《吊琵琶》、《黑白衛》、《清平調》四種，尤侗作。《買花錢》、《大轉輪》、《浮西施》、《拈花笑》四種，徐又陵作。《鴛鴦夢》吳江女史葉小紈作。《裴航遇僊》、《張旭觀公孫大娘舞劍》、《鬱輪袍》三種，石牧作。《盧從史》、《老客歸》、《長門賦》、《燕子樓》四種，群玉山樵作，一名《鋤經堂樂府》。《藍采和》、《阮步兵》、《鐵氏女》三種，元成子作，一名《秋風三疊》。《義犬記》、《淮陰侯》、《中山狼》、《蔡文姬》四種，林於閣作。《驀忽姻緣》即空觀主人作。《鈿盒奇緣》、《蟾蜍佳偶》、《義妾存姑》、《人鬼夫妻》四種，西泠野史、無枝甫合作。《祭皋陶》二鄉亭主人作。《揚州夢》、《讀離騷》二種，抱犢山農作。《萬家春》、《萬古情》、《豆棚閒話》一名《三幻集》，無名氏。《箚騷》、《長生殿補闕》二種，蝸寄居士作。《四絃秋》、《一片石》、《忉利天》三種，蔣士銓作。《珊瑚珠》、《舞霓裳》、《蕪姑僊》、《青錢賺》、《焚書鬧》、《罵東風》、《三茅宴》、《玉山宴》八種，萬樹作，未刻。《勘鬼獄》、《瑤池會》、《翠微亭》、《補天夢》、《可破夢》、《王維》、《裴航》、《飲中八僊》、《杜牧》名《四才子》。以上無名氏。

　　△明人傳奇
　　《琵琶》高則誠作。《荊釵》柯丹邱作。《金印》蘇復之作。《連環》王雨舟作。《雙忠》、《金丸》、《精忠》三種，姚靜山作。《寶劍》、《斷髮》二種，李開先作。《銀瓶》、《三元》、《龍泉》、《嬌紅》四種，沈壽卿作。《五倫》、《投筆》、《舉鼎》、《羅囊》四種，邱瓊山作。《千金》、《還帶》、《四節》三種，沈練川作。《香囊》邵給諫作。《桃符》、《義俠》、《埋劍》、《分相》、《十孝》、《分錢》、《結髮》、《珠串》、《雙魚》、《博笑》、《四異》、《墜釵》、《合衫》、《奇節》、《鴛衾》、《鑿井》、《紅蕖》、《耆英會》、《翠屏山》、《望湖亭》、《一種情》二十一種，吳江沈璟作。《櫻桃夢》、《靈寶刀》二種，任誕先作。《紫簫》、《紫釵》、《還魂》、《南柯》、《邯鄲》

五種，湯顯祖作。《玉玦》、《大節》、《繡襦》三種，鄭若庸作。《乞麾》、《冬青》二種，卜世臣作。《金鎖》、《玉麟》、《四豔》、《雙卿》、《鸞鎞》五種，葉憲祖作。《紅梅》周夷玉作。《露綬》、《蕉帕》二種，單楏傯作。《錦箋》周螺冠作。《明珠》、《南西廂》、《懷香記》、《椒觴》、《分鞋記》五種，陸采作。《紅拂》、《虎符》、《竊符》、《廖屍》、《祝髮》、《平播》、《灌園》七種，張鳳翼作。《廖屍》端鳌作，此在張伯起之前。《葛衣》、《義乳》、《青衫》、《風聲編》（編者案：「風聲」當作「風教」）四種，顧大典作。《浣紗》梁伯龍作。《玉石》（編者案：「石」當作「合」）梅鼎祚作。《種玉》、《獅吼》、《天書》、《長生》、《同昇》、《三祝》、《高士》、《二閣》、《投桃》九種，汪廷訥作。《彩毫》、《曇花》、《修文》三種，屠赤水作。《藍橋》龍膺作。《白練裙》、《旗亭》、《勺藥》三種，鄭之文作。《量江》余聿文作。《雙雄》馮夢龍作。《青蓮》、《鞦韆》二種，戴子晉作。《彈鋏》、《四夢》二種，車任遠作。《雙珠》、《鮫綃》、《青瑣》、《分鞋》四種，沈鯨作。《蛟虎》黃伯羽作。《存孤》江都陸弼作。《清風亭》天臺李鳴雷作。《四喜》上虞謝讜作。《鸚鵡洲》海寧陳與郊作。《金蓮》、《紫懷》二種，會稽陳汝元作。《泰和》靖州許潮作。《紅拂》錢塘張太和作。《忠節》錢塘錢直之作。《符節》錢塘章大綸作。《呼盧》鄞縣金天垢作（編者案：「天垢」當作「無垢」）。《玉香》、《望雲》二種，仁和程文修作。《節孝》、《玉簪》錢塘高濂作。《題橋》無錫陸濟之作。《雙烈》張午山作。《驚鴻》烏程吳世美作。《鳴鳳》王世貞作。《八義》徐叔回作。《夢磊》、《合紗》史考叔作。《題紅》祝金粟作。《五鼎》顧懋仁作。《椒觴》顧懋儉作。《春蕪》錢塘汪錂作。《奇貨》、《三普》（按，「普」當作「晉」）、《犀珮》杭州胡全庵作。《金縢》喬夢符作。《神鏡》呂大成作（編者案：「大成」當作「天成」）。《玉魚》湯賓陽作。《玉釵》陸江樓作。《牡丹》朱春霖作。《綠綺》武進楊柔勝作。《禁煙》無錫盧鳩江作。《歌風》杭州庚生子作。《錕鋙》兩宜居士作。《奪解》秋閣居士作。《合璧》王恒作。《雙環》鹿陽外史作。《玉鏡臺》昆山朱鼎作。《金魚》宜興吳鵬作。《純孝》張從懷作。《焚香》王玉峰作。《龍劍》徽州吳大震作。《龍膏》、《錦帶》二種，楊第白作。《龍綃》台州黃惟楫作。《遇僊》杭州心一子作。《佩印》杭州顧懷琳作。《玉丸》上虞朱期作。《玉鐲》李玉田作。《釵釧》月榭主人作。《玉杵》餘姚楊之炯作。《分釵》溧陽張漱濱作。《溉園》上虞趙心武作。《覓蓮》溧陽鄒海門作。《丹筈》徽州汪宗姬作。《護龍》彭澤馮之可作。《指腹》溧陽沈祚作。《白璧》黃廷奉作。《狐裘》、《靖虜》二種，杭州謝天佑作。《合釵》邱瑞吾作。《繡被》、《香裘》、《妙相》、《八更》、《望雲》、《完福》、《寶釵》、《桃花》、《摘星》九種，會稽金懷玉作。《藍田》龍渠翁作。《紅梨》陽初子作。《合劍》太華山人作。《想當然》大名

盧次楗作。《策杖》函陽子作。《雙金榜》、《牟尼盒》、《忠孝環》、《春燈謎》、《燕子箋》五種，阮大鋮作。《王煥》、《張叶》、《牧羊》、《孤兒》、《玉環》、《教子》、《彩樓》、《百順》、《鸞釵》、《白兔》、《躍鯉》、《雙紅》、《四景》、《尋親》、《金雀》、《水滸》、《鵜釵》、《雙孝》、《玉佩》、《千祥》、《羅衫》、《麒麟》、《異夢》、《七國》、《黑鯉》、《題門》、《殺狗》、《東郭》、《投梭》、《金花》、《錦囊》、《情郵》、《瑞玉》、《蟠桃》、《吐絨》、《衣珠》、《四豪》、《三柱》、《花園》、《青樓》、《碑渠》、《紅絲》、《霞箋》、《犀盒》、《赤松》、《鑲環》、《綈袍》、《箜篌》、《東牆》、《江流》、《鴛簪》、《五福》、《離魂》、《菱花》、《金臺》、《南樓》、《臥冰》、《節俠》、《飛丸》、《四賢》、《琴心》、《運甓》、《幽閨》或曰施君美作，無可考。《飛丸》、《雙紅》、《目蓮救母》六十六種古本，無名氏可考。

△國朝傳奇

《秣陵春》太倉吳偉業作。《畫中人》、《療妒羹》、《綠牡丹》、《西園》四種，宜興吳石渠作。《花筵賺》、《鴛鴦棒》、《倩畫姻》、《勘皮靴》、《夢花酣》松江范香令作。《西樓》吳縣袁令昭作。《索花樓》、《荷花蕩》、《十錦塘》吳縣馬亘生作。《羅衫合》、《天馬媒》、《小桃源》三種，劉晉充作。《書生願》、《醉月緣》、《戰荊軻》、《蘆中人》、《昭君夢》、《狀元旗》吳縣薛旣揚作。《一捧雪》、《人獸關》、《永團圓》、《占花魁》、《麒麟閣》、《風雲會》、《牛頭山》、《太平錢》、《連城璧》、《眉山秀》、《昊天塔》、《三生果》、《千忠會》、《五高風》、《兩鬚眉》、《長生像》、《鳳雲翹》、《禪眞會》、《雙龍佩》、《千里舟》、《洛陽橋》、《虎邱山》、《武當山》、《清忠譜》、《掛玉帶》、《意中緣》、《萬里緣》、《萬民安》、《麒麟種》、《羅天醮》、《秦樓月》三十一種，吳縣李元玉作。《萬事足》、《風流夢》、《新灌園》三種，吳縣馮夢龍作。《琥珀匙》、《女開科》、《開口笑》、《三擊節》、《遜國疑》、《英雄概》、《八翼飛》、《人中人》八種，吳縣葉稚斐作。《太極奏》、《玉素珠》、《軒轅鏡》、《蓮花筏》、《吉慶圖》、《飛龍鳳》、《錦雲裘》、《瑞霓羅》、《御雪豹》、《石麟鏡》、《九蓮燈》、《纓絡會》、《贅神龍》、《萬花樓》、《建黃圖》、《乾坤嘯》、《豔雲亭》、《奪秋魁》、《萬壽冠》、《雙和合》、《壽榮華》、《五代榮》、《寶疊月》、《漁家樂》、《牡丹圖》二十五種，吳縣朱良卿作。《虎囊彈》、《黨人碑》、《百福帶》、《幻緣箱》、《歲寒松》、《御袍恩》、《鬧句闌》五種，常熟邱嶼雪作。《振三綱》、《一著先》、《萬年觴》、《錦衣歸》、《未央天》、《㺜猊璧》、《忠孝閭》、《四聖手》、《聚寶盆》、《十五貫》、《文星見》、《龍鳳錢》、《瑤池宴》、《朝陽鳳》、《全五福》十五種，吳縣朱素臣作。《紅勺藥》、《竹葉舟》、《呼

盧報》、《三報恩》、《萬人敵》、《杜鵑聲》六種，吳縣畢萬侯作。《奈何天》、《比目魚》、《蜃中樓》、《憐香伴》、《風箏誤》、《慎鸞交》、《鳳求皇》、《巧團圓》、《玉搔頭》、《意中緣》、《偷甲記》、《四元記》、《雙鐘記》、《魚籃記》（編者案：「籃」本作「藍」，誤，因正之）、《萬全記》十五種，錢塘李漁作。《大白山》、《竹漉籬》、《八儡圖》、《火牛陣》、《竟西廂》、《福星臨》、《指南車》、《綈袍贈》、《萬金資》、《鏡中人》、《金橙樹》、《玉鴛鴦》十二種，周坦綸作。《如是觀》、《醉菩提》、《海潮音》、《釣魚船》、《天下樂》、《井中天》、《快活三》、《金剛鳳》、《獺鏡緣》、《芭蕉井》、《喜重重》、《龍華會》、《雙節孝》、《雙福壽》、《讀書聲》、《娘子軍》十六種，張心其作。《春秋筆》、《雙奇俠》、《貂裘賺》、《千金笑》、《聚獸牌》、《錦中花》、《擘香園》、《古交情》、《四美坊》、《眉儢嶺》、《如意冊》、《風雪緣》、《固哉翁》、《續青樓》十四種，會稽高奕作。《人中龍》、《飛龍蓋》、《胭脂雪》、《雙虯判》吳縣盛際時作。《清風寨》、《五羊皮》吳縣史集之作。《靈犀鏡》、《齊案眉》、《照膽鏡》、《人面虎》、《石點頭》、《小蓬萊》、《別有天》、《龍燈賺》、《赤鬚龍》、《兒孫福》、《兩乘龍》、《萬壽鼎》十二種，吳縣朱雲從作。《雙冠誥》、《稱人心》、《彩衣歡》長洲陳二百作。《三合笑》、《玉殿元》、《歡喜緣》三種，陳子玉作。《非非想》、《黃金臺》二種，王香裔作。《珊瑚鞭》、《九奇逢》江都徐又陵作。《長生殿》洪昉思作。《傳燈錄》即《歸元鏡》，釋智達作。《玉麟記》張世漳作，與明人葉桐柏作不同。《玉符記》吉衣道人作。《鈞天樂》尤侗作。《香草吟》、《載花舲》二種，耶溪野老作。《珊瑚鞭》、《元寶媒》二種，可笑人作。《廣寒香》蒼山子作。《五倫鏡》雪龕道人作。《梅花夢》陽羨陳貞禧作。《息宰河》唵庵孚中道人作。《翻西廂》、《賣相思》二種，研雪子作。《醉鄉記》白雪道人作。《忠孝福》石牧作。《陰陽判》他山老人作。《宣和譜》介石逸叟作。《合箭記》萬清軒作。《鴛簪合》夢覺道人作。《英雄報》蝸寄居士作。《河陽觀》吳滉珏作。《風前月下》江左詞懸曹岩作。《紅情言》太原王介人作。《壺中天》華亭朱龍田作。《定蟾宮》朱碻（編者案：「碻」當作「確」。）、過孟起、盛國琦三人同作。《兩度梅》、《錦香亭》、《天燈記》、《酒家傭》石恂齋作。《三生錯》西湖放人去村作。《玉獅墜》、《懷沙記》玉燕堂張漱石作。《雙報應》抱犢山農秪留山作。《風流棒》、《空青石》、《念八翻》、《錦塵帆》、《十串珠》、《黃金甕》、《金神鳳》、《資齊鑒》八種，陽羨萬樹作。《花萼吟》、《杏花村》、《南陽樂》、《無瑕璧》、《廣寒梯》、《瑞筠圖》六種，夏惺齋作。《月中人》月鑒主人作。《玉劍緣》江都李本宣作。《拜針樓》蕪湖王塈作。《雙儡記》研露老人作。《東廂記》楊國賓作。《長命縷》勝樂道人作。《雙忠廟》

周冰持作。《煙花債》、《情中幻》二種，崔應階作。《旗亭記》、《玉尺樓》二種，德州盧見曾作。《鑒中天》女道士姜玉潔作。《添繡鞋》離幻老人作。《香祖樓》、《雪中人》、《臨川夢》、《桂林霜》、《冬青樹》、《空谷香》六種，蔣士銓作。《風流院本》朱京奬作。《精忠旗》、《麒麟閣》、《綱常記》、《芝龕記》、《鐵面圖》、《北孝烈》、《義貞記》、《四大癡》、《蝴蝶夢》、《鳳求皇》、《納履記》、《丹忠記》、《十義記》、《赤壁遊》、《魚水緣》、《藍橋驛》、《飲中僊》、《夢中緣》、《石榴記》、《化人遊》、《財神濟》、《雙翠圓》、《翠翹記》、《續牡丹亭》、《慈悲願》、《夫容樓》焦里堂《曲考》以《夫容樓》爲雙溪鷹山作。《千鍾祿》、《雷峰塔》二十八種，原有姓名，失記應考。《曲春衣》、《爛柯山》、《浮邱傲》、《落花風》、《埋輪亭》、《籌邊樓》、《隋唐》、《壽爲先》、《盤陀山》、《十錯記》《曲考》云，即《滿床笏》，龔司寇門客作。《後漁家樂》、《十美圖》、《鬧花燈》、《倭袍》、《長生樂》以上抄本。《大吉慶》、《杜陵花》、《清風寨》、《陀羅尼》、《百福帶》、《兩情合》、《螭虎釧》、《情中岸》、《七才子》、《東塔院》、《一枝梅》、《三奇緣》、《百子圖》、《鴛鴦結》、《錦繡旗》、《黃鶴樓》、《倒銅旗》、《燕臺築》、《上林春》、《瑤池宴》、《金蘭誼》、《逍遙樂》、《文星劫》、《錦衣歸》、《合虎符》、《蟠桃會》四十一種，詞曲佳而姓名不可考者。《人生樂》、《霄光劍》、《安天會》、《萬倍利》、《元寶湯》、《江天雪》、《沉香亭》、《花石綱》、《四屏山》、《翻浣紗》、《藍關道曲》皆【耍孩兒】小調。《平妖傳》、《西川圖》、《黎筐雪》、《續尋親》、《狀元香》、《昭君傳》、《風流烙》、《紫金魚》、《贅人龍》、《報恩亭》、《平頂山》、《翻七國》、《玉燕釵》、《三異緣》、《歲寒松》、《鸞鳳釵》、《快活僊》、《八寶箱》、《補天記》、《祥麟見》、《珍珠塔》、《姊妹緣》、《奉僊緣》、《醉西湖》、《三鼎爵》、《英雄概》、《遍地錦》、《雙瑞記》、《梅花簪》、《玉杵記》、《後一捧雪》、《定天山》、《長生樂》、《南樓月》、《山堂詞餘》、《雄精劍》、《還帶記》四十八種，詞曲平、無姓名者，皆抄本。《後西廂》、《飛熊兆》、《紫瓊瑤》、《賜繡旗》、《齊天樂》、《翡翠園》、《玉麟符》、《粉紅闌》、《喜聯登》、《狀元旗》另一本，非薛旣揚作。《雙和合》非朱良卿作。《三笑姻緣》、《碧玉燕》、《九曲珠》、《四奇觀》、《後繡襦》、《折桂傳》、《飛熊鏡》、《白鶴圖》、《白羅衫》、《乾坤鏡》、《還魂記》一名《玉龍珮》。《後珠球》、《好逑傳》、《四大慶》、《青蛇傳》、《四安山》、《天然福》、《摘星樓》、《雲合奇蹤》、《萬花樓》、《醉將軍》、《描金鳳》、《吉祥兆》、《續千金》、《劉成美》、《青缸嘯》（編者案：「缸」當作「虹」）、《軟藍橋》、《天緣配》、《桃花寨》、《雙錯叠》、《沉香帶》、《鴛鴦幻》、《三世修》、《文章用》、《造化圖》、《祝

家莊》、《彩樓記》、《鳳鸞裳》、《陰功報》、《福鳳緣》、《觀星臺》、《督亢圖》、《征東傳》、《北海記》、《三俠劍》、《千秋鑒》、《千里駒》、《雙珠鳳》、《十大快》、《鸞釵記》、《禪眞逸史》、《春富貴》、《翻天印》、《黃河陣》、《古城記》、《月華緣》、《五虎寒》、《五福傳》非古本。《昇平樂》、《賜錦袍》、《百花臺》、《爲善最樂》、《雙螭璧》、《遍地錦》、《雙姻緣》、《鬧金釵》、《三鼎甲》、《鴛鴦被》、《天貴圖》、《錕鋼俠》、《一疋布》、《封神榜》、《滄浪亭》、《二龍山》、《天平山》、《河燈賺》、《玉麒麟》、《通天犀》、《碧玉串》、《鐵弓緣》、《未央天》、《二十四孝》、《千祥記》、《佐龍飛》、《順天時》、《混元盒》、《彩衣堂》、《珍珠旗》、《元都觀》、《金花記》、《金瓶梅》、《後岳傳》、《合歡慶》、《三鳳緣》、《太平錢》另一俗本，非李元玉作。《合歡圖》、《鴛鴦孩》、《開口笑》一百零九種，詞曲劣，無姓名，皆抄本。

共一千一十三種。焦里堂《曲考》載此目，有所增益，附於後：

《洞天元記》明楊慎作。《空堂話》國朝鄔兌金作。《汨羅江》、《黃鶴樓》、《滕王閣》西神鄭瑜作。《蘇園翁》、《秦廷筑》、《金門戟》、《鬧門神》、《雙合歡》五種，茅僧曇作。《半臂寒》、《長公妹》、《中郎女》三種，南山逸史作。《眼兒媚》孟稱舜作。《孤鴻影》、《夢幻緣》芥庵周如璧作。《續西廂》查繼佐作。《西臺記》陸世廉作。《衛花符》伊令堵廷棻作。《鱐詩讖》土室道民作。《城南寺》黃家舒作。《不了緣》碧蕉軒主人作。《櫻桃宴》張來宗作。《旗亭燕》張龍文作。《餓方朔》孫源文作。《脫穎》、《茅廬》、《章臺柳》、《韋蘇州》、《申包胥》五種，皆張國壽作。《倚門》、《再醮》、《淫僧》、《偷期》、《督妓》、《變童》、《懼內》六種，題《陌花軒雜劇》，黃方印作。《北門鎖鑰》高應玘作。《蓬島璚瑤》、《花木題名》二種，田民撰。以上雜劇。

《放偷》、《買嫁》二種，連廂詞，蕭山毛大可作。《廣寒香》、《易水歌》二種，鷹山作。《富貴神僊》影園灌者鄭含成作。《胭脂虎》江都徐又陵作。《空谷香》蔣士銓作。《四奇觀》、《血影石》、《一捧花》三種，朱良卿作。《紫雲歌》失名。《相思硯》錢塘女史梁夷素作。《芙蓉峽》錢夫人林亞青作。《縮春園》三種，沈嵊作，即唵庵孚中道人。《虎媒記》明顧景星作。《紅情言》、《榴巾怨》、《詞苑春秋》、《博浪沙》四種，明嘉興王翃作（編者案：「王翃」當作「王翃」）。《崖州路》、《麒麟夢》、《鴛鴦榜》、《黃金盆》四種，通州張異資作。《犢鼻褌》興化李棟作。《籌邊樓》王鶴尹作。《宰戍記》明錢塘沈孚中作。《梧桐雨》、《一文錢》二種，徐復祚作。即陽初子。《宵光劍》、《紅梨》亦其作也。以上傳奇。

共雜劇四十二種，傳奇二十六種，葉廣平《納書楹曲譜》所載名目，前所未備者，附於後。

《古城記》、《單刀會》、《兩世姻緣》、《唐三藏》、《漁樵》、《蘇武還朝》、《鬱輪袍》、《彩樓》、《吟風閣》、《蓮花寶筏》、《珍珠衫》、《千鍾祿》、《葛衣》、《雍熙樂府》、《金不換》、《風雲會》、《東窗事犯》、《天寶遺事》、《俗西遊》、《江天雪》、《五香毬》、《小妹子》、《思凡》以上無名氏。（李斗：《揚州畫舫錄》卷五，中華書局，1960 年，第 111～121 頁）

編者案：原作無標題，此標題係編者所擬。

【揚州梨園總局】城內蘇唱街老郎堂，梨園總局也。每一班入城，先於老郎堂禱祀，謂之掛牌；次於司徒廟演唱，謂之掛衣。每團班在中元節，散班在竹醉日。團班之人，蘇州呼爲「戲螞蟻」，吾鄉呼爲「班攬頭」。吾鄉地卑濕，易患癬疥，吳人至此，易於沾染，班中人謂之「老郎瘡」。梨園以副末開場，爲領班；副末以下老生、正生、老外、大面、二面、三面七人，謂之男腳色；老旦、正旦、小旦、貼旦四人，謂之女腳色；打諢一人，謂之雜。此江湖十二腳色，元院本舊制也。蘇州腳色優劣，以戲錢多寡爲差，有七兩三錢、六兩四錢、五兩二錢、四兩八錢、三兩六錢之分，內班腳色皆七兩三錢。人數之多，至百數十人，此一時之勝也。（李斗：《揚州畫舫錄》卷五，中華書局，1960 年，第 122 頁）

編者案：原作無標題，此標題係編者所擬。

【徐班優伶】徐班副末余維琛，本蘇州石塔頭串客，落魄入班中。面黑多鬚，善飲，能讀經史，解九宮譜，性情慷慨，任俠自喜。嘗於小東門羊肉肆見吳下乞兒，脫狐裘贈之。其時王九皋爲副末副席。

老生山崑璧，身長七尺，聲如鑄鐘，演《鳴鳳記》〈寫本〉一齣，觀者目爲天神。自言袍袖一遮，可容張德容輩數十人。張德容者，本小生，聲音不高，工於巾戲。演《尋親記》周官人，酸態如畫。

小生陳雲九，年九十，演《彩毫記》〈吟詩脫靴〉一齣，風流橫溢，化工之技。董美臣亞於雲九，授其徒張維尙，謂之董派。美臣以《長生殿》擅場，維尙以《西樓記》擅場，維尙遊京師時，人謂之「狀元小生」，後入洪班。

老外王丹山，氣局老蒼，聲振梁木。同時孫九皋爲外腳副席，九皋戲情熟於丹山，而聲音氣局，十不及半，後入洪班。

大面周德敷，小名黑定，以紅黑面笑叫跳擅場。笑如《宵光劍》鐵勒奴，叫如《千金記》楚霸王，跳如《西川圖》張將軍諸出。同時劉君美、馬美臣並勝。馬文觀，字務功，爲白面，兼工副淨，以〈河套〉、〈參相〉、〈遊殿〉、〈議劍〉諸齣擅場。白面之難，聲音氣局，必極其勝，沉雄之氣寓於嘻笑怒罵者，均於粉光中透出。二面之難，氣局亞於大面，溫曖近於小面，忠義處如正生，卑小處如副末，至乎其極。又服婦人之衣，作花面丫頭，與女脚色爭勝。務功兼工副淨，能合大面二面爲一氣，此所以白面擅場也。其徒王炳文，謹守務功白面諸齣，而不兼副淨，故凡馬務功之戲，炳文效之，其神化處尚未能盡。

二面錢雲從，江湖十八本，無齣不習。今之二面，皆宗錢派，無能出其右者。同時錢配林，技藝雖工，過於端整，爲雲從所掩。後入洪班，方顯其技。三面以陳嘉言爲最，一出鬼門，令人大笑，後與配林仝入洪班。

老旦余美觀，兼工三絃，本京腔班中人，後歸江南入徐班。正旦史菊觀，演《風雪漁樵記》在任瑞珍之上。瑞珍口大善泣，人呼爲闊嘴。幼時在瀋陽從一縣令，會縣令被逮，瑞珍左右之。縣令死，瑞珍經紀其喪，始得歸里。後入洪班。

小旦謂之閨門旦，貼旦謂之風月旦，又名作旦，兼跳打謂之武小旦。吳福田，字大有，幼時從唐權使英學八分書，能背《通鑒》，度曲應笙笛四聲。蘇州葉天士之孫廣平，精於音律，稱「大有爲無雙唱口」。許天福，汪府班老旦出身，余維琛勸其改作小旦；「三殺」、「三刺」，世無其比。後年至五十，仍爲小旦。馬繼美年九十爲小旦，如十五六處子。王四喜以色見長，每一出場，輒有佳人難再得之歎。（李斗：《揚州畫舫錄》卷五，中華書局，1960年，第122～124頁）

編者案：原作無標題，此標題係編者所擬。

【諸內班優伶】徐班以外，則有黃、張、汪、程諸內班，程班三面周君美，與郭耀宗齊名。君美即陳嘉言之婿，盡得其傳。正生石湧塘，學陳雲九風月一派，後入江班。與朱治東演《獅吼記》〈梳妝〉、〈跪池〉，風流絕世。大面馮士奎，以《水滸記》劉唐擅場。韓興周以紅黑面擅場。老生王采章，即張德容一派。小旦楊二觀，上海人，美姿容。上海產水蜜桃，時人以比其貌，呼之爲「水蜜桃」。家殷富，好串小旦，後由程班入江班，成老名工。老

外倪仲賢，有王丹山氣度。老旦王景山，眇一目，上場用假眼睛如眞眼，後歸江班。黃班三面顧天一，以武大郎場，通班因之演《義俠記》全本，人人爭勝，遂得名。嘗於城隍廟演戲，神前鬮《連環記》，臺下觀者大聲鼓噪，以必欲演《義俠記》。不得已演至〈服毒〉，天一忽墜臺下，觀者以爲城隍之靈。年八十餘演《鳴鳳記》〈報官〉，腰腳如二十許人。張班老外張國相，工於小戲，如《西樓記》拆書之周旺，《西廂記》惠明寄書之法本稱最。近年八十餘，猶演《宗澤交印》，神光不衰。老生程元凱，爲朱文元高弟子，〈寫本〉諸齣，得其眞傳。劉天祿小唱出身，後師余維琛，爲名老生；兼工琵琶，其〈彈詞〉一齣稱最。張明祖爲小生，與沈明遠齊名，後從其父爲洪班教師。三面顧天祥，以〈羊肚〉、〈盜印〉、〈鸞釵〉、〈朱義〉爲絕技。同時謝天成爪指最長，亦工〈羊肚〉諸技。大面陳小扛，爲馬美臣一派。小旦馬大保，爲美臣子，色藝無雙，演《占花魁》〈醉歸〉，有嬌鳥依人最可憐之致。老旦張廷元，小丑熊如山，精於江湖十八本，後爲教師，老班人多禮貌之。汪穎士本海府班串客，後爲教師，論沒手身段如《邯鄲夢》《雲陽》、《漁家樂》〈羞父〉最精，善相術，間於茶肆中爲人相面。（李斗：《揚州畫舫錄》卷五，中華書局，1960 年，第 124～125 頁）

編者案：原作無標題，此標題係編者所擬。

【洪班優伶】洪班半徐班舊人，老生張德容之後爲陳應如。應如本織造府書吏，爲海府班串客，因入是班。次以周新如，以《四聲猿》〈狂鼓史〉得名。又次之則朱文元。文元小名巧福，爲程伊先之徒，演《邯鄲夢》全本，始終不懈。先在徐班，以年未五十，故無所表見；至洪班則聲名鵲起，班中人稱爲「戲忠臣」。

徐班散後，腳色歸蘇州，值某權使拘之入織造府班；迨洪班起，諸人相繼得免。惟吳大有、朱文元二人總管府班，不得免。家益貧，交益深，乃相約此生終始同班；逾年，文元逸去，入洪班三年乃歸。大有偵知之，拘入府班十年。是時大有家漸豐，文元貧欲死，挽大有之友代謝罪。大有恨其背己，而知其貧也，乃求於權使罷之，遂歸德音班。先是文元去後，洪班遂無老生，不得已以張班人代之。及江班起，更聘劉亮彩入班。亮彩爲君美子，以《醉菩提》全本得名，而江鶴亭嫌其吃字，終以不得文元爲憾。及文元罷府班來，鶴亭喜甚，乃舟甫抵岸，猝暴卒。

　　小生汪建周，一字不識，能講四聲。李文益丰姿綽約，冰雪聰明，演《西樓記》于叔夜，宛似大家子弟。後在蘇州集秀班，與小旦王喜增串《紫釵記》〈陽關折柳〉，情致纏綿，令人欲泣，沈明遠師張維尚，舉止酷肖，聲音不類，後入江班。

　　白面以洪季保擅場，紅黑面以張明誠擅場。明誠爲明祖之弟，本領平常，惟《羅夢》一齣，善用句容人聲口，爲絕技。

　　任瑞珍自史菊官死後，遂臻化境。詩人張朴存嘗云：「每一見瑞珍，令我整年不敢作泣字韻詩。」其徒吳仲熙，小名南觀，聲入霄漢，得其激烈處。吳端怡態度幽閒，得其文靜處，至《人獸關‧掘藏》一齣，端怡之外無人矣。後南觀入程班，端怡入張班，繼入江班。老外孫九江，年九十八演《琵琶記‧遺囑》，令人欲死。同時法揆、趙聯璧齊名。周維伯曲不入調，身段闌珊，惟能說白而已。

　　老旦費坤元，本蘇州織造班海府串客，頤上一痣，生毛數莖，人呼爲「一撮毛」，喉歌清腴，腳步無法。

　　副淨陳殿章，細膩工致，世無其比。惡軟以冷勝，演《鮫綃記》〈寫狀〉一齣，稱絕技。惡軟，蘇州人，忘其姓名。小丑丁秀容，打諢插科，令人絕倒。孫世華唇不掩齒，觸處生趣，獨不能扮武大郎、宋獻策，人呼爲長腳小花面。小旦余紹美，滿面皆麻，見者都忘其醜。金德輝步其後塵，不相上下。范三觀工小兒戲，如安安小官人之類，啼笑皆有可憐之態。潘祥齡神光離合，乍陰乍陽，號「四面觀音」。德輝後入德音班。江班，亦洪班舊人，名曰德音班。江鶴亭愛余維琛風度，命之總管老班，常與之飲及葉格戲，謂人曰：「老班有三通人，吳大有、董掄標、余維琛也。掄標，美臣子，能言史事，知音律，《牡丹亭記》柳夢梅，手未曾一出袍袖。

　　小旦朱野東，小名麒麟觀，善詩，氣味出諸人右。精於梵夾，常欲買庵自居。

　　老生劉亮彩，小名三和尚，吃字如書家渴筆，自成機軸，工《爛柯山》朱買臣。

　　副末沈文正、俞宏源並稱。宏源演《一捧雪》中莫成，謂之「中到邊」。善飲酒，徹夜不醉，鼻子如霜後柿。

　　大面王炳文，說白、身段酷似馬文觀，而聲音不宏。朱道生工《尉遲恭》〈揚鞭〉一齣，今失其傳。二面姚瑞芝、沈東標齊名，稱國工。東標〈蔡婆〉

一齣，即起高東嘉於地下，亦當含毫邈然。趙雲崧《甌北集》中有《康山席上贈歌者王炳文沈東標》七言古詩。

王喜增，姿儀性識特異於人，詞曲多意外聲，清響飄動梁木。金德輝演《牡丹亭》〈尋夢〉、《療妒羹》〈題曲〉，如春蠶欲死。周仲蓮喜《天門陣》〈產子〉、《翡翠園》〈盜令牌〉、《蝴蝶夢》〈劈棺〉，每一梳頭，令舉座色變。董壽齡工爲侍婢，所謂倩婢、松婢、淡婢、逸婢、快婢、疏婢、通婢、秀婢，無態不呈。

大面范松年爲周德敷之徒，盡得其叫跳之技，工《水滸記》評話，聲音容貌，模寫殆盡。後得嘯技，其嘯必先斂之，然後發之，斂之氣沉，發乃氣足，始作驚人之音，繞於屋樑，經久不散；散而爲一溪秋水，層波如梯。如是又久之，長韻嘹亮不可遏，而爲一聲長嘯。至其終也，仍嘐嘐然作洞穴聲。中年入德音班，演《鐵勒奴》蓋於一部，有周德敷再世之目。其徒奚松年，爲洪班大面，聲音甚宏，而體段不及。

二面蔡茂根演《西廂記》法聰，瞪目縮臂，縱膊埋肩，搔首踟躕，興會飆舉，不覺至僧帽欲墜。斯時舉座恐其露髮，茂根顏色自若。小丑滕蒼洲短而肥，戴烏紗，衣皂袍，著朝靴，絕類虎邱山「拔不倒」。

洪班副末二人：俞宏源及其子增德；老生二人：劉亮彩、王明山；老外二人：周維柏、楊仲文；小生三人：沈明遠、陳漢昭、施調梅；大面二人：王炳文、奚松年；二面二人：陸正華、王國祥；三面二人：滕蒼洲、周宏儒；老旦二人：施永康、管洪聲；正旦二人：徐耀文及其徒王順泉；小旦則金德輝、朱冶東、周仲蓮及許殿章、陳蘭芳、孫起鳳、季賦琴、范際元諸人。周維柏善外科，施藥不索謝，敬惜字紙，遇凶災之年，則施棺槨，此又班中之好施者也。（李斗：《揚州畫舫錄》卷五，中華書局，1960年，第125～129頁）

編者案：原作無標題，此標題係編者所擬。

【後場】後場一曰場面，以鼓爲首。一面謂之單皮鼓，兩面則謂之荸薺鼓，名其技曰鼓板。鼓板之座在上鬼門，椅前有小搭腳、仔凳，椅後屏上繫鼓架。鼓架高二尺二寸七分，四腳，方一寸二分，上雕淨瓶頭，高三寸五分。上層穿枋仔四八根，下層八根；上層雕花板，下層下縧環柱子、橫欄廣仔尺寸同。單皮鼓例在椅右下枋。荸薺鼓與板，例在椅屏間。大鼓箭二，小鼓箭一，在椅墊下。此技徐班朱念一爲最，聲如撒米，如白雨點，如裂帛破竹。一日登場時鼓箭爲人竊去，將以困之也。念一曰：「何不竊我手去？」後入

洪班。其徒季保官左手擊鼓，右手按板，技如其師，而南曲熨貼處不逮遠甚。後自京病廢，歸江班。張班陸松山亦左手擊鼓。江班又有孫順龍，洪班有王念芳、戴秋朗，皆以鼓板著名。絃子之座，後於鼓板，絃子亦鼓類，故以面稱。絃子之職，兼司雲鑼、鎖哪、大鐃。此技有二絕：其一在做頭斷頭，曲到字出音存時謂之腔，絃子高下急徐謂之點子。點子隨腔爲做頭，至曲之句讀處，如昆吾切玉，爲斷頭。其一在絃子讓鼓板，板有沒板、贈板、撤贈、撤板之分。鼓隨板以呈其技，若絃子復隨鼓板以呈其技。於鼓板空處下點子謂之讓，惟能讓鼓板，乃可以蓋鼓板，即俗之所謂「清點子」也。此技徐班唐九州爲最。九州本蘇州祝獻出身，無曲不熟，時人呼爲「曲海」。同時薛貝琛，曲文不能記半句，登場時無不合拍，時人呼爲僊手。今洪班則楊升聞爲最。升聞小名通匾頭，九州之徒，盡得其傳。其次則陸其亮、璩萬資二人。笛子之人在下鬼門，例用雌雄二笛，故古者笛床二枕，笛托二柱。若備用之笛，多繫椅屏上。笛子之職，兼司小鈸。此技有二絕：一曰熟，一曰軟。熟則諸家唱法，無一不合；軟則細緻縝密，無處不入。此技徐班許松如爲最。松如口無一齒，以銀代之，吹時鑲於斷齶上，工尺寸黍不爽。次之戴秋閩最著。莊有齡以細膩勝，郁起英以雄渾勝，皆入江班。有齡指離笛門不過半黍。今洪班則陳聚章、黃文奎二人。笙之座後於笛，笙之職亦兼鎖哪。笙爲笛之輔，無所表見，故多於吹鎖哪時，較絃子上鎖哪先出一頭。其實用單小鎖哪若《大江東去》之類，仍爲絃子掌之。戲場桌二椅四，桌陳列若「丁」字，椅分上下兩鬼門八字列。場面之立而不坐者二：一曰小鑼，一曰大鑼。小鑼司戲中桌椅床凳，亦曰走場，兼司叫顙子。大鑼例在上鬼門，爲鼓板上支鼓架子，是其職也。至於號筒、啞叭、木魚、湯鑼，則戲房中人代之，不在場面之數。（李斗：《揚州畫舫錄》卷五，中華書局，1960 年，第 129～130 頁）

　　編者案：原作無標題，此標題係編者所擬。

　　【揚州花部】 郡城花部，皆係土人，謂之本地亂彈，此土班也。至城外邵伯、宜陵、馬家橋、僧道橋、月來集、陳家集人，自集成班，戲文亦間用《元人百種》，而音節服飾極俚，謂之草臺戲。此又土班之甚者也。若郡城演唱，皆重崑腔，謂之堂戲。本地亂彈只行之禱祀，謂之臺戲。迨五月崑腔散班，亂彈不散，謂之火班。後句容有以梆子腔來者，安慶有以二簧調來者，弋陽有以高腔來者，湖廣有以羅羅腔來者，始行之城外四鄉，繼或於暑月入城，謂之趕火班。而安慶色藝最優，蓋於本地亂彈，故本地亂彈間有聘

之入班者。京腔用湯鑼不用金鑼，秦腔用月琴不用琵琶，京腔本以宜慶、萃慶、集慶爲上。自四川魏長生以秦腔入京師，色藝蓋於宜慶、萃慶、集慶之上，於是京腔效之，京秦不分。迨長生還四川，高朗亭入京師，以安慶花部，合京秦兩腔，名其班曰三慶，而曩之宜慶、萃慶、集慶遂湮沒不彰。郡城自江鶴亭徵本地亂彈，名春臺，爲外江班。不能自立門戶，乃徵聘四方名旦，如蘇州楊八官、安慶郝天秀之類；而楊、郝復採長生之秦腔，並京腔中之尤者，如《滾樓》、《抱孩子》、《賣餑餑》、《送枕頭》之類，於是春臺班合京秦二腔矣。熊肥子演大夫小妻《打門吃醋》，曲盡閨房兒女之態。

樊大暳其目而善飛眼，演《思凡》一齣，始則崑腔，繼則梆子、羅羅、弋陽、二簧，無腔不備，議者謂之戲妖。

儀征小鄢，本救生船中篙師之子，生而好學婦人。其父怒投之江，不死，流落部中爲旦，後捨其業販繒，死於水。

郝天秀，字曉嵐，柔媚動人，得魏三兒之神。人以「坑死人」呼之，趙雲崧有《坑死人歌》。

長洲楊八官作盛夏婦人私室宴息，迫於強暴和尚，幾爲所汙，謂之「打盞飯」。

謝壽子扮花鼓婦，音節淒婉，令人神醉。陸三官花鼓得傳，而熟於京秦兩腔。

曹大保，性好遊，每旦放舟湖上。嘗以木蘭一本，斫爲劃子船，計長二丈二尺，廣五之一。入門方丈，足布一席，屏間可供臥吟，屏外可貯百壺。兩旁帳幔，花晨月夕，如乘彩霞而登碧落。若遇驚飆蹴浪，顛樹平橋，則卸闌卷幔，輕如蜻蜓。中置一二歌童擅紅牙者，俾佐以司茶酒。湖上人呼之曰「曹船」。

京師萃慶班謝瑞卿，人謂之小耗子，以其師名耗子而別之也。工《水滸記》之閻婆惜。每一登場，座客親爲傳粉；狐裘羅綺，以不得粉漬爲恨。關大保演閻婆惜效之，自是揚州有謝氏一派。

四川魏三兒，號長生，年四十來郡城投江鶴亭，演戲一齣，贈以千金。嘗泛舟湖上，一時聞風，妓舸盡出，畫槳相擊，溪水亂香。長生舉止自若，意態蒼涼。

凡花部腳色，以旦丑跳蟲爲重，武小生、大花面次之。若外、末不分門，

統謂之男腳色。老旦、正旦不分門，統謂之女腳色。丑以科諢見長，所扮備極局騙俗態，拙婦馽男，商賈刁賴，楚咻齊語，聞者絕倒。然各囿於土音鄉談，故亂彈致遠不及崑腔。惟京師科諢皆官話，故丑以京腔爲最。如凌雲浦本世家子，工詩善書，而一經傅粉登場，喝采不絕。廣東劉八，工文詞，好馳馬，因赴京兆試，流落京師，成小丑絕技。此皆余親見其極盛，而非土班花面之流亞也。吾鄉本地亂彈小丑，始於吳朝、萬打岔，其後張破頭、張三網、痘張二、鄭士倫輩皆效之，然終止於土音鄉談，取悅於鄉人而已，終不能通官話。近今春臺聘劉八入班，本班小丑效之，風氣漸改。劉八之妙，如演《廣舉》一齣，嶺外舉子赴禮部試，中途遇一腐儒，同宿旅店，爲群妓所誘。始則演論理學，以舉人自負；繼則爲聲色所惑，衣巾盡爲騙去，曲盡迂態。又有《毛把總到任》一齣，爲把總以守汛之功，開府作副將。當其見經略，爲畏縮狀；臨兵丁，作傲倨狀；見屬兵升總兵，作欣羨狀、妒狀、愧恥狀；自得開府，作謝恩感激狀；歸晤同僚，作滿足狀；述前事，作勞苦狀；教兵丁槍、箭，作發怒狀；揖讓時，作失儀狀；經略呼，作驚愕錯落狀，曲曲如繪。惟勝春班某丑效之，能仿佛其五六，至《廣舉》一齣，竟成《廣陵散》矣。

本地亂彈以旦爲正色，丑爲間色，正色必聯間色爲侶，謂之搭夥。跳蟲又醜中最貴者也，以頭委地，翹首跳道及錘鐧之屬。張天奇、岑䏮峽、郝天、郝三皆其最也。䏮峽名儑，磊落不受鄉里睚眥。年四十，厚積數萬，施之梵覺禪寺造萬佛樓，建坐韋馱殿，闢群芳圃，護火焚晉樹二株。鑄大鐵鑊，飯行腳僧。趺坐念佛，不拘僧相。自稱曰岑道人。郝三曾隨福貝子康安征臺灣，半年而返。劉歪毛本春臺班二面，後爲僧，赤足被袈裟，敲雲板，高聲念南無藥師琉璃光如來佛。得錢則轉施丐者，或放生。數年，坐化於高旻寺。（李斗：《揚州畫舫錄》卷五，中華書局，1960 年，第 130～133 頁）

編者案：原作無標題，此標題係編者所擬。

【戲具行頭】戲具謂之行頭，行頭分衣、盔、雜、把四箱。衣箱中有大衣箱、布衣箱之分。大衣箱文扮則富貴衣即窮衣、五色蟒服、五色顧繡披風、龍披風、五色顧繡青花五彩綾緞襖褶、大紅圓領、辭朝衣、八卦衣、雷公衣、八僊衣、百花衣、醉楊妃、當場變補套藍衫、五綵直裰、太監衣、錦緞敞衣、大紅金梗一樹梅道袍、綠道袍、石青雲緞掛袍、青素衣、袈裟、鶴氅、法衣、

鑲領袖雜色夾緞襖、大紅雜色紬小襖；武扮則紮甲、大披掛、小披掛、丁字甲、排鬚披掛、大紅龍鎧、番邦甲、綠蟲甲、五色龍箭衣、背搭、馬掛、劊子衣、戰裙；女扮則舞衣、蟒服、襖褶、宮裝、宮搭、採蓮衣、白蛇衣、古銅補子、老旦衣、素色老旦衣、梅香衣、水田披風、採蓮裙、白綾裙、帕裙、綠綾裙、秋香綾裙、白繭裙。又男女襯褶衣、大紅褲、五色顧繡褲、桌圍、椅披、椅墊、牙笏、鸞帶、絲線帶、大紅紡絲帶、紅藍絲綿帶、絲線帶、絹線腰帶、五色綾手巾、巾箱、印箱、小鑼、鼓、板、絃子、笙、笛、星湯、木魚、雲鑼。布衣箱則青海衿、紫花海衿、青箭衣、青布褂、印花布棉襖、敞衣、青衣、號衣、藍布袍、安安衣、大郎衣、斬衣、鬆色老旦衣、漁婆衣、酒招、牢子帶。盔箱文扮平天冠、堂帽、紗貂、圓尖翅、尖尖翅、葷素八僊巾、汾陽帽、諸葛巾、判官帽、不論巾、老生巾、小生巾、高方巾、公子巾、淨巾、綸巾、秀才巾、蚯聊巾、圓帽、吏典帽、大縱帽、小縱帽、皂隸帽、農吏帽、梢子帽、回回帽、牢子帽、涼冠、涼帽、五色氈帽、草帽、和尚帽、道士冠；武扮紫金冠、金紮鐙、銀紮鐙、水銀盔、打伏盔、金銀冠、二郎盔、三義盔、老爺盔、周倉帽、中軍帽、將巾、抹額、過橋勒邊、雉雞毛、武生巾、月牙金箍、漢套頭、青衣紮頭、箍子、冠子；女扮，觀音帽、昭容帽、大小鳳冠、妙常巾、花帕紮頭、湖縐包頭、觀音兜、漁婆纈、梅香絡、翠頭髻、銅餅子簪、銅萬卷書、銅耳挖、翠抹眉、蘇頭髮及小旦簡粧。雜箱，鬍子則白三髯、黑三髯、蒼三髯、白滿髯、黑滿髯、蒼滿髯、虯髯、落腮、白吊、紅飛鬢、黑飛鬢、紅黑飛鬢、辮結、一撮一字。靴箱則蟒襪、妝緞棉襪、白綾襪、皂緞靴、戰靴、老爺靴、男大紅鞋、雜色彩鞋、滿幫花鞋、綠布鞋、跴場鞋、僧鞋。旗包則白綾護領、妝緞紮袖、五色綢傘、連幌腰子、小絡斗、連幌幌子、人車、搭旗、背旗、飛虎旗、月華旗、帥字旗、清道旗、精忠報國旗、認軍旗、雲旗、水旗、蜘蛛網、大帳前、小帳前、布城、山子。又加官臉、皂隸臉、雜鬼臉、西施臉、牛頭、馬面、獅子、全身玉帶、數珠、馬鞭、拂塵、掌扇、宮燈、疊摺扇、紈扇、五色串枝、花鼓、花鑼、花棒椎、大蒜頭、敕印、虎皮、令箭架、令牌、虎頭牌、文書、釗硯、籤筒、梆子、手靠、鐵煉、招標、撕髮、人頭草、鸞帶、燭臺、香爐、茶酒壺、筆硯、筆筒、書、水桶、席、枕、龍劍、掛刀、短把子刀、大鑼、鎖哪、啞叭、號筒。把箱則鑾儀兵器備焉，此之謂「江湖行頭」。鹽務自製戲具，謂之「內班行頭」。自老徐班全本《琵琶記》，〈請郎花燭〉則用紅全堂，〈風木餘恨〉則用

白全堂，備極其盛。他如大張班，《長生殿》用黃全堂，小程班《三國志》用綠蟲全堂。小張班十二月花神衣，價至萬金；百福班一齣〈北餞〉，十一條通天犀玉帶；小洪班燈戲，點三層牌樓，二十四燈，戲箱各極其盛。若今之大洪、春臺兩班，則聚眾美而大備矣。（李斗：《揚州畫舫錄》卷五，中華書局，1960 年，第 133～136 頁）

　　編者案：原作無標題，此標題係編者所擬。

　　【程志輅好詞曲】程志輅，字載動，家巨富，好詞曲。所錄工尺曲譜十數櫥，大半爲世上不傳之本。凡名優至揚，無不爭欲識。有生曲不諳工尺者，就而問之。子澤，字麗文，工於詩，而工尺四聲之學，尤習其家傳。納山胡翁，嘗入城訂老徐班下鄉演關神戲。班頭以其村人也，紿之曰：「吾此班每日必食火腿及松蘿茶，戲價每本非三百金不可。」胡公一一允之。班人無已，隨之入山。翁故善詞曲，尤精於琵琶，於是每日以三百金置戲臺上，火腿、松蘿茶之外，無他物。日演《琵琶記》全部，錯一工尺，則翁拍界尺叱之。班人乃大慚。又西鄉陳集嘗演戲，班人始亦輕之，既而笙中簧壞，吹不能聲，甚窘。詹政者，山中隱君子也，聞而笑之，取笙爲點之，音響如故，班人乃大駭。詹徐徐言，數日所唱曲，某字錯，某調亂。群優皆汗下無地。胡翁久沒，詹亦下世，惟程載動尚存，然亦老且貧，曲本亦漸散失。德音班諸工尺，汪損之嘗求得錄之，不傳之調，往往而有也。（李斗：《揚州畫舫錄》卷五，中華書局，1960 年，第 136 頁）

　　編者案：原作無標題，此標題係編者所擬。

　　【揚州鹽務奢麗】徽州歙縣棠樾鮑氏，爲宋處士鮑宗岩之後，世居於歙。志道字誠一，業鹾淮南，遂家揚州。初，揚州鹽務，競尚奢麗，一婚嫁喪葬，堂室飲食、衣服輿馬，動輒費數十萬。有某姓者，每食，庖人備席十數類，臨食時，夫婦並坐堂上，侍者抬席置於前；自茶面葷素等色，凡不食者搖其頤，侍者審色則更易其他類。或好馬，蓄馬數百，每馬日費數十金，朝自內出城，暮自城外入，五花燦著，觀者目炫。或好蘭，自門以至於內室，置蘭殆遍。或以木作裸體婦人，動以機關，置諸齋閣，往往座客爲之驚避。其先以安綠村爲最盛，其後起之家，更有足異者。有欲以萬金一時費去者，門下客以金盡買金箔，載至金山塔上，向風颺之，頃刻而散，沿江草樹之間，不可收復。又有三千金盡買蘇州不倒翁，流於水中，波爲之塞。有喜美者，自

司閽以至灶婢，皆選十數齡清秀之輩。或反之而極，盡用奇醜者，自鏡之以爲不稱，毀其面以醬敷之，暴於日中。有好大者，以銅爲溺器，高五六尺，夜欲溺，起就之。一時爭奇鬥異，不可勝記。自誠一來揚，以儉相戒。值鄭鑒元好朱程性理之學，互相倡率，而侈靡之風至是大變。誠一擁資巨萬，然其妻婦子女，尚勤中饋箕帚之事，門不容車馬，不演劇，淫巧之客不留於宅。先是，商家賓客奴僕，薪俸公食之數甚微，而凡有利之事，必次第使之，不計賢否。誠一每用一客，必等其家一歲所費而多與之，果賢則重委以事，否則終年閑食也。子二：長席芬，主理家事，勤愼自守，次勳茂，字樹堂，召試內閣中書。鮑方陶，誠一之弟，好賓客，多慷慨。幼貧苦，《論語》、《孟子》無善本，請里中富者刻之，皆揶揄其愚。既移家揚州業鹺，家漸富，乃細加校正付刻，藏諸家塾。（李斗：《揚州畫舫錄》卷六，中華書局，1960 年，第 148～150 頁）

　　編者案：原作無標題，此標題係編者所擬。

　　【北水關外戲臺】北水關在舊城鎮淮門旁。嘉靖《維揚志》云：「南水門通舟楫，北水門廢塞。嘉靖十八年，巡鹽御史吳悌、知府劉宗仁疏通，修築水門，並浚城內市河及西北城濠。其濠周圍一千七百五十七丈五尺，即此水門也。」今城內市河久湮，水門皆設而長關。門外則爲鎮淮門市河，即昔之所謂小秦淮也。其護城河岸，即昔之所謂松濠畔也。門外建板橋以通遊人，岸上衹爲「堞雲春暖」一景。「堞雲春暖」在松濠畔，爲巡撫江蘭與其弟藩之別墅也。護城河岸上爲屋十餘間，長與對岸慧因寺至丁溪相起止，前建「韻協琅璈」戲臺。臺與慧因寺對，聯云：「二花秀色通書幌劉禹錫，　曲笙詞繞畫梁曹松。」臺左開窄徑，沿層坡得竹間閣子，復取路蜿蜒，窄不盈尺，入敞室爲榮春居，復由竹中小廊入廳事，網戶朱綴，據一園之盛。旁設平臺，由臺而下，入屋三楹，爲水石林，遊船過此，直是一片綠屛。（李斗：《揚州畫舫錄》卷六，中華書局，1960 年，第 158～159 頁）

　　編者案：原作無標題，此標題係編者所擬。

　　【行宮戲臺】行宮在寺旁。初爲垂花門，門內建前中後三殿、後照房，左宮門前爲茶膳房，茶膳房前爲左朝房。門內爲垂花門、西配房、正殿、後照殿，右宮門入書房、西套房、橋亭、戲臺、看戲廳。廳前爲閘口亭，亭旁廊房十餘間，入歇山樓；廳後石版房、箭廳，萬字亭、臥碑亭。歇山樓外爲

右朝房，前空地數十弓，乃放煙火處。郡中行宮以塔灣爲先，係康熙間舊制。
今上南巡，先駐是地，次日方入城至平山堂。御制詩有「紆棹平山路」句，
詩注云：自高旻寺行宮策馬度郡，至天寧行宮，易湖船，歸亦仍之。以馬便
於船，且百姓得以近光，謂此。蓋丁丑以前皆駐蹕是地，天寧寺僅一過而已。
迨天寧寺增建行宮，自是由崇家灣抵揚，先駐天寧行宮，次駐高旻行宮。由
瓜洲回鑾，先駐高旻行宮，次駐天寧行宮。是地賜有「邗江勝地」、「江表春
暉」、「罨畫窗」三扁；「眾水回環蜀岡秀，大江遙應廣陵濤」一聯，「碧漢雲
開，晴階分塔影；青郊雨足，春陌起田歌」一聯；東佛堂「法雲回蔭蓮花塔，
慈照長輝貝葉經」一聯；西佛堂「塔鈴便是廣長舌，香篆還成妙鬘雲」一聯，
「綠野農歡在，青山畫意堆」一聯。「罨畫窗」本避暑山莊內扁額，因是地
相似，故以總名名之。詩云：「虛窗正對綠波涯，名借山莊號水齋，卻似石
渠披妙跡，水容山態各臻佳。」（李斗：《揚州畫舫錄》卷七，中華書局，1960 年，
第 162 頁）

　　編者案：原作無標題，此標題係編者所擬。

【**伶人居紵山**】紵秋閣在翠花街，余舊居也。閣外種梅十數株。辛丑
間，金椶亭見歌者居紵山、小史李秋枝寓閣中，遂名其閣曰紵秋。跋云：「江
淹賦恨，無非累德之詞；庾信言愁，大有銷魂之句。擁趙君之絹被，山木能
謳；指吳兒之石心，小海獨唱。當歌必慨，下筆能工，麗則協乎詩人，曠達
稱爲狂客。溯前身於青兕，共歎僊才；舞後隊之紫鸞，應成法曲。」紵山名
畬金，字名求，長洲人。父居屠，住花巷，好勇，善泅水，少與群兒浴於河，
戲殺一兒，繫之獄，十年乃歸。生畬金，爲聘舟通橋陳氏女鳳姑爲婦。及長，
善清唱，十六入京師，充某相府十番鼓，以自彈琵琶唱「九轉貨郎兒」得名。
以歸娶出都，至敖陽，被盜。陳叟見其貧，令退婚。書券已成，鳳姑泣不許，
遂不果退。紵山感鳳姑義，悲己窮困，出齊門投水，不死，遊於揚州，依教
師周仲昭，充洪氏家樂，得百金歸長洲，賃屋迎娶。三日後，單櫂至惠州，
入陳府班爲老生，所得纏頭，幾至山積。未幾逸去，舟泊海珠，遇颶風覆舟，
瞬息至虎門，爲海船賈客所得。尚未死，知爲梨園子弟，因留居舟中作青衣，
二年乃得返崇明。復毀容入揚州恆知府班爲場面。又二年，病瘵欲死，投余
閣中六閱月，遣人送之歸。甫抵家，見鳳姑不能言，以手畫空而死。鳳姑殮
之，葬於支硎山，廬其下，矢志不嫁。（李斗：《揚州畫舫錄》卷九，中華書局，
1960 年，第 196 頁）

編者案：原作無標題，此標題係編者所擬。

【漆工梨園通婚】夏漆工娶梨園姚二官之妹爲婦，家於頭巷，結河房三間。漆工善古漆器，有剔紅、塡漆兩種，以金銀鐵木爲胎，朱漆三十六次，鏤以細錦，合有蔗段、蒸餅、河西三撞、兩撞諸式。盤有方圓八角縧環、四角牡丹花瓣諸式，匣有長方兩三撞諸式，呼爲雕漆器，以此至富。故河房中器皿半剔紅，並飾之楯檻，爲小秦淮第一朱欄。（李斗：《揚州畫舫錄》卷九，中華書局，1960 年，第 198 頁）

編者案：原作無標題，此標題係編者所擬。

【鄔掄元善弄笛】蘇州鄔掄元善弄笛，寓合欣園，名妓多訪之。掄元遂教其度曲。由是，妓家詞曲，皆出於鄔。妓家呼之爲「鄔先生」，時人呼爲「烏師」。（李斗：《揚州畫舫錄》卷九，中華書局，1960 年，第 199 頁）

編者案：原作無標題，此標題係編者所擬。

【小秦淮茶肆】小秦淮茶肆在五敵臺。入門，階十餘級，螺轉而下，小屋三楹，屋旁小閣二楹，黃石巉岏。石中古木十數株，下圍一弓地，置石几、石床。前構方亭，亭左河房四間，久稱佳構，後改名東籬，今又改爲客舍，爲清客、評話、戲法、女班及妓館母家來訪者所寓焉。（李斗：《揚州畫舫錄》卷九，中華書局，1960 年，第 203 頁）

編者案：原作無標題，此標題係編者所擬。

【雙清班】顧阿夷，吳門人，徵女子爲崑腔，名雙清班，延師教之。初居小秦淮客寓，後遷芍藥巷。班中喜官〈尋夢〉一齣，即金德輝唱口。玉官爲小生，有男相。巧官眉目疏秀，博涉書籍，爲紗帽小生，自製宮靴，落落大方。小玉爲喜官之妹，喜作崔鶯鶯，小玉輒爲紅娘。喜作杜麗娘，小玉輒爲春香，互相評賞。金官憑人傲物，班中謂之「鬥蟲」，而以之演〈相約〉、〈相罵〉，如出鬼斧神工。徐狗兒清拔文雅，羸瘦玉削，飲食甚微，坐戲房如深閨，一出歌臺，便居然千金閨秀。三喜爲人矜莊，一遇稀姓生客，輒深顰蹙額，故其技不工。顧美爲阿夷女，淩轢人物，班中讓之，而有離心焉。二官作趙五娘，咬薑呷醋，神理親切。龐喜作老旦，垂頭似雨中鶴。魚子年十二，作小丑，骨法靈通，伸縮間各得其任。季玉年十一，雲情雨意，小而了了。秀官人物秀整，端正寡情，所作多節烈故事，閒時藏手袖間，徐行若有所觀，

豐神自不可一世。康官少不慧，涕淚狼藉，而聲音清越，教曲不過一度，使其演〈癡訴〉、〈點香〉，甫出歌臺，滿座歎其癡絕。瞽婆顧蝶，粥其女於是班，令其與康官演〈癡訴〉作瞎子，情狀態度最得神，乃知母子氣類相感，一經揣摩，便成五行之秀。申官、酉保姊妹作《雙思凡》，黑子作紅綃女，六官作李三娘，皆一班之最。後場皆歌童爲之，四官小鑼，又能作大花面，以〈鬧莊〉、〈救青〉爲最，其笑如范松年。教師之子許順龍，亦間在班內作正旦，與玉官演〈南浦囑別〉，人謂之生旦變局。是部女十有八人，場面五人，掌班教師二人，男正旦一人，衣雜把、金鑼四人，爲一班。趙雲崧《甌北集》中有詩云：「一夕綠尊重作會，百年紅粉遞當場」，謂此。（李斗：《揚州畫舫錄》卷九，中華書局，1960 年，第 203～204 頁）

編者案：原作無標題，此標題係編者所擬。

【留一目】留一目，字繼佩，行二，幼眇，精葉格，串老旦。晚年無故自縊死，無後，其屋逐爲妓館。臨水編竹籬，架豆棚，每歌唱時，恍惚中見一目在棚下若聽狀，人亦不以爲怪云。（李斗：《揚州畫舫錄》卷九，中華書局，1960 年，第 204 頁）

編者案：原作無標題，此標題係編者所擬。

【浦天玉說評話】浦琳，字天玉，右手短而捩，稱拗子。少孤，乞食城中，夜宿火房。及長，鄰婦爲之媒妁。拗子惶恐，婦曰：「無恐。」問女家姓氏，自有美妻也。約以某日至某處成婚，拗子以爲詐。及期，婦索拗子不得，甚急，百計得之。偕至一處，香奩甚盛，納拗子而強爲婚焉。自是，拗子逐爲街市灑掃，不復爲乞兒。逾年，大東門釣橋南一茶爐老婦授拗子以呼盧術，拗子挾之以往，百無一失。由是積金賃屋，與婦爲鄰，在五敵臺。婦有侄以評話爲生，每日皆演習於婦家，拗子耳濡已久，以評話不難學，而各說部皆人熟聞，乃以己所歷之境，假名皮五，撰爲《清風閘》故事。養氣定辭，審音辨物，揣摩一時亡命小家婦女口吻氣息，聞者歡呔嗢噱，進而毛髮盡悚，逐成絕技。拗子體肥多痰，善睡，兼工笑話、口技，多諷刺規戒，有古俳諧之意。晚年好善樂施。金櫻亭有《拗子傳》。（李斗：《揚州畫舫錄》卷九，中華書局，1960 年，第 205 頁）

編者案：原作無標題，此標題係編者所擬。

【大東門書場】大東門書場在董子祠坡兒下廁房旁。四面團座，中設書

臺，門懸書招，上三字橫寫，爲評話人姓名，下四字直寫，曰「開講書詞」。屋主與評話以單雙日相替斂錢，錢至一千者爲名工，各門街巷皆有之。（李斗：《揚州畫舫錄》卷九，中華書局，1960 年，第 207～208 頁）

　　編者案：原作無標題，此標題係編者所擬。

【顧姬工詞曲】顧姬，行四，字霞娛。工詞曲，解詩文，住姜家墩天心庵旁。會錢湘舲三元棨過揚州，於謝未堂司寇公宴席中品題諸妓，以楊小保爲女狀元，霞娛爲女榜眼，楊高爲女探花。趙雲崧觀察有詩云：「酒綠燈紅紺碧花，江鄉此會最高華。科名一代尊沂國，絲竹千年屬謝家。拇陳酣摧拳似雨，頭銜豔稱臉如霞。無雙才子無雙女，並作人間勝事誇。」（李斗：《揚州畫舫錄》卷九，中華書局，1960 年，第 212 頁）

　　編者案：原作無標題，此標題係編者所擬。

【名丑劉歪毛】如意庵，劉家相出家處也。家相幼愛梵聲，長入梨園爲小丑，聲音嘹亮，蓋於一部。年未老，髮禿僅存數莖，人稱之爲「劉歪毛」。遂不復剃髮，屏棄世故爲頭陀，買姜家墩如意庵，奉母修行。每日蓬頭著大紅袈裟，擔雲板木牌，揚聲誦佛號曰：「南無藥師琉璃光如來。」高視闊步，行走如飛，街弄閭巷，足跡殆遍，風雨寒暑，罔或間斷。如是數十年，募金巨萬，見大寺觀之坍塌者，出金修整，如建隆石塔諸大刹，半賴歪毛之力。平時入市，一見生物，出錢買放之，如無錢，則合掌禮拜，皆以既見生物，必得放之爲願，故其時磚街中雞柵鵝籠，魚盆肉肆，一聞擊板聲，輒匿去生物，歲以爲常。迨年八十，高旻寺方丈延之入納老堂。（李斗：《揚州畫舫錄》卷九，中華書局，1960 年，第 212 頁）

　　編者案：原作無標題，此標題係編者所擬。

【黃文暘】黃秀才文暘，字時若，號秋平，居天心墩。工詩古文詞。得古錢數百品，自上古至今，一一摹之而係以說，爲《古金通考》六卷。辨安陽平陽爲戰國錢，識神農錢爲倒文，皆極精細。又錄金元以來雜劇院本，標其目而係以說，爲《曲海》數卷。又《隱怪叢書》十二卷、《丙官集》數卷。好葫蘆，門庭牆溷皆有之，長短大小，累累如貫珠，壁上畫水墨葫蘆無數，著《葫蘆譜》，闡陰陽消長之精，《糖霜》、《百菊》不足比也。妻張淨因，名因，工詩畫，著《淑華集》。子無假，名金，得唐人絕句法。江北一家能詩

者，黃氏其一焉。又著《通史發凡》三十卷。（李斗：《揚州畫舫錄》卷九，中華書局，1960年，第214頁）

編者案：原作無標題，此標題係編者所擬。

【金兆燕】金兆燕，字鍾越，號棨亭，全椒人。父榘，字絜齋，工詩，有《泰然齋集》。兆燕幼稱神童，與張南華詹事齊名。工詩詞，尤精元人散曲，公延之使署十年，凡園亭集聯及大戲詞曲，皆出其手。中年以舉人爲揚州校官，後成進士，選博士，入京供職。三年歸揚州，遂館於康山草堂。著有《贈雲軒詩文集》。子臺駿，字篠村，名諸生。孫璉，字退谷，十二稱神童，十五爲附生，十六爲廩膳生，十七而死。自榘至璉，稱爲「金氏四才子」。（李斗：《揚州畫舫錄》卷十，中華書局，1960年，第234~235頁）

編者案：原作無標題，此標題係編者所擬。

【張書勳遭圍觀】張書勳，吳縣人。丙戌狀元。遊揚州時，街市婦女，聚而觀之。既見其面，一譟而散。張適晤李進士道南，問以故，李曰：「先生爲戲劇中狀元所累耳。」張乃大笑。（李斗：《揚州畫舫錄》卷十，中華書局，1960年，第244~245頁）

編者案：原作無標題，此標題係編者所擬。

【龍船演劇】龍船自五月朔至十八日爲一市。先於四月晦日試演，謂之「下水」；至十八日牽船上岸，謂之「送聖」。船長十餘丈，前爲龍首，中爲龍腹，後爲龍尾，各占一色。四角枋柱，揚旌拽旗，篙師執長鉤，謂之「跕頭」。舵爲刀式，執之者謂之「拿尾」。尾長丈許，牽彩繩令小兒水嬉，謂之「掉梢」。有《獨佔鰲頭》、《紅孩兒拜觀音》、《指日高升》、《楊妃春睡》諸戲。兩旁槳折十六，前爲頭折，順流而折，謂之「打招」。一招水如濺珠，中置戽斗戽水。金鼓振之，與水聲相激。上供太子，不知何神，或曰屈大夫，楚之同姓，故曰太子。小船載乳鴨，往來畫舫間，遊人鬨之擲水中。龍船執戈競鬥，謂之「搶標」。又有以土瓶實錢菓爲標者，以豬胞實錢菓使浮水面爲標者，舟中人飛身泅水搶之。此技北門王啞巴爲最。迨端午後，外河徐寧、缺口諸門，龍船由響水閘牽入內河，稱爲客船。「送聖」後奉太子於畫舫中禮拜，祈禱收災降福，舉國若狂。（李斗：《揚州畫舫錄》卷十一，中華書局，1960年，第251~252頁）

編者案：原作無標題，此標題係編者所擬。

【歌船】歌船宜於高棚，在座船前。歌船逆行，座船順行，使船中人得與歌者相款洽。歌以清唱為上，十番鼓次之，若鑼鼓、馬上撞、小曲、攤簧、對白、評話之類，又皆濟勝之具也。（李斗：《揚州畫舫錄》卷十一，中華書局，1960年，第253頁）

編者案：原作無標題，此標題係編者所擬。

【清唱】清唱以笙笛、鼓板、三絃為場面，貯之於箱，而氍毹、笛床、笛膜盒、假指甲、阿膠、絃線、鼓箭具焉，謂之傢伙。每一市會，爭相鬥曲，以畫舫停篙就聽者多少為勝負。多以熙春臺、關帝廟為清唱之地。李嘯村詩云：「天高月上玉繩低，酒碧燈紅夾兩堤。一串歌喉風動水，輕舟圍住畫橋西」，謂此。郡城風俗，好度曲而不佳，繩之元人《絲竹辨偽》、《度曲須知》諸書，不啻萬里。元人唱口，元氣漓淋，真與唐詩、宋詞爭衡。今惟臧晉叔編《百種》行於世，而晉叔所改「四夢」，是孟浪之舉。近時以葉廣平唱口為最，著《納書楹曲譜》，為世所宗。其餘無足數也。清唱以外、淨、老生為大喉嚨，生、旦詞曲為小喉嚨，丑、末詞曲為小大喉嚨。揚州劉魯瞻工小喉嚨，為劉派，兼工吹笛。嘗遊虎邱買笛，搜索殆盡，笛人云：「有一竹須待劉魯瞻來。」魯瞻以實告，遂出竹。吹之曰：「此雌笛也。」復出一竹，魯瞻以指捫之，相易而吹，聲入空際，指笛相謂曰：「此竹不換吹，則不待曲終而笛裂矣。」笛人舉一竹以贈。其唱口小喉嚨，揚州唯此一人。大喉嚨以蔣鐵琴、沈苕湄二人為最，為蔣、沈二派。蔣本鎮江人，居揚州，以北曲勝，小海呂海驢師之。沈以南曲勝，姚秀山師之。其次陳愷元一人。直隸高雲從，居揚州有年，唱口在蔣、沈之間，此揚州大喉嚨也。蘇州張九思為韋蘭谷之徒，精熟九宮，三絃為第一手，小喉嚨最佳。江鶴亭延之於家，佐以鄒文元鼓板、高崑一笛，為一局。朱五呆師事九思，得其傳。王克昌唱口與九思抗衡，其串戲為吳大有弟子。蘇州大喉嚨之在揚州者，則有二面鄒在科，次之王炳文。炳文小名天麻子，兼工絃詞，善相法，為高相國門客。按清唱鼓板與戲曲異，戲曲緊，清唱緩；戲曲以打身段下金鑼為難，清唱無是苦而有生熟口之別。此技蘇州顧以恭為最。先在程端友家，繼在馬秋玉家，與教師張仲芳同譜《五香毬傳奇》。次之周仲昭、許東陽二人，與文元並駕。揚州以莊氏龍生、道士兄弟鼓板三絃合手成名工。次之湯殿颺一人。蘇州葉雲昇笛，與崑一齊名，兼能點竄工尺，從其新譜。次之邱御高，能點新曲，兼識古器，皆雲昇流亞。今大喉嚨之效蔣、沈二派者，戴翔翎、孫務恭二人，

皆蘇州人，而揚州絕響矣。串客本於蘇州海府串班，如費坤元、陳應如出其中，次之石塔頭串班，余蔚村出其中。揚州清唱既盛，串客乃興，王山矗、江鶴亭二家最勝，次之府串班、司串班、引串班、邵伯串班，各占一時之勝。其中劉祿觀以小唱入串班爲內班老生，葉友松以小班老旦入串班，後得瓜張插花法；陸九觀以十番子弟入串班，能從吳暮橋讀書，皆其選也。（李斗：《揚州畫舫錄》卷十一，中華書局，1960 年，第 254～255 頁）

編者案：原作無標題，此標題係編者所擬。

【十番鼓】十番鼓者，吹雙笛，用緊膜，其聲最高，謂之悶笛，佐以簫管，管聲如人度曲；三絃緊緩與雲鑼相應，佐以提琴；鼉鼓緊緩與檀板相應，佐以湯鑼；眾樂齊乃用單皮鼓，響如裂竹，所謂「頭如青山峰，手似白雨點」，佐以木魚檀板，以成節奏。此十番鼓也。是樂不用小鑼、金鑼、鐃鈸、號筒，只用笛、管、簫、絃、提琴、雲鑼、湯鑼、木魚、檀板、大鼓十種，故名十番鼓。番者更番之謂，有《花信風》、《雙鴛鴦》、《風擺荷葉》、《雨打梧桐》諸名。後增星鈸，器輒不止十種，遂以星、湯、蒲、大、各、勺、同七字爲譜。七字乃吳語狀器之聲，有聲無字，此近今庸師所傳也。若夾用鑼鐃之屬，則爲粗細十番。如《下西風》、《他一立在太湖石畔》之類，皆係古曲，而吹彈擊打，合拍合斧。其中之《蝶穿花》、《鬧端陽》，爲粗細十番。下乘加以鎖哪，名曰「鴛鴦拍」，如《雨夾雪》、《大開門》、《小開門》、《七五三》，乃鑼鼓，非十番鼓也。《夢香詞》云：「揚州好，新樂十番佳。消夏園亭《雨夾雪》，冶春樓閣《蝶穿花》。」以《雨夾雪》爲十番，可謂強作解事矣。是樂前明已有之，本朝以韋蘭谷、熊大璋二家爲最。蘭谷得崇禎間內苑樂工蒲鈸法，傳之張九思，謂之韋派。大璋工二十四雲鑼擊法，傳之王紫稼，同時沈西觀竊其法，得二十面。會紫稼遇禍，其四面遂失傳。西觀後傳於其徒顧美掄，得十四面。美復傳於大璋之孫知一，謂之熊派。蘭谷、九思，蘇州人；大璋、知一，福建人；西觀，蘇州人；美掄，杭州人。至今揚州蒲鈸出九思之門，而十四面雲鑼，福建尚有能之者。其後有周仲昭、許東陽二人，仲昭書似方南堂，工尺牘，亦此中錚錚皦皦者。他如張天順、顧德培、朱五呆子之類，以十番鼓作帽兒戲，聲情態度如老洪班，是又不專以十番名家，而十番由是衰矣。（李斗：《揚州畫舫錄》卷十一，中華書局，1960 年，第 255～256 頁）

編者案：原作無標題，此標題係編者所擬。

【鑼鼓】鑼鼓盛於上元、中秋二節，以鑼鼓鐃鈸，考擊成文，有《七五三》、《鬧元宵》、《跑馬》、《雨夾雪》諸名。土人爲之，每有參差不齊之病。鎭江較勝，謂之粗鑼鼓。南巡時延師演習，謂之辦差鑼鼓。（李斗：《揚州畫舫錄》卷十一，中華書局，1960 年，第 256 頁）

編者案：原作無標題，此標題係編者所擬。

【馬上撞】「馬上撞」即軍樂，演唱亂彈戲文。城中市肆剪生、開張及畫舫財神、三聖諸會多用之。（李斗：《揚州畫舫錄》卷十一，中華書局，1960 年，第 257 頁）

編者案：原作無標題，此標題係編者所擬。

【小唱】小唱以琵琶、絃子、月琴、檀板合動而歌。最先有【銀鈕絲】、【四大景】、【倒扳槳】、【剪靛花】、【吉祥草】、【倒花籃】諸調，以【劈破玉】爲最佳。有於蘇州虎邱唱是調者，蘇人奇之，聽者數百人，明日來聽者益多，唱者改唱大曲，群一譁而散。又有黎殿臣者，善爲新聲，至今效之，謂之【黎調】，亦名【跌落金錢】。二十年前尙哀泣之聲，謂之【到春來】，又謂之【木蘭花】；後以下河土腔唱【剪靛花】，謂之【網調】。近來群尙【滿江紅】、【湘江浪】，皆本調也。其京舵子、起字調、馬頭調、南京調之類，傳自四方，間亦效之，而魯斤燕削，遷地不能爲良矣。於小曲中加引子、尾聲，如《王大娘》、《鄉里親家母》諸曲，又有以傳奇中《牡丹亭》、《占花魁》之類譜爲小曲者，皆土音之善者也。陳景賢善小曲，兼工琵琶，人稱爲「飛琵琶」；潘五道士能吹無底洞簫以和小曲，稱名工；蘇州牟七以小唱冠江北，後多鬚，人稱爲牟七鬍子；朱三工四絃，江鶴亭招之入康山草堂。（李斗：《揚州畫舫錄》卷十一，中華書局，1960 年，第 257 頁）

編者案：原作無標題，此標題係編者所擬。

【鄭玉本敲瓦碟】鄭玉本，儀徵人，近居黃珏橋。善大小諸曲，嘗以兩象箸敲瓦碟作聲，能與琴箏簫笛相和。時作絡緯聲、夜雨聲、落葉聲，滿耳蕭瑟，令人惘然。（李斗：《揚州畫舫錄》卷十一，中華書局，1960 年，第 257 頁）

編者案：原作無標題，此標題係編者所擬。

【評話】評話盛於江南，如柳敬亭、孔雲霄、韓圭湖諸人，屢爲陳其年、余澹心，杜茶村、朱竹垞所賞鑒。次之季麻子平詞，爲李宮保衛所賞。人參

客王建明瞽後，工絃詞，成名師。顧翰章次之。紫癩痢絃詞，蔣心餘爲之作《古樂府》，皆其選也。郡中稱絕技者，吳天緒《三國志》，徐廣如《東漢》，王德山《水滸記》，高晉公《五美圖》，浦天玉《清風閘》，房山年《玉蜻蜓》，曹天衡《善惡圖》，顧進章《靖難故事》，鄒必顯《飛駝傳》，謊陳四「揚州話」，皆獨步一時。近今如王景山、陶景章、王朝幹、張破頭、謝壽子、陳達三、薛家洪、諶耀廷、倪兆芳、陳天恭，亦可追武前人。大鼓書始於漁鼓簡板說孫猴子，佐以單皮鼓檀板，謂之「段兒書」；後增絃子，謂之「靠山調」。此技周善文一人而已。（李斗：《揚州畫舫錄》卷十一，中華書局，1960年，第257～258頁）

編者案：原作無標題，此標題係編者所擬。

【徐廣如評話】 徐廣如始爲評話，無聽之者，在寓中自摑其頰。有叟自外至，詢其故，自言其技之劣，且告以將死。叟曰：「姑使余聽之可乎？」徐諾。叟聆之，笑曰：「期以三年，當使爾技蓋於天下也。」徐隨侍叟，令讀漢魏文三年，曰：「可矣。」故其吐屬淵雅，爲士大夫所重也。（李斗：《揚州畫舫錄》卷十一，中華書局，1960年，第258頁）

編者案：原作無標題，此標題係編者所擬。

【吳天緒說書】 吳天緒效張翼德據水斷橋，先作欲叱吒之狀，眾傾耳聽之，則唯張口努目，以手作勢，不出一聲，而滿室中如雷霆喧於耳矣。謂其人曰：「桓侯之聲，詎吾輩所能效，狀其意使聲不出於吾口，而出於各人之心，斯可肖也。」雖小技，造其極，亦非偶然矣。（李斗：《揚州畫舫錄》卷十一，中華書局，1960年，第258頁）

編者案：原作無標題，此標題係編者所擬。

【大松小松】 大松、小松，兄弟也，本浙江世家子，落拓後賣歌虹橋。大松彈月琴，小松拍檀板，就畫舫互唱覓食。逾年，小松餓死。大松年十九，以月琴爲燕趙音，人多與之。嘗遊京師，從貴官進哨，置帳中；獵後酒酣，令作壯士聲，恍如殺虎山中，射雕營外，一時稱爲進哨曲。又嘗爲《望江南》曲，如泣如訴，及旦，鄰婦聞歌而死。過東阿，山水驟長，同行失色，大松匡坐車中歌《思歸引》，聞者泣下如雨。晚年屏跡，不知所終。（李斗：《揚州畫舫錄》卷十一，中華書局，1960年，第258～259頁）

編者案：原作無標題，此標題係編者所擬。

【猴戲肩擔戲】鳳陽人蓄猴，令其自爲冠帶演劇，謂之猴戲。又圍布作房，支以一木，以五指運三寸傀儡，金鼓喧闐，詞白則用叫顙子，均一人爲之，謂之肩擔戲。二者正月城內極多，皆預於臘月抵郡城，寓文峰塔壺蘆門客舍。至元旦進城，上元後城中已遍，出郭求鬻於堤上。二者至此，湖山春色闌矣。（李斗：《揚州畫舫錄》卷十一，中華書局，1960 年，第 263 頁）

編者案：原作無標題，此標題係編者所擬。

【雜耍】雜耍之技，來自四方，集於堤上。如立竿百仞，建幟於顚，一人盤空拔幟，如猱升木，謂之「竿戲」。長劍直插喉嗉，謂之「飲劍」。廣筵長席，滅燭罷火，一口吹之，千碗皆明，謂之「壁上取火，席上反燈」。長繩高繫兩端，兩人各從兩端交過，謂之「走索」。取所佩刀令人盡力刺其腹，刀摧腹皤，謂之「弄刀」。置盤竿首，以手擎之，令盤旋轉；復兩手及兩腕、腋、兩股及腰與兩腿，置竿十餘，其轉如飛。或飛盤空際，落於原竿之上，謂之「舞盤」。戲車一輪，中坐數女子，持其兩頭搖之，旋轉如環，謂之「風車」。一人兩手執箕，踏地而行，揚米去糠，不溢一粒，謂之「簸米」。置丈許木於足下，可以超乘，謂之「躧高蹺」。以巾覆地上，變化什物，謂之「撮戲法」。以大碗水覆巾下，令隱去，謂之「飛水」。置五紅豆於掌上，令其自去，謂之「摘豆」。以錢十枚，呼之成五色，謂之「大變金錢」。取斷臂小兒，令吹笙，工尺俱合，謂之「僂人吹笙」。癸丑秋月，諸雜耍醵資買棹，聚於熙春臺，各出所長，凡數日而散。一老人年九十許，曳大竹重百餘斤，長三四丈，立頭上，每畫舫過，與一錢。黃文暘爲之立傳。（李斗：《揚州畫舫錄》卷十一，中華書局，1960 年，第 264 頁）

編者案：原作無標題，此標題係編者所擬。

【太平一人班】汪某以串客傾其家，至爲乞兒。遂傅粉作小丑狀，以五色箋紙爲戲具，立招其上，曰「太平一人班」。有招之者，輒出戲簡牌，每齣價一錢。（李斗：《揚州畫舫錄》卷十一，中華書局，1960 年，第 264 頁）

編者案：原作無標題，此標題係編者所擬。

【王大弄碗】王大頭尖而不頹，置碗頭上，碗中立紙絹人數寸，跪拜跳踉，至於偃仆，其碗不墜。後改業爲賈，販東郊董家莊所產布帶，以竹筐貯貨戴頭上，反喉穿齒作聲，呼小紅帶子。閭巷婦女，不出門庭，聞聲知名，

謂其貨眞價實。其後，安慶武部習其技，置燈頭上，謂之「滾燈」。此技亦羯鼓歌中「頭如青山峰」之法耳。北人宋二，貌魁梧，色黝黑，嗜酒，好與禽獸伍，禽獸亦樂與之狎。得一奇異之物，置大桶中，繪圖鳴金炫售，以爲日奉酒錢。一日奇貨盡，以犬納桶中，炫售如故。見者嘲之，謂之「宋犬」。（李斗：《揚州畫舫錄》卷十一，中華書局，1960年，第264～265頁）

　　編者案：原作無標題，此標題係編者所擬。

　　【西洋鏡】江寧人造方圓木匣，中點花樹、禽魚、怪神、祕戲之類，外開圓孔，蒙以五色玻瓈，一目窺之，障小爲大，謂之「西洋鏡」。（李斗：《揚州畫舫錄》卷十一，中華書局，1960年，第265頁）

　　編者案：原作無標題，此標題係編者所擬。

　　【玉版橋諸伎】玉版橋王廷芳茶桌子最著，與雙橋賣油糍之康大合本，各用其技。遊人至此半饑，茶香餅熟，頗易得錢。玉版橋乞兒二：一乞剪紙爲旗，揭竹竿上，作報喜之詞；一乞家業素豐，以好小曲蕩盡，至於丐，乃作男女相悅之詞，爲《小郎兒曲》。相與友善，共在堤上。每一船至，先進《小郎兒曲》，曲終繼之以報喜，音節如樂之亂章，人豔聽之。《小郎兒曲》即《十二月》、《採茶》、《養蠶》諸歌之遺，呢呢兒女語，恩怨相爾汝。詞雖鄙俚，義實和平，非如市井中小唱淫靡媚褻可比。予嘗三遊珠江，近日軍工廠有揚浜，問之土人，皆云揚妓有金姑最麗，因坐小艇子訪之。甫聞其聲，乃知爲裏河網船中冒作揚妓者。其唱則以是曲爲土音，嶺外傳之，及於惠、潮，與木魚布刀諸曲相埒。郡中剞劂匠多刻詩詞戲曲爲利，近日是曲翻板數十家，遠及荒村僻巷之星貨鋪，所在皆有，乃知聲音之道，感人深也。（李斗：《揚州畫舫錄》卷十一，中華書局，1960年，第266頁）

　　編者案：原作無標題，此標題係編者所擬。

　　【秋暉書屋】（節錄）秋暉書屋在天光雲影樓左一層，爲江山四望樓後第一層，制如臥室，遊人多憩息於此。聯云：「詩書敦夙好陶潛，山水有清音左思。」江園最勝在怡性堂後，曩嘗作遊記一首，因附錄之。記云：「辛卯七月朔，越六日乙巳，客有邀余湖上者。……共坐涵虛閣各言故事。人心方靜，詞鋒頓起，舉唐、宋小說志異諸書，盡入塵下。自龐眉禿髮以至白晰年少，人如其言而言如其事。又有寓意於神僞鬼怪之說，至於無可考證，耀采繽紛。

或指其地神其說曰：『某時某事，吾先人之所聞也；某鄉某井，吾童子時所親見也。』纂組異聞，網羅軼事，猥瑣贅餘，絲紛櫛比，一經奇見而色飛，偶爾豔聆而絕倒。乃瑣至顧曲諧謔，釋梵巫咒，儺逐伶倡，如擎至寶，如讀異書，不覺永日易盡。是時夕陽晚紅，煙出景暮，遂飲閣中。（李斗：《揚州畫舫錄》卷十二，中華書局，1960 年，第 271～272 頁）

編者案：原作無標題，此標題係編者所擬。

【**郝忠節公**（節錄）】明郝太僕忠節公祠在蓮性寺白塔之右，祠祀公及公子，公僕祔焉。公名景春，字際明，一字和滿，號乃今，別號自古，江都人。萬曆壬子舉於鄉，授鹽城教諭，以事見出，謁部改選。親戚演梨園祖道，公命演《鳴鳳記》，至忠愍棄市，乃浮一大白曰：「好奇男子！」遂作《忠愍年譜》。（李斗：《揚州畫舫錄》卷十三，中華書局，1960 年，第 308 頁）

編者案：原作無標題，此標題係編者所擬。

俞 蛟

俞蛟（1752～？），字清源，一字六愛，號夢厂。會稽山陰（今浙江紹興）人。生平不詳，僅知其一生南北驅馳，曾於乾隆元年（1736）中舉，於乾隆五十八年（1793）以監生充任廣東興寧縣典史。有《夢厂雜著》十卷，載其各地見聞，於戲曲、伎藝等也頗有關注。事見《夢厂雜著》、《國朝詞綜補》卷二四、《（嘉慶）山陰縣志》、《（道光）廣東通志》卷五七等。

【楚伶傳】王桂，湖北沔陽人也。娟好若女子，入萃慶部，清歌妙舞，名冠梨園。嘗學畫蘭於余秋室太史，都人士得其片紙爲幸。余見所繪便面，雖不甚佳，亦楚楚有致。因題《祝英臺近》一闋云：「貯黃磁，滋九畹，幽谷素香軟；修禊良辰，採向竹籬畔。輸他子固多情，芸窗移對，時付與、寫生斑管。 楚天遠，偏來湘浦雛伶，濡毫運柔腕。雨葉煙叢，知有墨花�。但教枕上輕揮，餘芬微度，也贏得、夢魂清婉。」施學廉侍御，與有斷袖之好，寢食必俱。以其楚產，字之曰湘雲。大興諸生方惟翰者，作《湘雲賦》，倩人持贈之。桂裝潢錦軸，懸之室中。方時屢躓場屋，抑鬱無聊賴，喟然歎曰：「主司不賞余文，棘闈可以絕望；優人能讀余賦，梨園轉有知音。夫人生最難遇而最可感者，惟知音耳！優人與主司，貴賤雖殊，其爲知音則一也！鳥可以優人而忽之？」乃執贄踵門，如弟子禮。都人咸笑其妄，而不知其有託以諷世也。雖然，欲抒一時之憤，而不顧身名之汙，亦無謂甚矣！（俞蛟：《夢厂雜著》卷一「春明叢說」上，清刻深柳讀書堂印本）

【蜀伶陳銀遇盜記】蜀伶陳銀，走數千里來京師，入宜慶部。短小精

悍，顧盼自喜。演劇時，雖傅粉調脂，弓鞋窄袖，效女子裝束，而科諢詼諧，褻詞穢語，醜狀百出。屠沽及輿臺隸，往往拍案狂叫，歡聲雷動。其臭味相投，所宜然也。久之，士大夫亦群起叫絕。劇中無陳銀，舉座不樂。數年間，侑觴媚寢，所得金綺珠玉累數萬。陳銀於是居奇炫異，謂京國好尚者如此。凡踵門求款曲者，無纏頭之贈，贈或不豐，皆拒不納。一日，日既暮，有客乘後輪車，被服炫麗，僕從如雲，云粵西參議，計偕來京，握手道相見之晚。語次，頤稍動，一健僕奉千金至，曰：「聊以表數年來萬里思卿之意，待公事畢，尚擬略盡綿薄。」語畢，辭去。陳銀私為此人真奇貨，持其裾，欲留信宿，以罄其囊橐。客沉吟再四，曰：「余甫入都門，諸事蝟集，無已，明晚當就教，過此無隙矣。」次日，陳銀設盛筵，並出其妻妾，豔妝侑酒，履舄交錯，杯盤狼藉。客令群僕返寓，而屏諸侍席者於重門之外。夜分人寂，潛以迷藥入醞中，遍觴諸人。少選，皆昏仆。客一聲呼嘯，群僕從屋上躍下，陳銀數年所蓄侑觴媚寢之貲，傾筐倒篋而去。（俞蛟：《夢厂雜著》卷一「春明叢說」上，清刻深柳讀書堂印本）

【玉兒傳】李重華，江左諸生也，納雍赴北闈。時都下樂部中有李玉兒者，色藝雙絕，名冠梨園。達官巨賈或紈綺兒，如蠅蚋趨羶穢，日相征逐。他人惟凝睇而望，不敢近。欲登其堂，必執贄；贄不豐，相接亦落落，茶一盃，寒暄數語，即退，不能腆顏久踞賓座也。生偶過歌樓，見之，神魂飛越，不能制；思與握手道款曲，而客囊羞澀，莫盡綿薄，惟日攜杖頭錢，往院中觀演劇。久之，貲盡，典質亦空，不能作顧曲周郎矣。因訪其居址，日伺門外，俟登車，即先於其所往候之，如是半年。玉兒竊怪於中，欲詢之而未發也。一日，大雪迷漫，赴顯者之約，元陰晝晦，衢路人稀，而平日之躑躅道周、眈望顏色者，又衝寒冒雪、侍立車側矣。玉兒問曰：「君何為者？」生淚涔涔下，嗚咽不能語。邀之入室，叩知其故，玉兒笑曰：「君既讀書，當思奮跡雲路，以圖進取；不宜妄自菲薄，潦落至此。雖然，士為知己者用，女為悅己者容。足下，我之知己也！請為君作居停主人，勉供膏火，復理慧業何如？」生唯唯。適某顯者誕日，玉兒屬生賦詩百韻以進。時祝嘏者聯幀累軸，而名作獨推生，顯者大悅。由是玉兒益愛敬生，聯床語夜，隔座銜盃，凡可以娛生意者，靡不盡。逾年，秋闈報捷，繼登進士，入翰苑，重華屬卮酒，撫玉兒肩曰：「余向者喪志落魄，幾墮泥塗，微卿，何以有今日？敢敘雁行，用答高義！」玉兒因呼生為兄。凡平日相與往來之達官巨賈及紈綺兒，

皆謝絕不復與通。後生出知某州，既典郡，自簿書外，皆玉兒一人總持之。相從數十年，交情不替如一日。重華卒於官，復經紀其喪，撫其幼子，若猶子焉。嗟乎！天下之至微極賤者，莫優伶若矣。乃亦知有知己之感，引手窮途，及知其懷才不偶，雖衣敝履穿之士，亦敬奉之不敢忽，若預料其能發跡於異日者，孰謂伶人也，而可忽諸？（俞蛟：《夢厂雜著》卷一「春明叢說」上，清刻深柳讀書堂印本）

　　【靈杖夫人傳】吾鄉呼疫鬼為「王大哥」。疫為天地不正之氣，中而成疾，烏有鬼神？又烏有所謂王姓者？乾隆二十五年間，無知村氓立廟於鑑湖之畔，獻牲演劇酬願者，趾相錯也。五月五日，謬為王之生辰，龍舟競渡，士女雜遝，惑世誣民，安得如宋之胡穎、唐之狄仁傑者，家諭戶曉，毀淫祠而汙之哉？璜山陳某，舉家染疫，禱於王大哥。愈後，架臺於村，演戲酬神。而竊慮王舉觴顧曲之孤寂也，立土地神位於旁，以作陪賓。劇未登場，忽陰雲四合，天大雷電，以風，臺圮於水，優人幾淹斃。於是村人咸咎陳之立願不誠、牲醴之不潔也，干王之怒，以致風雷，疫且復作。陳亦惴惴，擬次日瓣香謝罪。是夕，夢一老婦，挂杖而前曰：「余為璜山保障久矣。禦大災，捍大患，余有力焉，所宜祀也。疫鬼何神，敢分庭抗禮乎？故以風雷逐之。傳語村人，其安堵無恐。」蓋土神為璜山王氏，號靈杖夫人，朱儲村朱氏之始祖母也。夫與子早卒，孫名居仁，至正間，封沛郡侯。曾孫五人，俱登甲科。享年百有十歲。臨卒時，遺命投杖於河，視所止處為窀穸。如命投之，逆浮至母家而止。村人因其靈異，遂塑像祀之，而稱之為靈杖夫人云。余謂夫人其生時備《洪範》之五福，卒也兆域先知，靈節示吉，非釋氏所云「來去了然，夙有定慧」者乎？宜其廟食數百年之後，猶昭昭而不泯也。彼王大哥者，一經雷霆迅擊，寂然無聲，其靈爽又安在哉？然夫人責以抗禮，則王又非全無影響，而出於附會者；此如妖蛇享祭、河伯娶婦，讀書明理人，不為所惑而已。（俞蛟：《夢厂雜著》卷三「鄉曲枝辭」上，清刻深柳讀書堂印本）

　　【某侍御】國初某侍御，浙人，忘其名與氏。性迂緩，以疲軟掛彈章。家有膏腴地數十頃，招佃布種。佃欺其懦，積數載不供租。因令群僕擒而械繫之。其家人曰：「盍付有司，治以法？」侍御曰：「有司必事鞭撻，敲筋剝膚，心所不忍。但坐處不設腳凳，每餐食以精鑿，使過飽，不令食煙，而更使瞽者唱南詞於其側，此不惡而嚴之法，不越旬，遄可盡得也。」南詞者，

盛於江浙，所談皆男女相悅，其詞鄙俚不文，婦女及屠沽者流，聆之恒經日不倦，稍有知識者，多掩耳而走。煙與腳凳，侍御所刻不可少；而南詞，侍御所不欲聞，故推己及人，亦欲以此困之。顧不知胼手胝足之夫，俾終日飽餐聽曲，何修得此？煙與腳凳，有則固佳，無亦何害。乃人情物理且未諳，安望其執法網而秉國憲？其疲軟被黜也宜哉！後唐有李載仁者，為推官，一日赴高從晦召，途中見部曲相毆。載仁怒，急命從者取飯並蒸豚食之，戒曰：「再犯必置酥於肉！」夫肉酥並食，非鴆毒也，特無佳味耳。部曲樂於私鬪，必怯於公戰，非嚴法以懲之，何以肅軍政而飭戎行？迂謬若此，聞者絕倒。使二君生同世而仕同方，其措施必更有解人頤處。（俞蛟：《夢厂雜著》卷三「鄉曲枝辭」上，清刻深柳讀書堂印本）

【蛋戶女郎】潮嘉曲部中，半皆蛋戶女郎。而蛋戶，惟麥、濮、蘇、吳、何、顧、曾七姓，以舟為家，互相配偶，人皆賤之。間嘗考諸紀載：蛋，謂之水欄，辨水色即知有龍，又曰「龍戶」。秦始皇使屠睢統五軍監祿，殺西甌王，越人皆入叢簿中，與禽獸處，莫肯為秦。意者今之蛋戶，即西甌之遺民歟？生男尚事篷篙，祇在清溪、潮陽五百里內往來，載運貨物以受值。生女，則視其姿貌之妍媸，或留撫畜，或賣鄰舟。父母兄弟，仍時相顧問。稍長，輒勾眉敷粉，撫管調絲。蓋其相沿之習，有不能不為娼者。非如燕趙之區，隨處可遊，資生多術，乃不顧廉恥，以身為貨，可同日而語。故遇交好者，擇純謹可倚，即托以終身，不俟老大始嫁作商人婦也。廣東蛋戶與浙江墮民，曾蒙諭旨，准其為良，與居民一體安居習業。土豪地棍，橫加逼辱，依律治罪，載在令典。此真「胞與為懷」。欲滌斯民舊染之汙，無如結習莫除，甘於下賤，亦可哀也已。（俞蛟：《夢厂雜著》卷十「潮嘉風月」，清刻深柳讀書堂印本）

【琵琶】琵琶，古樂器也。自康崑崙而後，能彈五十四絲者，已久無其人矣。然當時太常卿王珷嘗云：「琶聲多，琵聲少，亦未可彈大絃，豈俗手所能擅其伎哉？」今舟中女校書度曲，動輒亂撥石槽，以倚和其韻，雖有巧者時變新聲，究不足與言樂也。但空江秋夜，月印澄潭，雁橫碧落，箕踞篷窗，靜聽鄰船，輕彈低唱，亦復不惡。友人金柳南《贈林香竹姬人大美》云：「香楓一曲欲銷魂，紅燭青尊忽夜分。無限幽懷寫不盡，滿江涼月白紛紛。」（俞蛟：《夢厂雜著》卷十「潮嘉風月」，清刻深柳讀書堂印本）

　　【迎青龍】潮州土俗，以蛇之青色者爲青龍，奉之如神。每歲二月望前，結綵爲輿，管絃鉦鼓，舁之以行，名曰「迎青龍」。各船女郎之未經梳櫳者，皆濃妝艷服，扮劇中故事，隨神遊行，望之燦然，如錦始濯，如花始發，艷心眩目，莫可名言。紈袴子弟，裙屐少年，爭備金繒，擇佳麗者，以次給之。受者名曰「得標」，得標多者，聲名噪甚，即有大腹賈不惜千金，爲製衣飾，與之梳櫳。昔丘海陽鐵香，有《觀妓詩》云：「鳳城二月好春光，社鼓逢逢報賽忙。百戲具張全不顧，爭圍擡閣看新妝。」又云：「一枝花鬪一枝新，公子王孫逐後塵。奪得錦標載月返，不知春思屬何人。」蓋實錄也。

（俞蛟：《夢厂雜著》卷十「潮嘉風月」，清刻深柳讀書堂印本）

錢　泳

錢泳（1759～1844），初名鶴，後更今名。字立群，號臺僊，一號梅谿，又稱梅花谿居士，江蘇金匱（今江蘇無錫）人。能詩，工書，尤善隸古書，嘗摹唐碑及秦漢金石斷簡不下數十百種。生平著述甚豐，有《梅谿詩鈔》、《蘭林集》、《守望新書》、《履園叢話》、《履園金石目》、《寫經樓金石目》、《說文識小錄》、《吳越錢氏傳芳集》等。見《（同治）蘇州府志》卷一一二、《清續文獻通考》卷二六八、《國朝書人輯略》卷七等。

【安頓窮人】治國之道，第一要務在安頓窮人。昔陳文恭公宏謀撫吳，禁婦女入寺燒香，三春遊屐寥寥。輿夫、舟子、肩挑之輩，無以謀生，物議譁然。由是弛禁。胡公文伯為蘇藩，禁開戲館，怨聲載道。金閶商賈雲集，晏會無時，戲館、酒館凡數十處，每日演劇養活小民不下數萬人。此原非犯法事，禁之何益於治？昔蘇子瞻治杭，以工代賑，今則以風俗之所甚便，而阻之不得行，其害有不可言者。由此推之，蘇郡五方雜處，如寺院、戲館、遊船、青樓、蟋蟀、鵪鶉等局，皆窮人之大養濟院。一旦令其改業，則必至流為遊棍，為乞丐，為盜賊，害無底止，不如聽之。潘榕皋農部《遊虎丘冶坊浜詩》云：「人言蕩子銷金窟，我道貧民覓食鄉。」真仁者之言也。（錢泳：《履園叢話》卷一，中華書局，1979 年，第 26～27 頁）

【北音無入聲】顧亭林曰：入為閏聲，李子德編入聲俱轉去聲，蓋北音無入聲，以《五經》、《左》、《國》盡出北人也。如費無極之「極」字，《史記》、《吳越春秋》俱讀作忌，猶如酈食其、審食其，「食」字俱音異也。《易》

未濟初六象曰：「濡其尾，亦不知極也。」朱子注曰：「極字未詳。」考上下韻亦不協，若讀如忌聲，則上下韻俱叶矣。或解作無忌憚，義亦通。或曰：「如子言古無入聲，與《中原韻》何別？」余曰：「《五經》、《左》、《國》，上世之北音；《中原韻》，後世之北音也。」（錢泳：《履園叢話》卷三，中華書局，1979 年，第 75～76 頁）

【時藝】袁簡齋先生嘗言，虞、夏、商、周以來即有詩文，詩當始於《三百篇》，一變而爲騷賦，再變而爲五、七言古，三變而爲五、七言律，詩之餘變爲詞，詞之餘又變爲曲，詩至曲不復能再變矣。文當始於《尚書》，一變而爲《左》、《國》，再變而爲秦、漢，三變而爲六朝駢體，以至唐、宋八家。八家之文，又變而爲時藝文，至時藝亦不復能再變矣。嘗見梨園子弟目不識丁，一上戲場便能知宮商節奏，爲忠，爲孝，爲奸，爲佞，宛對古人，爲一時之名伶也。其論時藝雖刻薄，然卻是有理。余嘗有言：「虛無之道一出，不知收束天下多少英雄。時藝之法一行，不知敗壞天下多少士習。」

董思白云：「凡作時文，原是虛架子，如棚中傀儡，抽牽由人，無一定也。」余在汴梁識海州淩仲子進士，仲子自言嘗從江都黃文暘學爲時藝，乃盡閱有明之文，洞徹底蘊。每語人曰：「時藝如詞曲，無一定資格，今人輒刺刺言時文者，終於此道未深。」與思翁之言相合。（錢泳：《履園叢話》卷三，中華書局，1979 年，第 84～85 頁）

【蔣宇均尋親】長洲蔣宇均，字理平，父廷宣，名輝，由庠生官貴州巡檢，借補龍里縣典史，民心頗洽。緣事罣誤，謫戍新疆。宇均萬里相隨，寸步不離，同抵戍所。未幾，得家信，知母彭氏患病，即子身回蘇侍疾。母歿，守喪甫逾百日，又至戍所省父。居數月，又回蘇葬母。葬畢，仍往戍所。居半載，父遇恩赦，乃侍奉回南。前後五六載中，四次跋涉，繭足黧面，備嘗艱險，途中懸崖絕壑、豺虎蠻箐、水火盜賊之虞，無所不歷，瀕於死者屢矣。從姪大鎔仿黃向堅《萬里緣》傳奇，製曲播其事。宇均聞之，怒曰：「天下豈有無父之人哉！」爲拉雜摧燒之。宇均爲時庵少司馬姪，芝庭大司馬外孫，自幼見賞於二公，謂其至性有過人者。（錢泳：《履園叢話》卷五，中華書局，1979 年，第 122 頁）

編者案：原作無標題，此標題係編者所擬。

【秋帆尚書】鎮洋畢秋帆先生，負海內重望，文章政績，自具國史。乾隆五十二年，先生爲河南巡撫。六月廿四日夜，湖北荆州府江水暴漲，堤潰城決，淹沒田廬，人民死者以數十萬計。七月朔日，得襄陽飛信，先生即於是日先發藩庫銀四十萬兩，星夜解楚賑濟，一面奏聞。高宗皇帝大加獎賞，以爲有督撫才，不數日即擢授兩湖總督，兼理巡撫事務。泳時在幕中，親見其事。先生爲人仁而厚，博而雅，見人有一善，必咨嗟稱道之不置。好施與，重然諾，篤於朋友。如蔣莘畬、程魚門、曹習庵諸公身後事，皆爲料理得宜，雖千金不顧也。家蓄梨園一部，公餘之暇，便令演唱。余少負戇直，一日同坐觀劇，謂先生曰：「公得毋奢乎？」先生笑曰：「吾嘗題文山遺像，有云：『自有文章留正氣，何曾聲妓累忠忱？』所謂大德不逾閑，小德出入可也。」余始服其言。時和公相，聲威赫奕，欲令天下督撫皆欲奔走其門以爲快，而先生澹然置之。五十四年夏，和相年四十，自宰相而下皆有幣帛賀之，惟先生獨賦詩十首，並檢書畫銅瓷數物爲公相壽。余又曰：「公將以此詩入《冰山錄》中耶？」先生默然，乃大悟，終其身不交和相。六十年二月，貴州苗民石柳鄧、湖南苗民石三保等聚衆劫掠，人民震恐。先生聞之，即馳赴常德籌辦滅賊之計。事既平，尚駐辰州，以積勞成疾，卒於當陽旅館，年六十七。後二年，和相果伏法。先生著作甚多，一時不能盡記，尤好法書名畫，嘗命余集刻《經訓堂帖》十二卷，海內風行，至今子孫尚食其利云。（錢泳：《履園叢話》卷六，中華書局，1979 年，第 149～150 頁）

【度曲】儀徵李艾塘精於音律，謂元人唱曲，元氣淋漓，直與唐詩宋詞相頡頏。近時則以蘇州葉廣平翁一派爲最著，聽其悠揚跌盪，直可步武元人，當爲崑曲第一。曾刻《納書楹曲譜》，爲海內唱曲者所宗。

近士大夫皆能唱崑曲，即三絃、笙、笛、鼓板亦嫻熟異常。余在京師時，見盛甫山舍人之三絃，程香穀禮部之鼓板，席子遠、陳石士兩編修能唱大小喉嚨，俱妙，亦其聰明過人之一端。（錢泳：《履園叢話》卷十二，中華書局，1979年，第 331 頁）

【十番】十番用緊膜雙笛，其聲最高，吹入雲際，而佐以簫管、三絃，緩急與雲鑼相應；又佐以提琴、鼉鼓，其緩急又與檀板相應；再佐之以湯鑼，衆樂既齊，乃用羯鼓，聲如裂竹，所謂「頭似青山峰，手如白雨點」，方稱能事。其中又間以木魚、檀板，以成節奏。有《花信風》、《雙鴛鴦》、《風擺

荷葉》、《雨打梧桐》諸名色。憶於嘉慶己巳年七月，余偶在京師，寓近光樓，其地與圓明園相近，景山諸樂部嘗演習十番笛，每於月下聽之，如雲璈疊奏，令人神往。余有詩云：「一雙玉笛韻悠揚，檀板輕敲徹建章。太液池邊花外路，有人背手聽宮牆。」（錢泳：《履園叢話》卷十二，中華書局，1979年，第331～332頁）

【演戲】梨園演戲，高宗南巡時爲最盛，而兩淮鹽務中尤爲絕出。例蓄花雅兩部，以備演唱，雅部即崑腔，花部爲京腔、秦腔、弋陽腔、梆子腔、羅羅腔、二簧調，統謂之亂彈班。余七八歲時，蘇州有集秀、合秀、擷芳諸班，爲崑腔中第一部，今絕響久矣。

演戲如作時文，無一定格局，只須酷肖古聖賢人口氣，假如項水心之何必讀書，要像子路口氣，蔣辰生之訴子路於季孫，要像公伯寮口氣，形容得象，寫得出，便爲絕構，便是名班。近則不然，視《金釵》、《琵琶》諸本爲老戲，以亂彈、灘王、小調爲新腔，多搭小旦，雜以插科，多置行頭，再添面具，方稱新奇，而觀者益眾；如老戲一上場，人人星散矣，豈風氣使然耶？（錢泳：《履園叢話》卷十二，中華書局，1979年，第332頁）

【雜戲】按《文獻通考》，雜戲起於秦、漢，門類甚多，不可枚舉。然則今世之測變器物及弄缸、弄碗諸劇，愈出愈奇，皆古所無也。道光初年，以國喪不演戲，大家酒館，輒以戲法弄碗，雜以詼諧，爲佑觴之具，自此風行一時。同鄉言心香通守嘗置酒招余，戲書二絕云：「空空妙手能容物，疊疊清言欲笑人。謾道世間人作假，要知凡事總非眞。」「蹴球弄碗眞無匹，舞劍緣竿未足多。觀者滿堂皆動色，一時里巷廢絃歌。」惟考元吳淵穎有《碗珠詩》云：「碗珠聞自宮掖來，長竿寶碗手中回。」似即今之弄碗也，可補古雜戲之缺。

雜戲之技，層出不窮，如立竿、吞劍、走索，壁上取火、席上反燈，弄刀、舞盤、風車、簸米、飛水、頂燭、摘豆、抽籤、打毬、鉛彈、攢梯、弄缸、弄甕、大變金錢、儡人吹笙之類，一時難以盡記。又有一老人，年八十餘，能以大竹一竿，長四五丈，豎起，獨立竹竿頭上，更奇，不知操何術也。他如抽牌算命、蓄猴唱戲、弄鼠攢圈、蝦蟆教學、螞蟻鬥陣等戲，則又以禽獸蟲蟻而爲衣食者也。（錢泳：《履園叢話》卷十二，中華書局，1979年，第333頁）

【鬼戲】康熙中，常熟有包振玉者，係梨園中吹笛手。一日，忽有人來定戲，云在北門王姓，以銀十錠，期於某日。至期而往，則巍然大第，堂中設宴。主人出，謂振玉曰：「今日係周歲，不可大鬧，以官人幼不任驚嚇也。」遂點《西廂記》，減去〈惠明寄書〉及〈殺退孫飛虎〉兩齣，乃定席開場。眾方演唱，振玉獨執笛旁坐，暗窺坐中賓客，凡飲酒，俱呷入鼻中，其往來男女侍從人等，俱足不帖地而行。心甚異之，以私語其眾，眾曰：「彼不欲鬧，豈所畏在此乎？」於是，忽將大鑼鼓一響，倏無所睹，乃在昏黑中，則一古墓，惟聽松風謖謖而已。通班大驚，振玉遂得疾，不數日死。（錢泳：《履園叢話》卷十五，中華書局，1979 年，第 394～395 頁）

【太無竅】吳梅村祭酒既仕，本朝有張南垣者，以善疊假山，遊於公卿間，人頗禮遇之。一日到婁東，太原王氏設宴招祭酒，張亦在坐。因演劇，祭酒點《爛柯山》，蓋此一齣中有張石匠，欲以相戲耳！梨園人以張故，每唱至張石匠輒諱張為李。祭酒笑曰：「此伶甚有竅。」後演至張必果寄書，有云：「姓朱的有甚虧負你？」南垣拍案大呼曰：「此伶太無竅矣。」祭酒為之逃席。（錢泳：《履園叢話》卷廿一，中華書局，1979 年，第 547 頁）

【溺於聲色】乾隆中，有某太守告老歸田，溺於聲色，慕西湖之勝，借居曲院荷風，日與梨園子弟、青樓妓女徵歌度曲，為長夜之飲。遂收梨園為義子，青樓為義女，無分上下，合為一家。有輕薄少年書東坡和文與可《洋州園池詩》二首云：「煙紅霞綠曉風香，燕舞鶯啼春日長。誰道使君貧且老？繡屏錦幛咽笙簧。」其二云：「日日移床趁下風，清香不斷思何窮。若為化作龜千載，巢向田田亂葉中。」太守聞之，即移寓去。（錢泳：《履園叢話》卷廿一，中華書局，1979 年，第 550～551 頁）

【《牡丹亭》腳色】乾隆庚辰一科進士，大半英年，京師好事者以其年貌，各派《牡丹亭》全本腳色，真堪發笑。如狀元畢秋帆為花神，榜眼諸重光為陳最良，探花王夢樓為冥判侍郎，童梧岡為柳夢梅，編修宋小巖為杜麗娘，尚書曹竹墟為春香。同年中每呼宋為小姐，曹為春香，兩公竟應聲以為常也。更有奇者，派南康謝中丞啟昆為石道姑，漢陽蕭侍御芝為農夫，見二公者，無不失笑。（錢泳：《履園叢話》卷廿一，中華書局，1979 年，第 551～552 頁）

【木蘭詩】有某公子迷於兩伶人，一日演《佳期》，問兩人誰爲優。余笑曰：「我有定評，只不敢說耳。」某固問，答曰：「《木蘭詩》結末二語。」座中皆大笑。（錢泳：《履園叢話》卷廿一，中華書局，1979年，第566頁）

【出會】大江南北迎神賽會之戲，向來有之，而近時爲尤盛。其所謂會首者，在城，則府州縣署之書吏衙役；在鄉，則地方保長及遊手好閒之徒。大約稍知禮法而有身家者，不與焉。每當三春無事，疑鬼疑神，名曰出會，咸謂可以驅邪降福，消難除蝗。一時哄動，舉邑若狂，鄉城士女觀者數萬人，雖有地方官不時示禁，而一年盛於一年。其前導者爲清道旗，金鼓，肅靜、回避兩牌，與地方官吏無異。有開花面而持槍執棍者，有絆（扮）爲兵卒掛刀負弓箭或作鳥槍藤牌者，有僞爲六房書吏持簽押簿案者；有帶腳鐐手靠（銬）而爲重犯者，爲兩紅衣劊子持一人赤髀背插招旗又云斬犯者，種種惡狀，習慣自然，恬不知恥，而反以爲樂，實可笑也。近江陰李明經見田亦極論之，有賽會十弊，以爲鬼神非其族類，不歆其祀，而通乎上下，唯社爲然。然自古方社祈年，不過燒紙錢，擊鼕鼓，扮榆壇下，酒奠春風；桑柘林邊，人嬉夕照，樂太平之有象，式禮法於不愆，未有侮弄神明，叫囂鄉里，妄違禮法，敗壞風俗，若此之甚者也。其言確切，深中時弊，略記於後：

一曰瀆鬼神。《論語》曰：「未能事神，焉能事鬼？」未聞有敬鬼神而近之者也，不過借眾人之錢財，供會首之醉飽，愚民不知其故，遂從而和之，一時成俗，百弊叢生。其宜禁者一也。

一曰亂法度。凡一府一邑，俱有山川社稷壇、文武城隍廟以及鄉賢名宦諸祠，此皆列於祀典，官民之所宜春秋祭祀者。至若某土地神之爲某王某侯某將某相，則不列於祀典。名爵既別，尊卑無序，古今倒置，儀仗各殊，即所謂淫祠也。而僧道藉以弄錢，婦女因而遊玩。其宜禁者二也。

一曰耗財用。一方賽會，萬戶供張，竟有勉強支持，百端借貸而入會者，亦有典衣糶米，百孔千創而入會者。以有限之錢財，爲無益之費用，至於債不得償，租不得還，凍餓窮愁而不自知者，雖斯民之自貽伊戚，亦由土俗之有此厲階。其宜禁者三也。

一曰誤本業。城市之民，俱有其業；鄉曲之民，各有其事，民以勤儉爲本，安有空閒時耶？且賽會皆在三春，既失其時，又失其業，吾實不知其肺腑，且試問此等事爲名利乎，爲衣食乎？小人之愚，一至於此。其宜禁者四也。

一曰混男女。凡鄉城有盛會，觀者如山，婦女焉得不出。婦女既多，則輕薄少年逐隊隨行，焉得不看。趁遊人之如沸，攬芳澤於咫尺，看回頭一笑，便錯認有情；聽嬌語數聲，則神魂若失。甚至同船喚渡，舟覆人亡，挨躋翻輿，鬢蓬釵墮，傷風敗俗，莫此為甚。其宜禁者五也。

一曰煽火燭。無論在城在鄉，迎神之日，燈燭輝煌，香煙繚繞，茶坊酒肆，柴火薰天。更有紮彩燈出夜會者，亦有斂民錢放煙火者，設有不虞，難於撲救，奸民亦乘機搶奪，遂不可問。其宜禁者六也。

一曰興賭博。賽會人雜，易於聚賭，搖攤押寶，紛紛而來。或輸錢已竭，尚求亡羊於無何有之鄉，或借貸無門，陷此身於不可知之地，剝衣而去，攘臂而來，貽禍地方，不知所止。其宜禁者七也。

一曰聚打降。鄉曲狂徒，市中匪類，平時聚飲，三三兩兩，尚多相打相擊之事。況賽會人眾，千百為群，遇店行沽，逢場入局，一攖忿怒，便逞橫凶，或莫與解紛，即釀成命案，因而禍延保甲，訟累村坊。其宜禁者八也。

一曰招盜賊。異方匪類，混跡人叢，稽察綦難，穿窬甚便。日間以熱鬧盡歡，夜靜而熟眠失竊，富者金帛霎時俱罄，貧人米粟一掃而空，至於覓賊追贓，計已晚矣。其宜禁者九也。

一曰壞風俗。人本質樸，因出會而多置衣裳，家本貧窮，因出會而多生費用。甚至在城在鄉，俱崇華美，小街小巷，迎接親朋，使斯民咸入豪奢，而風俗因之敗壞。其宜禁者十也。（錢泳：《履園叢話》卷廿一，中華書局，1979 年，第 575～578 頁）

【優伶能解韻語】近日優伶中亦有能解韻語者，陸睆卿云：「吟詩忘月出，弄酒喜更長。」潘映蓮云：「愁至聞歌解，花開晤別難。」顧蓉卿云：「日暮揚鞭疲馬倦，更深擊柝素娥來。」有沈文振者，曾搭集秀班，能書，仿松雪《天冠山詩》，尤奇。（錢泳：《履園叢話》卷廿四，中華書局，1979 年，第 660 頁）

趙愼畛

趙愼畛（1762～1826），字遵路，一字篷樓，號岵瞻，湖南武陵人。嘉慶元年進士，官至雲貴總督，卒於官，諡文恪。著有《載筆錄》四卷、《從政錄》八卷、《省營室續筆》一卷、《讀書日記》四卷、《惜日筆記》二十卷、《榆巢雜識》二卷等。見《清續文獻通考》卷二六九，《清述秘聞續》卷一、卷一三，《清史稿》卷一六六，《晚晴簃詩匯》卷一一三，《（光緒）湖南通志》，《沅湘耆舊集》，《國朝先正事略》等。

【禁演聖賢】優人演劇，多褻瀆聖賢。康熙初，禁不得裝孔子及諸賢。至雍正五年，並禁演關帝。從宣化總兵李如柏請也。（趙愼畛：《榆巢雜識》卷下，中華書局，2001 年，第 215 頁）

【上元呈藝】回部以銅繩技為最奇，每於上元節宴，慶霄樓前呈藝，必獲厚賞。自乾隆辛卯間，有因醉登竿，遂致顛僕者。上念不以戲傷人命，永停此技。北小花園內侍能育蟋蟀，亦於上元節宴陳設。皆常例也。（趙愼畛：《榆巢雜識》卷下，中華書局，2001 年，第 218 頁）

梁章鉅

　　梁章鉅（1775～1849），字閎中，一字茝林，晚號退庵，福建長樂人。嘉慶七年進士，官至江蘇巡撫，兼署兩江總督，以病乞休歸。著述極富，有《藤花吟館詩鈔》十卷、《退庵詩存》廿五卷、《退庵金石書畫題跋》二十卷、《退庵隨筆》廿二卷、《樞垣紀略》廿八卷、《歸田瑣記》八卷、《浪跡叢談》十一卷、《續談》八卷、《三談》六卷、《夏小正經傳通釋》四卷、《論語旁證》二十卷、《文選旁證》四十六卷、《三國志旁證》三十卷、《雁蕩詩話》二卷、《閩川閨秀詩話》四卷、《楹聯叢話》十二卷、《續話》四卷、《制義叢話》廿四卷、《古格言》十二卷、《師友集》十卷、《稱謂錄》卅二卷、《巧對錄》八卷、《南省公餘錄》八卷、《農候雜占》四卷等。見《清續文獻通考》卷二五八、《清史稿》卷一二七至一三〇、《晚晴簃詩匯》卷一一七、《（道光）濟南府志》卷二九、《（光緒）永嘉縣志》卷一八等。

　　【小玲瓏山館】邗上舊跡，以小玲瓏山館為最著，余曾兩度往探其勝，尋所謂玲瓏石者，皆所見不逮所聞。地先屬馬氏，今歸黃氏，即黃右原家，右原之兄紹原太守主之。余曾檢《揚州郡志》及《畫舫錄》，皆不得其詳，遂固向右原索顛末。右原為錄示梗概云：康熙、雍正間，揚城鹺商中有三通人，皆有名園，其一在南河下，即康山，為江鶴亭方伯所居，其園最晚出，而最有名。乾隆間，翠華臨幸，親御丹毫，鶴亭身後，因欠帑，園入官。今儀徵太傅領買官房，即康山正宅，園在其側，已荒廢不可收拾，終年鍵戶，為遊蹤所不到。蓋康山以「康對山來遊」得名。揚郡無石山，僅三土山，平山、浮山及康山是也。康山若再過數年，無人興修，故跡必愈湮，恐無有能

指其處者，而不知當日樓臺金粉，簫管煙花。蔣心餘先生常主其園中之秋聲館，所撰九種曲，內《空谷香》、《四絃秋》，皆朝拈斑管，夕登氍毹，一時觴宴之盛，與汪蛟門之百尺梧桐閣、馬半槎之小玲瓏山館，後先媲美，鼎峙而三。汪、馬之舊跡，皆在東關大街。汪、馬、江三公皆鹺商，而汪、馬二公又皆應詞科。汪氏懋麟，江都人，由丁未進士授中書，以薦試康熙鴻博，爲漁洋山人高足弟子。園中有百尺梧桐，千年枸杞。今枸杞尙存，而老梧已萎，所苗孫枝，無復曩時亭苕百尺矣。此園屢易其主，現爲運司房科孫姓所有。至小玲瓏山館，因吳門先有玲瓏館，故此以小名。玲瓏石即太湖石，不加追琢，備透、縐、瘦三字之奇。馬氏兩兄弟，兄名曰琯，字嶰谷，一字秋玉；弟名曰璐，字半槎，皆薦試乾隆鴻博科。開四庫館時，馬氏藏書甲一郡，以獻書多，遂拜《圖書集成》之賜，此《叢書樓書目》所由作也，然叢書樓轉不在園。園之勝處爲街南書屋、覓句廊、透風透月兩明軒、藤花庵諸題額。主其家者爲杭大宗、厲樊榭、全謝山、陳授衣、閔蓮峰，皆名下士，有《邗江雅集九日行庵文宴圖》問世。輾轉十數年，園歸汪氏雪礓。汪氏爲康山門客，能詩善畫，今園門石碣題「詩人舊徑」者，猶雪礓筆也。園之玲瓏石，高出簷表，鄰人惑於形家言，嫌其與風水有礙，而憚鴻博名高，隱忍不敢較，鴻博既逝，園爲他人所據，鄰人得以伸其說，遂有瘞石之事。故汪氏初得此園，其石已無可蹤跡，不得已以他石代之。後金樱亭國博過園中觴詠，詢及老園丁，知石埋土中某處，其時雪礓聲光藉甚，而鄰人已非復當年倔強，遂決計諏吉集百餘人起此石，復立焉。惜石之孔竅爲土所塞，搜剔不得法，石忽中斷，今之玲瓏石巋然而獨存者，較舊時石，質不過十之五耳。汪氏後人又不能守，歸蔣氏，亦運司房科。又從而擴充之，朱欄碧甃，爛漫極矣，而轉失其本色，且將馬氏舊額悉易新名。今歸黃氏，始漸復其舊云。（梁章鉅：《浪跡叢談》卷二，清道光二十七年刻本）

【楊令公】嘉慶間，余屆躔灤陽，過古北口，見有大廟，土人呼爲楊令公祠。嗣閱《明一統志》及《密雲縣志》，皆載之。《豐潤縣志》亦有令公村，謂宋楊業屯兵拒遼於此，有功，故名。按楊業生平未嘗至燕，古北口又在燕東北二百餘里，地屬契丹久矣，業安得而至？此顧亭林已辨之。《宋史》楊業，《遼史》作楊繼業，遼人稱爲楊無敵。雍熙三年，大兵北征，業副潘美連拔雲、應、寰、朔四州，師次桑乾河，會契丹國母蕭氏與大臣耶律漢寧等

陷寰州，護軍王侁令業趨雁門北口，業以爲必敗，侁逼之。行至狼牙村，惡其名，不進，左右固請，乃行。伏四起，中流矢墮馬被擒，不食，三日死。業子延昭爲保州防禦使，昭在邊城二十餘年，契丹憚之，呼爲楊六郎。延昭子文廣，字仲容，爲定州路副都總管，皆以驍勇聞。此今說部所演，不盡誣也。（梁章鉅：《浪跡叢談》卷六，清道光二十七年刻本）

【趙普】偶爲友人招觀劇，余不諳崑曲，而主人不喜秦腔，坐中客多爲余左袒者。適呈戲單，余點〈訪普〉一齣，蓋崑曲與秦腔並有之，曲文初無小異，客謂余之善調停也。或問，此事果有之否？余謂《名臣言行錄》中引《邵氏聞見錄》，即有此事，云太祖即位之初，數出微行，以偵伺人情，或過功臣家，不可測。趙普每退朝，不敢脫衣冠。一日大雪，向夜，普謂帝不復出矣。久之，聞叩門聲，普亟出，帝立風雪中。普惶懼迎拜，帝曰：「已約晉王矣。」已而太宗至，共於普堂中設重裀地坐，熾炭燒肉，普妻行酒，帝以嫂呼之。此與今菊部所演略同，惟短秦王一節耳。（梁章鉅：《浪跡叢談》卷六，清道光二十七年刻本）

【宋江】《水滸傳》之作，亦依傍正史，而事蹟不能相符。《宋史·徽宗本紀》：「宣和三年二月，淮南盜宋江等犯淮陽軍，又犯京東、江北，入楚、海州界，命知州張叔夜招降之。」《侯蒙傳》：「宋江寇京東，蒙上書言宋江以三十六人橫行齊、魏，官軍數萬，無敢抗者，其才必過人。今青溪盜起，不若赦江，使討方臘以自贖。」《張叔夜傳》：「叔夜再知海州。宋江起河朔，轉略十郡，官軍莫敢攖其鋒。聲言將至，叔夜使間者覘所向，賊徑趨海濱，劫巨舟十餘，載鹵獲。於是募死士，得千人，設伏近城，而出輕兵距海誘之戰。先匿壯卒海旁，伺兵合，舉火焚其舟。賊聞之，皆無鬪志，伏兵乘之，擒其副賊，江乃降。」按《侯蒙傳》雖有使討方臘之語，事無可考，宋江以二月降，方臘以四月擒，或借其力。但其時擒臘者，據《徽宗本紀》，以爲忠州防禦使辛興宗；據《童貫傳》，以爲宣撫制使童貫；據《韓世忠傳》，則世忠以偏將窮追至青溪峒，問野婦得徑，渡險數里，搗其穴，辛興宗掠其俘，以爲己功，皆與宋江無涉也。陸次雲《湖壖雜記》謂六和塔下舊有魯智深像，又言江滸人掘地得石碣，題曰「武松之墓」，當時進征青溪，或用兵於此，稗乘所傳，不盡誣。惟汪韓門以爲杭人附會爲之，恐不足信。（梁章鉅：《浪跡叢談》卷六，清道光二十七年刻本）

【張居正】近日梨園有演《大紅袍》全部者，其醜詆江陵張文忠與奸佞同科，並形容其子懋修等，爲亂臣賊子之不如，殊爲過當。張太岳當前明神宗朝，獨持國柄，毀譽迄無定評，要其振作有爲之功與威福自擅之罪，俱不能相掩，即其子懋修等，亦並非紈綺下流。考《湖北詩錄》載，張懋修字子樞，萬曆庚辰廷試第一，授修撰，遘文忠家難，冤憤投井，不死，絕粒累日，又不死，手抱遺籍，淚漬紙墨間。天啓辛酉，文忠墓忽有白氣，如雲如煙，越明年，奉特旨昭雪，時子樞年八十矣。其《渡江津有感》云：「秋色滿林皋，霜大雁唳高。野花寒故細，濁酒醉偏豪。白雪知孤調，青山有二毛。從來仲蔚宅，匝地起蓬蒿。」弟允修，字建初，蔭尚寶司丞。崇禎甲申正月，獻賊掠荊州，憂憤不食，死。有《絕命詞》云：「八十空嗟鬢已皤，豈知衰骨碎干戈。純忠事業承先遠，捧日肝腸啓後多。今夕敢言能報國，他年漫惜未掄科。願將心化錚錚鐵，萬死叢中氣不磨。」俱可想見其忠義之氣。至文忠之曾孫別山先生同敞，在桂林死事尤著。然則，文忠之澤，固久而未斬也。按說部中雜載：江陵父喪設祭，所列果品皆像山形。甘蔗山倒，壓死野人觀者於其下。既敗，楊御史劾之曰：「五步一井，以清路塵；十步一爐，以備茶竈。」又云：「迎其母赴京，其母畏長江之險，地方官爲聯舟如岸，俾乘輴以濟。及敗，其母尚存，衣裳皆自浣焉。」有名下士批駁之云：「江陵在江北，其母入都，正可陸行至襄陽，安有渡江之理？」不知江陵本傳明云：「居正言母老，不能冒炎暑進京，帝令中官護太夫人，以秋日由水道行。」以所傳「五步一井」、「十步一爐」概之，恐是由內河渡江溯淮，陸行入京也。
（梁章鉅：《浪跡叢談》卷六，清道光二十七年刻本）

【王梅溪逸事】江心寺僧某，曩閱說部，載其事，今並書名、僧名俱忘之。有道行，適王梅溪讀書寺中，僧識其非凡，常敬禮之。寺前有臨江片地，屢築屢圮，每工甫就，輒有龍來攪翻。僧某思所以止之。一日，飲梅溪酒，乘其醉懇之曰：「江岸有一片地，是居士主之，今求捨與老僧，以便奮築，何如？」梅溪曰：「如何捨法？」僧曰：「但求捨字一紙，署名注押可矣。」梅溪如言付之。越日興築間，龍復來，僧以捨字遙示之，龍即帖然而去。梅溪爲宋代名臣，其能孚及豚魚，宜矣。又《甌江逸志》載，梅溪之大父格病篤，思得鯽魚，方盛暑，不易致，梅溪之父輔禱於井，釣得巨鱗以進，父病旋愈，時梅溪年十一，親見之。此與王祥臥冰事相類，孝感之門，又宜其克昌厥後矣。（梁章鉅：《浪跡續談》卷二，清道光二十八年刻本）

【王梅溪前身】《愛日堂叢鈔》載王龜齡詹事十朋，有《記人說生前事》，其略云：「余少時，有鄉僧每見必曰：『此郎嚴伯威後身也。』余訪諸叔父寶印大師，叔父曰：『嚴闍黎，汝祖母賈之兄，吾之舅氏，且法門之師也。博學，工詩文，戒行修飭。汝父母昔以無子為憂，政和壬辰正月，吾師卒，汝祖夢吾師至，集眾花結成一大毬，遺汝祖曰：「君家求此久矣，吾是以來。」是月汝母有娠。吾師眉濃黑而垂，目深而神藏，兒時能誦千言，喜作詩，人以汝眉目及趣好類之，故云。』又嘗謂人曰：『予不善書，作文寫字，兩俱不佳，而嚴闍黎尤工筆札，愧而曰：『汝前生食蔬，何多智！今生食肉，何多愚也！』按此記亦見《梅溪文集》中。而汪聖錫作《王忠文墓志》云：「梅溪遺戒，喪事毋得用佛老教。」《困學紀聞》載真文忠《勸孝文》曰：「侍郎王公，侍郎蓋梅溪也。見人禮塔，呼而告之曰：『汝有在家佛，何不奉養？』蓋謂人能奉親，即是奉佛也。」梅溪貌類釋處嚴，鄉人戲謂嚴後身，事或有之，而以汪聖錫及真文忠之語證之，則其衛道辟佛，豈彼氏之說所能囿其生平哉！（梁章鉅：《浪跡續談》卷二，清道光二十八年刻本）

【《琵琶記》】祝枝山《猥談》云：「南戲出於宣和之後，南渡之際，謂之溫州雜劇。」葉子奇《草木子》云：「戲文始於《王魁》，永嘉人作之。」《莊岳委談》云：「今《王魁》本又不傳，而傳《琵琶記》。《琵琶記》亦永嘉人作。」近翟晴江《通俗編》引《青溪暇筆》云：「元末永嘉高明，字則誠，避世鄞之櫟社，以詞曲自娛，因劉後村有『死後是非誰管得，滿村聽說蔡中郎』之句，此陸放翁詩，非劉後村也。因編《琵琶記》，用雪伯喈之恥。本朝遣使徵辟，不就。既卒，有以其記進者，上覽畢曰：『《五經》、《四書》在民間，如五穀不可缺，此記如珍羞百味，富貴家其可無耶？』其見推許如此。」《留青日箚》云：「時有王四者，能詞曲，高則誠與之友善，勸之仕，登第後，即棄其妻，而贅於太師百花家，則誠悔之，因借此記以諷。名『琵琶』者，取其四王字為王四，元人呼牛為不花，故謂之牛太師，而伯喈曾附董卓，乃以之託名也。太祖微時，嘗賞此戲，及登極，乃捕王四，置之極刑。』又《說郛》載唐人小說云此說見元人周達觀《誠齋雜記》：「牛相國僧孺之子繁，與蔡生文字交，尋同舉進士，才蔡生，欲以女弟適之，蔡已有妻趙矣，力辭不得，後牛氏與趙處，能卑順自將，蔡官至節度副使。」其姓氏相同，一至於此，則誠何不直舉其人，而顧誣巘賢者耶？按《太平廣記》引《玉泉子》云：鄧敞初以孤寒不第，牛僧孺子蔚謂曰：「吾有女弟，子能婚，當相為展

力，寧一第耶！」時敞已婿李氏，顧私利其言，許之。既登第，就牛氏親，不日挈牛氏歸。李撫膺大哭。牛知其賣_{原誤爲「買」，據《太平廣記》卷四九八}己也，請見曰：「吾父爲宰相，豈無一嫁處耶？其不幸豈惟夫人，今願一與共之。」李感其言，卒同處終身。乃知則誠所本者，《太平廣記》也。今考蔡邕父，名稜，字伯直，見《後漢書》注；其母袁氏，曜卿姑也，見《博物志》。《琵琶記》作蔡從簡、秦氏，其亦故爲謬悠，與《荊釵記》同一狡獪歟？《靜志居詩話》云：「高則誠撰《琵琶記》，塡詞，几上燒雙燭，塡至《吃糠》一齣，句云：『糠和米本一處飛』，雙燭花交爲一。蓋文字之祥，雖小技亦有如此者。」（梁章鉅：《浪跡續談》卷二，清道光二十八年刻本）

【《荊釵記》】 世所演《荊釵記》傳奇，乃讎家故謬其詞，以誣衊王氏者。《天祿識餘》云：「玉蓮乃王梅溪之女，孫汝權乃同時進士，梅溪之友，敦尙風誼，梅溪劾史浩八罪，汝權實慫恿之。史氏所最切齒，遂令其門客作《荊釵》傳奇以衊之。」《甌江逸志》載：王十朋年四十六，魁天下，以書報其弟夢齡、昌齡曰：「今日唱名，蒙恩賜進士及第，惜二親不見，痛不可言，嫂及聞詩、聞禮，可以此示之。」詩、禮，其二子也。此二語者，上念二親，而不以科名爲喜；特報二弟，而不以妻子爲先，孝友之意可見矣。爲御史，首彈丞相史浩，乞專用張浚，上爲出浩帥紹興。又上疏言舜去四凶，未嘗使之爲十二牧，其謇諤如此，故史氏厚誣之。按《梅溪文集》中有《令人壙志》載：「令人賈氏，王、賈同邑，且世姻，故令人歸於我，初封恭人，再封令人，卒年五十五。」又《祭令人文》云：「子歸我家，今三十年。」其爲世好舊姻，夫婦偕老可知，焉有入贅權門，致妻投江之事？《壙志》又云：「女二人，長嫁國學進士錢萬全」，蓋即錢玉蓮_{錢當爲王也}。撰傳奇者謬悠其說，以誣大賢，實爲可恨。施愚山《短齋雜記》亦詳辨之。（梁章鉅：《浪跡續談》卷二，清道光二十八年刻本）

【戲綵亭聯】 溫州郡署，寓眷屬於三堂，庭院極寬敞，相宅者皆嫌其不聚氣，必於前廊構一亭子，以收束之，且可藉爲歲時演劇之所。恭兒題亭扁曰戲綵，跋云：「宋溫州通判趙岍，迎養其父清獻公於倅廳，構戲綵堂，當時傳爲盛事，東坡、穎濱皆有詩。_{已詳第二卷。}今資政公亦就養郡齋，而茲亭適成，因以名之。」並請余撰爲楹聯，余亦即用此事題柱云：「舞綵又成亭，故事遠慚清獻德；逢場憑作戲，正聲合補廣微詩。」時次兒丁辰，由內

閣請假南來省視，亦於亭角附題一聯云：「勝地許循陔，成茲樂事；齊心殷舞綵，讓爾先聲。」跋云：「敬叔弟屬撰亭聯，因答其意付之。」亦可謂一時佳話矣。（梁章鉅：《浪跡續談》卷六，清道光二十八年刻本）

【看戲】吾鄉龔海峰先生官平涼時，其哲嗣四人，皆隨侍署齋讀書。一日，偶以音觴召客齋中，四人者，各躍躍作看戲之想。先生飭之曰：「試問讀書好乎？看戲好乎？可各以意對。」其少子文季觀察瑞轂遽答曰：「看戲好。」先生艴然斥之退。長子端伯郡丞式轂對曰：「自然是讀書好。」先生笑曰：「此老生常談也，誰不會說？」次子益仲孝廉受轂對曰：「書也須讀，戲也須看。」先生曰：「此調停兩可之說，恰似汝之為人。」三子小峰邑侯對曰：「讀書即是看戲，看戲即是讀書。」先生掀髯大笑曰：「得之矣。」聞其時甘肅有譚半僊者，頗能知未來事，先生延致署中數月，臨行，手畫四扇，一作老梅數枝，略綴疏蕊，以贈端伯；一作古柏一樹，旁無他物，以贈益仲；一作牡丹數本，以贈小峰；一作蘆葦叢叢，以贈文季，且語先生曰：「將來四公子所成就，大略視此矣。」由今觀之，則與所答看戲之言，亦隱隱相應也。（梁章鉅：《浪跡續談》卷六，清道光二十八年刻本）

【文班武班】劇場有南戲、北戲之目，不過以曲調分；近人有文班、武班之目，文班指崑曲，武班指秦腔，則截然兩途矣。余金星不入命，於音律懵無所知，故每遇劇筵，但愛看聲色喧騰之齣。在京師日，有京官專嗜崑腔者，每觀劇，必攤《綴白裘》於几，以手按板拍節，群目之為專門名家。余最笑之，謂此如講古帖字畫者，必陳《集古錄》及宣和書、畫譜對觀，適足形其不韻。真賞鑒家，斷不如是也。憶在蘭州日，適薩湘林將軍由哈密內召入關，過訪，素知其精於音律，因邀同官以音觴宴之。坐定，優人呈戲本，余默寫六字曰：「非《思凡》即《南浦》」，握於掌中，將軍果適點此兩齣。余曰：「君何必費心，余已代為之矣。」開掌示之，合座皆笑。湘林正色語余曰：「戲雖小道，而必以雅奏為高，若猥語亂談，則輿隸所樂聞，豈可以入吾輩之耳。」余曰：「君言誠是，然既已演戲，則徵歌選舞，自以聲色兼備為佳，若徒賞其低唱恬吟，則但令一人鼓喉，和以一笛足矣，又何必聚一班數十人於後臺，為之結綵張燈，肆筵設席，而品評其行頭之好，腳色之多乎？」合座群以為然，而湘林為之語塞矣。比年，余僑居邗水，就養甌江，時有演戲之局，大約專講崑腔者，不過十之三，與余同嗜者，竟十之七矣。（梁章鉅：《浪

跡續談》卷六，清道光二十八年刻本）

【生旦淨末】生、旦、淨、末之名，自宋有之。然《武林舊事》所載，亦多不可解。惟《莊岳委談》云：「傳奇以戲爲稱，謂其顛倒而無實耳，故曲欲熟而命以生也，婦宜夜而命以旦也，開場始事而命以末也，塗汙不潔而命以淨也。」枝山《猥談》則云：「生、淨、旦、末等名，有謂反稱，又或托之唐莊宗者，皆謬也。此本金、元闤闠談吐，所謂鶻伶聲嗽，今云市語者也。生即男子，旦曰裝旦色，淨曰淨兒，末乃末泥，孤乃官人。即其土音，何義理之有？」至《堅瓠集》，謂《樂記》注言優俳雜戲如獮猴之狀，乃知生，狌也；旦，狚也。《莊子》：「猨原作「援」，據《莊子》改。猵狚《莊子》作「狙」。以爲雌。」淨，猙也。《廣韻》：「似豹，一角五尾。」醜，狃也，《廣韻》：「犬性驕。」謂俳優如獸，所謂獶雜子女也。此近穿鑿，恐非事實。（梁章鉅：《浪跡續談》卷六，清道光二十八年刻本）

【工尺】工、尺等字，宋、遼以來即用之，《宋・樂書》云：黃鐘用合字，太簇用四字，夾鐘、姑洗用一字，夷則、南呂用工字，無射、應鐘用凡字，中呂用上字，蕤賓用勾字，林鐘用尺字，黃鐘清用六字，大呂、夾鐘清用五字。遼世大樂，各詞之中，度曲協律，其聲凡十，曰五、凡、工、尺、上、一、四、六、勾、合。案：此即朱子所謂半字譜也。（梁章鉅：《浪跡續談》卷六，清道光二十八年刻本）

【《封神傳》】余於劇筵，頗喜演《封神傳》，謂尙是三代故事也。憶吾鄉林樾亭先生，嘗與余談《封神傳》一書，是前明一名宿所撰，意欲與《西遊記》、《水滸傳》鼎立而三，因偶讀《尙書・武成篇》「惟爾有神，尙克相予」語，演成此傳。其封神事，則隱據《六韜》《舊唐書・禮儀志》引、《陰謀》《太平御覽》引、《史記・封禪書》、《唐書・禮儀志》各書鋪張俶詭，非盡無本也。我少時嘗欲仿此書，演成黃帝戰蚩尤事，而以九天元女兵法經緯其間，繼欲演伯禹治水事，而以《山海經》所紀助其波瀾，又欲演周穆王八駿巡行事，而以《穆天子傳》所書作爲質幹，再各博采古書以附益之，亦可爲小說大觀。惜老而無及矣。（梁章鉅：《浪跡續談》卷六，清道光二十八年刻本）

【姜太公】余嘗觀〈訪賢〉一齣，世皆稱姜太公八十遇文王，而此班優人通名，乃云七十二歲，眾皆笑之。余曰，此優暗合道妙，殆有所授之，無

可厚非也。《荀子·君道篇》云：「文王舉太公於州人而用之，行年七十有二，齫然而齒墮矣。」東方朔《答客難》亦云：「太公體仁行義，七十有二乃設用於文、武。」《韓詩外傳》四亦云：「太公年七十二，而用之者文王。」桓譚《新論》亦云：「太公年七十餘，乃升爲師。」《後漢書·高彪傳》亦云：「呂尚七十，氣冠三軍。」皆不言至八十始遇文王也。惟《孔叢子·記問篇》：「太公勤身苦志，八十而遇文王。」《列女傳》齊管妾婧語亦同。今世人皆仿其說。然《越絕書》計倪曰：「太公九十而不伐紂，磻溪人也。」《楚辭·九辯》亦云：「太公九十而顯榮。」《淮南子·說林訓》注亦同，則其年且過八十矣。歧說錯出。余爲戲據《說苑》一條以折其衷。按《說苑·尊賢篇》云：「太公望，故老婦之出夫也，朝歌之屠佐也，棘津迎客之舍人也，年七十而相周，九十而封齊。」蓋《荀子》各書所載，乃相周之初，《孔叢子》所載，乃封齊之末，原始要終言之，則眾說皆合矣。（梁章鉅：《浪跡續談》卷六，清道光二十八年刻本）

【甘羅】俗皆稱甘羅十二爲秦相，殆本《史記·甘茂傳》：「羅年十二，事秦相呂不韋，以說張唐、說趙功封爲上卿。」按上卿非必丞相也，羅祖茂曾爲左丞相，俗語殆因此而誤。然《北史·彭城王㣲傳》云：「昔甘羅爲秦相，未能書。」《儀禮》疏云：「甘羅十二相秦。」杜牧詩云：「甘羅昔作秦丞相。」則此誤亦久矣。（梁章鉅：《浪跡續談》卷六，清道光二十八年刻本）

【蘇秦激張儀】戲綵亭前家宴，有演〈投趙〉、〈激儀〉劇者，諸兒女皆茫然不知所謂，余笑曰：「爾等縱不讀《史記》，亦未觀《列國志》乎？」翼日，次兒丁辰即檢《史記》以進，因付兒女遍視之，乃各恍然大悟，「讀書即是看戲，看戲即是讀書」，良不虛也。因節錄其文如左，用便觀者云。蘇秦已說趙王而得相約從，然恐秦之攻諸侯，敗約，念莫可使於秦者，乃使人微感張儀曰：「子始與蘇秦善，今秦已當路，子何不往遊，以求通子之願？」張儀於是之趙，上謁求見蘇秦。蘇秦乃戒門下人不爲通，又使不得去者數日。已而見之，坐之堂下，賜僕妾之食，因而數讓之曰：「以子之材能，乃自令困辱如此。吾寧不能言而富貴子，子不足收也。」謝去之。張儀之來也，自以爲故人，求益反辱，怒，念諸侯莫可事，獨秦能苦趙，乃遂入秦。蘇秦已而告其舍人曰：「張儀，天下賢士，吾殆弗如也。今吾幸先用。而能用秦柄者，獨張儀可耳。然貧，無因以進，吾恐其樂小利而不遂，故召辱之，以激其意，

子爲我陰奉之。」乃言趙王，發金幣車馬，使人微隨張儀，與同宿舍，奉以車馬金幣，所欲用，爲取給而弗告。張儀遂得以見秦惠王。惠王以爲客卿，與謀伐諸侯。蘇秦之舍人乃辭去。張儀曰：「賴子得顯，方且報德，何故去也？」舍人曰：「臣非知君，知君乃蘇君。蘇君憂秦伐趙，敗從約。以爲非君莫能得秦柄，故激怒君，使臣陰奉給君資。今君已用，請歸報。」張儀曰：「嗟呼！此吾在術中而不悟，吾不及蘇君明矣。」（梁章鉅：《浪跡續談》卷六，清道光二十八年刻本）

【貂蟬】《三國志演義》言，王允獻貂蟬於董卓，作連環計。正史中實無貂蟬之名，惟《董卓傳》云，卓嘗使布守中閣，布與卓侍婢私通云云。李長吉作《呂將軍歌》云：「榼榼銀龜搖白馬，傅粉女郎大旗下。」蓋即指貂蟬事，而小說從而演之也。黃右原告余曰：「《開元占經》卷三十三，熒惑犯須女，占注云：『《漢書通志》：「曹操未得志，先誘董卓，進刁蟬以惑其君。」』此事異同不可攷，而刁蟬之即貂蟬，則確有其人矣。」《漢書通志》今亦不傳，無以斷之。（梁章鉅：《浪跡續談》卷六，清道光二十八年刻本）

【周倉】《三國志演義》言關公裨將有周倉，甚勇，而正史中實無其人，惟《魯肅傳》云：「肅邀與關相見，各駐兵馬百步上，但諸將軍單刀俱會，肅因責數關云云。語未究竟，坐有一人曰：『夫土地者，惟德所在耳，何常之有？』肅厲聲呵之，辭色甚切。關操刀起，謂曰：『此自國家事，是人何知！』目之使去。」疑此人即周倉，明人小說似即因此而演，「單刀」二字，亦從此傳中出也。然元人魯貞作《漢壽亭侯碑》，已有「乘赤兔兮從周倉」語，則明以前已有其說矣。今《山西通志》云：「周將軍倉，平陸人，初爲張寶將，後遇關公於臥牛山，遂相從。樊城之役，生擒龐德，後守麥城，死之。」亦見《順德府志》，謂與參軍王甫同死。則里居事蹟，卓然可紀，未可以正史偶遺其名而疑之也。王緘《秋燈叢話》云：「周將軍倉殉節麥城，而墓無可考，稽其遺跡，即長阪坡曹、劉交兵處也。因訪麥城故址，在邑東南四十里，久被沮水沖塌成河，僅存堤塍，名曰麥城堤。有任生者，夢將軍示以葬所，遂告知縣陳公，掘其地，深丈許，露石壙一座，頗堅固，乃掩之，而封樹其上，植碑以表焉。或有疑任生之作僞者，夫去地丈餘，烏知有墓？且一經掘視，昭然不爽。則英靈所格，豈子虛哉！」（梁章鉅：《浪跡續談》卷六，清道光二十八年刻本）

【王昭君】《漢書・元帝紀》云：「賜單于待詔掖庭王檣爲閼氏。」《匈奴傳》云：「王牆，字昭君。」惟《後漢書・南匈奴傳》作「嬙」。錢竹汀先生曰：「《說文》無『嬙』字。《左傳》『妃嬙嬪御』，唐石經本作『牆』。」則《匈奴傳》作『牆』不誤，而《元帝紀》之『檣』恐轉誤。『檣』字，《說文》亦未收也。《西京雜記》言：漢元帝使畫工寫宮人，昭君獨不行賂，乃惡寫之，既行，遂按誅毛延壽。《琴操》又言：本齊國王穰女，年十七，進之帝，以地遠不幸，及欲賜單于美人，嬙對使者越席請往，後不願妻其子，吞藥而卒。惟抱琵琶出塞，乃烏孫公主事，與昭君無干。傅玄《琵琶賦序》詳言之，載在《宋書・樂志》。後人因石崇《王明君辭序》「昔公主嫁烏孫，令琵琶馬上作樂，以慰其道路之思，其送昭君，亦必爾也」云云，遂附會以爲昭君爾。杜詩「千載琵琶作胡語」，殆亦本於石崇。（梁章鉅：《浪跡續談》卷六，清道光二十八年刻本）

【祝英臺】《宣室志》云：「祝英臺，上虞祝氏女也，僞爲男裝遊學，與會稽梁山伯者同肄業。山伯字處仁。祝先歸，二年，山伯訪之，乃知其爲女子，悵然如有所失，告其父母求聘，而祝已字馬氏子矣。山伯後爲鄞令，病死，葬鄞城西。祝適馬氏，舟過墓所，風濤不能進。聞知有山伯墓，祝登號慟，地忽自裂，陷祝氏，遂並埋焉。晉丞相謝安奏表其墓曰『義婦塚』。」（梁章鉅：《浪跡續談》卷六，清道光二十八年刻本）

【單雄信】《舊唐書・李密傳》：單雄信尤能馬上用槍，後降王世充，爲大將軍。太宗圍東都，雄信出軍拒戰，援槍而至，幾及太宗。徐世勣呵止之曰：「此秦王也。」雄信少退，太宗出是獲免。《新唐書・尉遲敬德傳》：秦王與王世充戰，驍將單雄信騎直趨王，敬德躍馬大呼，橫刺雄信墜，乃翼王出。按此二傳所述，一事也，今演劇者備言徐世勣、尉遲恭，皆有所本。（梁章鉅：《浪跡續談》卷六，清道光二十八年刻本）

【尉遲恭】《唐書・尉遲敬德傳》云：尉遲敬德婞直，頗以激切自負，嘗侍宴慶善宮，有班在其上者，曰：「爾何功，合坐我上？」任城王道宗解喻之，敬德勃然，拳毆道宗，目幾至眇。太宗不懌，罷，召讓之。致仕後，聞太宗將伐高麗，上言夷貊小國，不足枉萬乘，願委之將佐，帝不納。詔以本官爲左一馬軍總管，師還復致仕。按今演劇者，有〈打朝〉、有〈裝瘋〉兩齣，蓋打朝實，裝瘋虛也。（梁章鉅：《浪跡續談》卷六，清道光二十八年刻本）

【李元霸】《唐書・高祖諸子傳》：高祖二十二子，竇皇后生建成、太宗皇帝、元吉、元霸。元霸字大德，幼辯惠，隋大業十年薨，年十六，無子，武德元年追王及諡，曰衛懷王。按今小說家所言元霸勇力事，正史俱無之。

（梁章鉅：《浪跡續談》卷六，清道光二十八年刻本）

【紅綃紅線】《崑崙奴傳》云：大曆中，有崔生，其父與蓋代勳臣一品者善，使生往省疾。一品召生入室，有三侍妓皆豔絕，命衣紅綃者擎含桃與生食，辭出，復命紅綃送之，紅綃示以手語，生歸而神迷意奪。家有昆侖奴摩勒，探知其情，曰：「此小事耳。」遂以青絹為生裂束身衣，負之逾十重垣，入歌妓院，院有猛犬，摑殺之。生搴簾見妓，妓問何神術至此，生具告摩勒之謀，乃召勒入，飲之，且曰：「賢爪牙既有此術，何妨脫我桎牢。」摩勒曰：「此亦小事耳。」復雙負之飛出。及旦，一品驚覺，自知是俠士挈之，懼他禍，不敢聲問，紅綃卒歸於生。又《甘澤謠》云：紅線者，潞州節度使薛嵩家青衣也。至德後，兩河未寧，朝廷命嵩遣女嫁魏博節度田承嗣男，原為「女」，據《甘澤謠》改。以浹往來。而承嗣方募武勇，覬覦潞州。嵩憂悶，不知所出。紅線言能解主憂，請暫放一到魏城，乃入房，飭行具，倏忽不見。嵩危坐以待，聞一葉墮聲，起問，即紅線回矣。報曰：「某子夜二刻達魏城，歷數門，及寢所，見田親家枕劍酣眠，劍前仰開一金合，合內書生身甲子與北斗神名，某遂持合以歸，守護人無一覺者。」嵩大喜，發使遺承嗣書曰：「昨夜有客來，云自元帥床頭獲一金合，不敢留，謹卻封納。」承嗣驚怛絕倒，明日，專使歸命。紅線乃辭嵩曰：「某前本男子，因誤下孕婦蟲症，謫為凡賤女子，今既十九年矣，且全兩城人性命，可贖前罪還本形矣。」嵩集賓友餞別，線偽醉離席，遂亡所在。沈德符《顧曲雜言》云：「梁伯龍有《紅線》、《紅綃》二雜劇，頗稱諧穩。今被俗優合為一大本南曲，謂之《雙紅》，遂成惡趣矣。」（梁章鉅：《浪跡續談》卷六，清道光二十八年刻本）

【《長生殿》】《長生殿》戲，最為雅奏，諳崑曲者，無不喜之，而余頗不以為然，即如〈絮閣〉、〈搜鞋〉等齣，陳陳相因，未免如聽古樂而思臥；而《醉酒》一齣，尤近惡道，不能人云亦云也。惟此戲之起，傳聞各殊，虞山王東漵《柳南隨筆》云：「康熙丁卯、戊辰間，京師梨園子弟，以內聚班為第一，時錢塘洪太學昉思昇著《長生殿》傳奇初成，授內聚班演之，大內覽之稱善，賞諸優人白金二十兩，且向諸親藩稱之。於是諸王府及閣部大臣，

凡有宴集，必演此劇，而纏頭之賞，其數悉如內賜。先後所獲，殆不貲。內聚班優人因語洪曰：『賴君新製，吾獲賞賜多矣。請張宴爲君壽，而即演是劇以侑觴，凡君所交遊，當邀之俱來。』乃擇日治具，大會於生公園，名流之在都下者，悉爲羅致，而獨不及吾邑趙星瞻微介。時趙適館給諫王某所，乃言於王，促之入奏，謂是日係國忌，設宴張樂，爲大不敬，請按律治罪。奏入得旨，下刑部獄，凡士夫及諸生除名者，幾五十人。益都趙秋谷贊善執信、海昌查夏重太學嗣璉，其最著者也。後查以改名登第，而趙竟廢置終身矣。」近日錢唐梁應來《兩般秋雨庵隨筆》云：「黃六鴻者，康熙中由知縣行取給事中，入京，以土物及詩稿遍送諸名士，至趙秋谷贊善，趙答以束云：『土物拜登，大集璧謝。』黃遂銜之刻骨。乃未幾而有國喪演劇一事，黃遂據實彈劾，朝廷取《長生殿》院本閱之，以爲有心諷刺，大怒，遂罷趙職，而洪昇編管山西。京師有詩詠其事，今人但傳『可憐一曲《長生殿》，斷送功名到白頭』二句，不知此詩原有三首也。其一云：『國服雖除未滿喪，如何使入戲文場？自家原有些兒錯，莫把彈章怨老黃。』其二云：『秋谷才華迥絕儔，少年科第盡風流。可憐一齣《長生殿》，斷送功名到白頭。』其三云：『周王廟祝本輕浮，也向《長生殿》裏遊。抖擻香金求脫網，聚和班裏制行頭。』周王廟祝者，徐勝力編修嘉炎，是日亦在座，對簿時，賂聚和班伶人，詭稱未遇，得免。徐豐頤修髯，有周道士之稱也。是獄成，而《長生殿》之曲流傳禁中，佈滿天下，故朱竹垞檢討贈洪稗畦詩，有『海內詩篇洪玉父，禁中樂府柳屯田。《梧桐夜雨》聲淒絕，薏苡明珠謗偶然』之句，《梧桐夜雨》，元人雜劇，亦明皇幸蜀事。樊榭老人歎爲字字典雅者也。」惟兩書所記，各有不同，百餘年中事，焉得一博雅君子一質之。（梁章鉅：《浪跡續談》卷六，清道光二十八年刻本）

【《雙忠傳》】演張巡、許遠故事者，大率依附《唐書》，言張巡守睢陽，括城中老幼，凡食三萬口，又殺愛妾饗士，許遠亦有殺奴哺卒事，惟揚州江防丞鍾渢雲力辟其說，以爲張、許名將，必無此殘忍不仁之事，且著爲論以辨之。渢雲好爲議論，往往驚其四筵，同人亦鮮不反唇相攻者。余曰：我有一說，爲諸公釋爭可乎？宋王明清《摭青雜說》云：「紹興辛巳多，北人南侵，朝廷遣大軍屯淮東，每遣小校數隊候望，有何兼資者，領五千人至六合縣西，望見軍馬自西北來，兼資斂所部隱蘆荻中，聞一人言：『荻林中有生

人』，知爲鬼兵，乃免冑出見，拜問神號，答曰：『某唐張巡。』指對坐者曰：『此許遠。』指下坐者曰：『此雷萬春，此南霽雲。』兼資少亦讀書，因再拜頂禮曰：『史言大王守城，凡食三萬餘人，果然否？』張曰：『有之，而實不然，所食者皆已死之人，非殺生人也。』又曰：『史言張大王殺愛妾，許大王殺愛奴，不知果否？』張曰：『非殺也，妾見孤城危逼，勢不能保，欲學虞姬、綠珠之效死，故自刎，許大王奴亦以憂悸暴死，遂烹以享士，蓋用術以堅士卒之心耳。』兼資見雷萬春面止一疤，因拜問曰：『史言將軍面著六箭，而一疤何也，』雷曰：『當時六箭五著兜鍪，人人相傳謂吾面著六箭，不動，吾亦當之，庶揚聲以威之耳。』」此事雖未足深信，然問答數語，頗中情理，足與史傳相參，浥雲其亦可藉此以伸其說耳。（梁章鉅：《浪跡續談》卷六，清道光二十八年刻本）

【脫靴】今劇場演高力士爲李太白脫靴，論者多以爲荒誕，而不知事本正史。《舊唐書・李白傳》云：「日與酒徒醉於酒肆，玄宗欲造樂府新詞，亟召白，白已臥酒肆矣。召入，以水灑面，即令秉筆，頃之成十餘章，帝頗嘉之。嘗沉醉殿上，引足令高力士脫靴，由是斥去。」（梁章鉅：《浪跡續談》卷六，清道光二十八年刻本）

【卸甲封王】劇場演郭子儀奏凱回朝，初入見，奏曰：「念臣甲冑在身，不能全禮。」全禮二字，甚合古意。《曲禮》：「介者不拜，爲其拜而蓑拜。」注云：「蓑拜則失容節，蓑猶詐也。」疏云：「著鎧而拜，形儀不足，似詐也。」蓋以鎧不宛轉，故致形儀不足，所謂不能全禮也。《孔叢子・問軍篇》：「介冑在身，執銳在列，雖君父不拜。」《史記・絳侯世家》：「亞夫持兵揖曰：介冑之士不拜，請以軍禮見天子。」皆足與《曲禮》相證。（梁章鉅：《浪跡續談》卷六，清道光二十八年刻本）

【梁顥】陳正敏《遯齋閑覽》載梁顥《登第詩》：「天福三年來應試，雍熙二載始成名。饒他白髮巾中滿，且喜青雲足下生。」天福三年，是五代晉高祖戊辰，雍熙二載，是宋太宗乙酉，中間相距四十七年。夫以弱冠應舉，即四十餘年而後登第，亦不應如世所傳八十二魁大廷云云也。《宋史》本傳明言雍熙二載舉進士，賜甲科，解褐大名府觀察推官，景德元年卒，年九十二。雍熙二年至景德元年，才二十年，則顥亦不得以八十二歲登第。史傳之

言，各有差互，此當闕疑。（梁章鉅：《浪跡續談》卷六，清道光二十八年刻本）

【《三門》】有優人以牙牌呈請點戲者，中有《三門》一齣。客詰之，優人曰：「此即魯智深醉酒耳。」坐中客皆大笑曰：「何以誤山門爲三門？」余解之曰：「此殆非誤也。《釋氏要覽》云：『寺宇開三門者佛地。』論云：『謂空門、無相門、無作門，故名三門。』然則作山門者轉誤，特非優人所能見及耳。然山門亦自有出處。《高僧傳》云：『支遁於石城山立棲光寺，宴坐山門，遊心禪苑。』蘇文忠公留佛印、玉帶於金山，亦有『永鎮山門』語。」
（梁章鉅：《浪跡續談》卷六，清道光二十八年刻本）

【陳季常】南戲有〈跪池〉一齣，北戲更演爲變羊一事，尤爲誕妄絕倫，但其事亦有所本，而皆以爲陳季常，則不可不辨耳。《藝文類聚》載：「京邑士人婦大妒，常以長繩繫夫足，喚便牽繩，士密與巫嫗謀，因婦睡，士以繩繫羊，緣牆走避。婦覺，牽繩而羊至，大驚，召問巫。巫曰：『先人怪娘積惡，故郎君變羊，能悔，可祈請。』婦因抱羊痛哭悔誓，巫乃令七日齋，舉家大小，悉詣神前禱祝，士徐徐還。婦見，泣曰：『多日作羊，不辛苦耶？』士曰：『猶憶啖草不美。』婦愈悲哀。後略復妒，士即伏地作羊鳴，婦驚起，永謝不敢。」按此事與陳季常無涉，而陳季常之懼內，則自古著名。季常名慥，與東坡交好，坡詩有「龍邱居士亦可憐，談空說有夜不眠。忽聞河東獅子吼，拄杖落手心茫然」。次公注云：「龍邱居士，指言陳季常也。季常妻柳氏，最悍妒，每季常設客，有聲妓，柳氏則以杖擊照壁大呼，客至爲散去，故因詩戲之。」又《容齋三筆》云：「黃魯直有與陳季常簡云：公暮年來，想漸求清淨之方，姬媵無新進矣，柳夫人比何所念以致疾耶？又一帖云：示諭老境情味，法當如是，河東夫人亦能哀憐老大，一任放不解事耶？」則柳氏之妒名，固已彰著於外，故蘇、黃亦不妨質實言之耳。《在閣知新錄》云：「世以妒婦比獅子，而《續文獻》稱獅子日食醋、酪各一瓶。吃醋之說，殆本此。」（梁章鉅：《浪跡續談》卷六，清道光二十八年刻本）

【掃秦】戲場有《掃秦》之瘋僧，即濟顚，俗以爲地藏王現身。《江湖雜記》載其事云：「秦檜既殺武穆，向靈隱祈禱，有一行者亂言譏檜。檜問其居址，僧賦詩有『相公問我歸何處，家在東南第一峰』之句，檜令隸何立物色之。立至一宮殿，見僧坐決事，立竊問之，答曰：『地藏王決秦檜殺岳飛

事。』數卒隨引檜至，身荷鐵枷，囚首垢面，呼告曰：『傳語夫人，東窗事發矣！』」案：《雲蕙淡墨》所載與此略同，《邱氏遺珠》所載，亦有「東窗事發」語，知此戲不盡屬子虛也。（梁章鉅：《浪跡續談》卷六，清道光二十八年刻本）

【孫白谷】在揚州宴劇，適演孫忠靖潼關之戰，通名時，誤以「傅」爲「傳」，鍾浥雲郡丞疑之。客有力辨是「傳」非「傅」者，余亦猝無以折之。歸寓後，始廣借《明史》、《通鑑輯覽》、《綱目三編》、《勝朝殉節諸臣錄》及《孫白谷集》閱之，乃皆作「傳」，不作「傅」，蓋宋儒有陳君舉名傅良者，人多誤爲「傳良」，此實傳庭，又或誤以爲「傅庭」。耳食之徒，遂習焉弗察耳。（梁章鉅：《浪跡續談》卷六，清道光二十八年刻本）

【秋香】姚旅《露書》云：「吉道人父秉中，以給諫論嚴氏，廷杖死。道人七歲爲任子，十七與客登虎邱，適上海有宦家夫人，擁諸婢來遊，一婢秋香姣好。道人有姊之喪，外衣白衫，裏服紫襖絳裙，風動裙開，秋香見而含笑去。道人以爲悅己，物色之，乃易姓名葉昂，改衣裝作竄人子，往賄宦家縫人，鬻身爲奴。宦家見其閒雅，令侍二子讀書，二子愛昵焉。一日求歸娶，二子曰：『汝無歸，我言之大人，爲汝娶。』道人曰：『必爲我娶者，願得夫人婢秋香，他非願也。』二子爲力請，與之。定情之夕，解衣，依然紫襖絳裙也。秋香凝睇良久，曰：『君非虎邱少年耶？君貴介，何爲人奴？』道人曰：『吾爲子含笑目成，屈體惟子故耳。』會勾吳學博遷上海令，道人嘗師事者，下車，道人隨主人謁焉。既出，竊假主人衣冠入見，令報謁主人，並謁道人。旋道人從兄東遊，其僕偶見道人，急持以歸，宦家始悉道人顛末，具數百金裝，送秋香歸道人。道人名之任，字應生，江陰人，本姓華，爲母舅趙子。」按今演其事爲劇，移以屬唐伯虎云。（梁章鉅：《浪跡續談》卷六，清道光二十八年刻本）

【《一捧雪》】《一捧雪》傳奇，他處少演者，余惟從蘇州得觀，蓋即蘇州事，故蘇人無不能言其本末。所謂莫懷古，乃隱名，若謂莫好古玩，好古如以手捧雪，不可久也。沈德符《野獲編》云：「嚴分宜勢燄時，以諸珍寶盈溢，遂及書畫骨董，時鄢懋卿以總醵使江、淮，胡宗憲、趙文華以督兵使吳、越，各承奉意旨，搜取古玩，不遺餘力。傳聞有《清明上河圖》手卷，宋張擇端畫，在故相王文恪家，難以阿堵動，乃託蘇州湯臣者往圖之。湯以善裝潢知名，客嚴門下，亦與婁江王思質中丞往還，思質名忬，弇州山人世貞之父。

乃說王購之。王時鎮薊門,即命湯以善價購之。既不可得,遂屬蘇人黃彪摹一本應命,黃亦畫家高手也。嚴時既得此卷,珍為異寶,用以為諸畫壓卷,置酒會諸貴人賞之。有妒中丞者,直發其為贗本。嚴世蕃大慚怒,頓恨中丞,謂有意紿之。禍本自此成。或云即湯姓者,怨弇州伯仲,自露始末,不知然否。」又王襄《廣匯》云:「嚴世蕃嘗索古畫於王忬,云值千金,忬有臨幅,絕類眞者,以獻。乃有精於辨畫者,往來忬家,有所求,世貞斥之。其人知忬所獻畫非眞跡也,密以語世蕃。會大同有虜警,巡按方恪劾忬失機,世蕃遂告嵩,票本論死。」《廣匯》所載稍略,而情節與《野獲編》相同。又孫之騄《二申野錄》注云:「後世蕃受刑,弇州兄弟贖得其一體,熟而薦之父靈,大慟,兩人對食畢而後已。詩畫貽禍,一至於此!況又有小人交構其間,釀成尤烈也。」按所云詩者,謂楊椒山死,弇州以詩吊之,刑部員外況叔祺錄以示嵩;所云畫,即指《清明上河卷》也。又按湯臣即湯裱褙,今蘇州裝潢店尚是其後人,聞乾隆間,尚有湯某者精於此藝。余初至蘇時,則群推吳文玉者為絕技,余所得字畫頗佳者,皆以付吳,其工值不論貲,而裝成自然精絕。繼至,則吳文玉已物故,有子繼其業。雖一蟹不及一蟹,然究係家傳,海內殆無第二家矣。(梁章鉅:《浪跡續談》卷六,清道光二十八年刻本)

昭　槤

　　昭槤（1776～1830），清宗室，努爾哈赤次子代善之後，自號汲修主人，
又號檀樽主人。嘉慶十年襲禮親王爵，嘉慶二十一年，坐淩辱大臣、濫用非
刑罪，奪爵圈禁，二十二年釋之。自此不獲重用，鬱鬱不得志以終。昭槤性
好學，通詩文，喜經史，與當時名士法式善、諸廷章、姚鼐等人均有唱和往
還。著有《嘯亭雜錄》十卷、《續錄》十卷，其中《續錄》十卷本已佚，今
傳世者惟《雜錄》十卷、《續錄》五卷。見《清續文獻通考》卷二八七、《清
史稿》卷二一六、《東華續錄》等。

　　【杖殺優伶】世宗萬幾之暇，罕御聲色。偶觀雜劇，有演《繡襦》院
本《鄭儋打子》之劇，曲伎俱佳，上喜，賜食。其伶偶問今常州守為誰者，
戲中鄭儋乃常州刺史。上勃然大怒曰：「汝優伶賤輩，何可擅問官守？其風實不
可長。」因將其立斃杖下。其嚴明也若此。（昭槤：《嘯亭雜錄》卷一，中華書局，
1980年，第12頁）

　　【和王預凶】和恭王諱弘晝，憲皇帝之五子也。純皇帝甚友愛，將憲
皇所遺雍邸舊貲全賜之，王故甚富饒。性驕奢，嘗以微故，毆果毅公訥親於
朝，上以孝聖憲皇后故，優容不問，舉朝憚之。最嗜弋腔曲文，將《琵琶》、
《荊釵》諸舊曲皆翻為弋調演之，客皆掩耳厭聞，而王樂此不疲。又性喜喪
儀，言人無百年不死者，奚必忌諱其事？未薨前，將所有喪禮儀注皆自手訂，
又自高坐庭際，像停棺式，命護衛作供飯哭泣禮儀，王乃岸然飲啖以為樂。
又作諸紙器為鼎、彝、盤、盂諸物，設於几榻，以代古玩。余嘗睹其一紙盤，
仿定窰式，而文緻過之，宛然如瓷物，亦一巧也。及王薨後，其子孫未及數

年相次淪謝，亦預凶之兆所感應也。（昭槤：《嘯亭雜錄》卷六，中華書局，1980年，第 178～179 頁）

【質王好音律】質恪郡王諱綿慶，質莊王子也。幼聰敏，莊王督之甚嚴，初不解何所謂度曲者。與余交最密，自童卝時，即日相親誼。嘗勸余性之卞急，至於再三，至有眾叛親離之言。語雖激切，實中余之過失。又余有狠僕某，王默告余曰：「其人多白眼，瞳子眊焉，非醇正者。」余初不信其言，後果爲其所賣，故余終身感王之德。王自辛酉夏始親音律，其後九宮譜調，無不諳習，較之深學者尤多別解。時有優童王月峰，髫齡穎俊。王每佳時令節，於漱潤齋紅牙檀板，使月峰侑酒而歌，王親爲之操鼓，望之如神僊中人。體頗屛弱，後復有芮公虞之事，故抑鬱而終，年甫二十六。上悼惜之，特賜銀五千兩以爲賻焉。（昭槤：《嘯亭雜錄》卷七，中華書局，1980年，第 185 頁）

【秦腔】自隋時以龜茲樂入於燕曲，致使古音湮失而番樂橫行，故琵琶樂器爲今樂之祖，蓋其四絃能統攝二十八調也。今崑腔北曲，即其遺音。南曲雖未知其始，蓋即小詞之濫觴，是以崑曲雖繁音促節居多，然其音調猶餘古之遺意。惟弋腔不知起於何時，其鐃鈸喧闐，唱口囂雜，實難供雅人之耳目。近日有秦腔、宜黃腔、亂彈諸曲名，其詞淫藝猥鄙，皆街談巷議之語，易入市人之耳。又其音靡靡可聽，有時可以節憂，故趨附日眾。雖屢經明旨禁之，而其調終不能止，亦一時習尙然也。（昭槤：《嘯亭雜錄》卷八，中華書局，1980年，第 235～236 頁）

【魏長生】魏長生，四川金堂人，行三，秦腔之花旦也。甲午夏入都，年已逾三旬外。時京中盛行弋腔，諸士大夫厭其囂雜，殊乏聲色之娛，長生因之變爲秦腔。辭雖鄙猥，然其繁音促節，嗚嗚動人，兼之演諸淫藝之狀，皆人所罕見者，故名動京師。凡王公貴位以至詞垣粉署，無不傾擲纏頭數千百，一時不得識交魏三者，無以爲人。其徒陳銀官，復髫齡韶秀，當時有青出於藍之譽。長生既蓄厚貲，乃抽身歸里，陳遂繼其師業。當時百官殷富，習俗奢靡，故二子得以媚取。爲和相所覺察，因荷校銀官於緹帥署前以辱之，爲緩頰者，皆譴貶有差。乃逐陳銀官歸川中，其風稍息。銀官不知所終。嘉慶辛酉，長生復入都，其所蓄已蕩盡，年逾知命，猶復當場賣笑。人以其名重，故多交結之。然婆娑一老娘，無復當日之姿媚矣。壬戌送春日，卒於旅邸，貧無以殮，受其惠者爲董其喪，始得歸柩於里。長生雖優伶，頗有俠氣。

庚子南城火災，形家言西南有劍氣衝擊，長生因建文昌祠以厭勝。又納蘭太
傅孫成安者，初與其狎昵，後遇事遣戍歸，貧無以立，長生嘗贈恤之，亦其
難能也。（昭槤：《嘯亭雜錄》卷八，中華書局，1980年，第237～238頁）

【《煙蘭小譜》】自魏長生以秦腔首倡於京都，其繼之者如雲。有王湘雲
者，湖北沔陽人，善秦腔，貌疏秀，為士大夫所賞識。有宗臣某，嘗拆其園
中樓閣為其償逋債。湘雲性幽藹，善繪墨蘭，頗多風趣。余太史集為之作《煙
蘭小譜》，以紀一時花月之盛，以湘雲為魁選云。後湘雲改業為商賈，家頗富
饒，至今猶在云。（昭槤：《嘯亭雜錄》卷八，中華書局，1980年，第239頁）

【大戲節戲】乾隆初，純皇帝以海內昇平，命張文敏製諸院本進呈，
以備樂部演習，凡各節令皆奏演。其時典故，如屈子競渡、子安題閣諸事，
無不譜入，謂之《月令承應》。其於內廷諸喜慶事奏演祥徵瑞應者，謂之《法
宮雅奏》。其於萬壽令節前後奏演群僊神道、添籌錫禧，以及黃童白叟含哺
鼓腹者，謂之《九九大慶》。又演目犍連尊者救母事，析為十本，謂之《勸
善金科》，於歲暮奏之，以其鬼魅雜出，以代古人儺祓之意。演唐玄奘西域
取經事，謂之《昇平寶筏》，於上元前後日奏之，其曲文皆文敏親製，詞藻
奇麗，引用內典經卷，大為超妙。其後又命莊恪親王譜蜀漢三國志典故，謂
之《鼎峙春秋》；又譜宋政和間梁山諸盜及宋金交兵、徽欽北狩諸事，謂之
《忠義璇圖》，其詞皆出日華遊客之手，惟能敷衍成章，又抄襲元明《水滸》、
《義俠》、《西川圖》諸院本，曲文遠不逮文敏多矣。嘉慶癸酉，上以教匪事，
特命罷演諸連臺，上元日惟以《月令承應》代之。其放除聲色，至矣！（昭
槤：《嘯亭續錄》卷一，中華書局，1980年，第377～378頁）

【湯義仍製曲】湯若士「四夢」，其詞雋秀典雅，久已膾炙人口矣。近
讀《唐書》，始知明皇東巡，陝州守進百寶牙盤及綵舫獻伎，乃韋堅事，皆載
在正史。若士取材於茲，託為盧生夢中事蹟，以真為幻，亦可喜也。（昭槤：《嘯
亭續錄》卷三，中華書局，1980年，第472頁）

【《鶯花小譜》】近日京都優人以四喜部為第一，花旦姿首美者甚多，戴
香三比部咸宜寫作《鶯花小譜》，以詠諸人。其摹擬處，頗得其人風神，一時
爭傳誦之。其中如徐清蓉天然、李雨香法保、瞿小山桂林，姿容婉秀，實與
處女無異。張翰風孝廉琦嘗繪天然小照，日夕供奉，頗為時人所譏。然亦可

謂情種矣。（昭槤：《嘯亭續錄》卷四，中華書局，1980 年，第 478 頁）

【檀欒卿】春□部有花旦檀欒卿之馨者，姿容豔麗，性格柔婉，所演劇甚多，俱能體貼入妙，時有「花王」之稱。又善楷書，所臨《黃庭》、《洛神》，殊多丰韻。與龍殿撰汝言最善，殿撰非欒卿不能安寢。嘗與予談史事，娓娓不倦，亦若輩中翹楚也。寓玉皇廟道院中，四壁紛披，皆詞林投贈之作。烹茶揮麈，談鋒敏捷，人皆爲之傾倒。或云其爲檀默齋侍御後裔，少時被人誘出，遂落風塵，良可歎也。（昭槤：《嘯亭續錄》卷四，中華書局，1980 年，第478～479 頁）

【油綠衣】雍正中行油綠服，無王公貴賤皆著之。後純皇帝惡其黯潰，相戒不服，余少時猶及見之。乃近年優伶輩盛行，至於褻衣無不用之，士大夫尙未有服者。亦一時之風氣使然。（昭槤：《嘯亭續錄》卷四，中華書局，1980 年，第 483 頁）

【犬吠御史】定例，都門內不許設立戲園，以示崇儉黜奢之意。後漸多私立，睿皇帝嚴禁之。那御史景德得商賈重貲，乃奏稱城中清冷，都人動苦拘束，請於萬壽節旬日內，城內許立戲園歌演，以擬周蜡漢酺之意。奏入，上怒，即日遣戍，批其疏曰：「一片犬吠之聲。」時謂之犬吠御史云。（昭槤：《嘯亭續錄》卷四，中華書局，1980 年，第 486 頁）

【楊眉卿】楊郎眉卿，名壽令，安徽潛山人。在三慶部，姿首韶秀，一時稱爲翹楚。性聰慧，喜近文墨，摹《靈飛經》，頗有丰姿。又從朱農部灤學畫梅竹，寫生逼肖。架上庋《文選》、閣帖諸書，談古今事，頗知原委。一日告予欲棄風塵而以文士自命，予告以安心任命之道，眉卿頗以爲然。亦彼道中之自潔者也。（昭槤：《嘯亭續錄》卷四，中華書局，1980 年，第 504 頁）

【明末風俗】世皆以明人重理學，尙氣節，繼挽唐、宋頹風，有返樸還淳之盛。殊不知近日陋僞，實皆起於明末之時。徐鴻儒數於山東燒香聚眾，稱白蓮教，沿至嘉慶初年，三省教匪弄兵九載。其後京師復有林清之變，皆其流毒。鄉塾興高頭講章，議論紕繆，北省村儒，奉爲圭臬，不復知先儒注疏爲何物也。馬吊興自萬曆末年，致有張、李之變。近日士大夫尙有好者，玩愒時日，莫甚於此。小說盲詞，古無是物，自施耐庵作俑，其後任意編造，

層見疊出，愚夫誦之，幾與正史並行。助亂長奸，言之切齒。劇曲雖由元代，然腳色無多，好者尙寡。自魏、伯龍改爲崑曲，院本增多。近日弋陽□黃諸曲，大足誨淫敗俗。各部署書吏，盡用紹興人，事由朱賡執政，莫不由彼濫觴，以至於今，未能已也。（昭槤：《嘯亭續錄》卷五，中華書局，1980年，第512頁）

【定恭王】定恭王綿恩，定安親王次子也。貌頎秀，猿臂，善射，騠馬蹻捷如飛。舉止詳瞻，趨蹌有節。幼頗健俉，純皇帝愛之，幾奪儲位。弱冠即領火器營總統，凡五十餘年，年七十六始薨。今上震悼，親往奠醊焉。然外美而內昏，不習政體，遇屬吏稟事，莫能剖析是非，頷首畫諾而已。護衛趙吉玉爲之點綴園庭，任其通下吏，苞苴動輒巨萬，有楚濱萼山之諷，火器營兵丁恨之切齒。性復吝嗇，積財盈庫，莫肯揮用。每晨入朝，惟啖雞子糕二枚。近侍嫌其乾脆，王曰：「以水瀹之，殊可食也。」夙不解音樂，嘗演《王允議劍》劇，問粉面爲誰，侍者以衍扮曹操對。次復觀楊椒山劇曲，見趙文華衝場，笑曰：「阿瞞之奸狀故可哂也。」其愚闇若此，人傳爲笑柄云。

（昭槤：《嘯亭續錄》卷五，中華書局，1980年，第515～516頁）

姚元之

姚元之（1776～1852），字伯昂，號薦青，又號竹葉亭生，晚號五不翁，安徽桐城人。嘉慶十年進士，官至左都御史。姚氏博覽群書，善詩文，工隸書行草，畫筆絕妙。著有《薦青集》二卷、《濬草集》三卷、《竹葉亭雜記》八卷等。見《清續文獻通考》卷二七四、《清史稿》卷三七五、《（光緒）重修安徽通志》卷二二三、《國朝畫徵補錄》卷上、《國朝書人輯略》卷八、《晚晴簃詩匯》卷一一七、《清秘述聞續》、《東華續錄》等。

【同樂園】圓明園福海之東有同樂園，每歲賜諸臣觀劇於此。高廟時，每新歲園中設有買賣街，凡古玩估衣以及茶館飯肆，一切動用諸物悉備，外間所有者無不有之，雖至攜小筐賣瓜子者亦備焉。開店者俱以內監為之。其古玩等器，由崇文門監督先期於外城各肆中采擇交入，言明價值，具於冊。賣去者給值，存者歸物。各人臣至園，許競相購貿之。各執事官退出後，日將晡，內宮亦至其肆市物焉。其執事等官，俱得集於酒館飯肆哺啜，與在外等。館肆中走堂者，俱挑取外城各肆中之聲音響亮、口齒伶俐者充之。每俟駕過店門，則走堂者呼茶，店小二報賬，掌櫃者核算，眾音雜遝，紛紛並起，以為新年遊觀之樂。至燕九日始輟。蓋以九重欲周知民間風景之意也。造辦處筆帖式徐君善慶每歲入直，言之最詳。晚間仍備嘎嘎燈焉。嘉慶四年此例停止。（姚元之：《竹葉亭雜記》卷一，清光緒十九年姚虞卿刻本）

編者案：原作無標題，此標題係編者所擬。

【慶隆舞】慶隆舞，每歲除夕用之。以竹作馬頭，馬尾彩繪飾之，如戲中假馬者。一人躧高趫騎假馬，一人塗面身著黑皮作野獸狀，奮力跳躍，高

趨者彎弓射。旁有持紅油簸箕者一人，箸刮箕而歌。高趨者逐此獸而射之，獸應弦斃，人謂之「射媽狐子」。此象功之舞也。有謂此即古大儺之意，非也。聞之盛京尹泰云：「達呼爾居黑龍江之地，從古未歸王化。彼地有一種獸，不知何名，喜齧馬腿，達呼爾畏之倍於虎，不敢安居。國初時，曾至彼地，因著高趨騎假馬，竟射殺此獸。達呼爾以爲神也，乃歸誠焉。因作是舞。」（姚元之：《竹葉亭雜記》卷一，清光緒十九年姚虞卿刻本）

編者案：原作無標題，此標題係編者所擬。

【普救寺之命名】普救寺與文昌閣隔坡。《志》云：「寺有窣堵波，合磚成之。於地擊石，有聲若吠蛤。」過其地因觀焉。寺甚古而不宏闊。《志》所謂明初並廣化、旌勳、藏海、乾明四寺入焉者，蓋皆傾圮無有矣。寺外西偏有浮屠高十三層，當即《西廂記》所云「日午當天塔影圓」也。塔前丈餘地有微凹，塔後亦然，蓋瓦石擊久所致。試以石擊凹處，有聲出塔中，如巨黿。土人不知空谷之應響也，遂以爲塔中有大蝦蟆精矣。然擊前地則聲在塔底，擊後地則聲在塔頂，前後上下所應不同，理未可解。寺建於隋代，塔修於明嘉靖十三年。塔上有宋刻《陀羅尼經》，蓋宋時亦重修之。小兒輩欲聞蝦蟆聲，日以瓦石擊塔，經字漫漶矣。按《志》云：「寺唐時名西永清院。五代漢遣郭威討李守貞於河中，周歲城未下，威召院僧問之，對曰：『將軍發善心，城即克矣。』威折箭爲誓。翌日果破，乃不戮一人。因改院曰『普救』。」是「普救」之名五代始有。《西廂記》作於金章宗時董解元，故稱「普救」。何以元稹作《會眞記》已有「普救」之名？（姚元之：《竹葉亭雜記》卷三，清光緒十九年姚虞卿刻本）

編者案：原作無標題，此標題係編者所擬。

【爨】爨，國名，「白蠻」也，字書多不載，蓋《廣韻》「爨」字下只注爲姓，未注爲國名，故相承遺漏耳。按《隋書‧蘇孝慈傳》，兄子沙羅撿校利州總管事，從史萬歲擊西爨，累戰有功，進位大將軍。《冊府元龜》載孝慈開皇中簡授利州總管事，蓋以沙羅誤作孝慈。又《梁睿傳》睿請寧州朱提、雲南西爨並置總管州鎮。《輟耕錄》載宋戲曲院本有五花爨弄。院本五人，一曰副淨，一曰副末，一曰引戲，一曰末泥，一曰孤裝，又謂之「五花爨弄」。或曰宋徽宗見爨國人來朝，衣裝、鞋履、巾裹、傅粉墨，舉動如此，使優人效之，以爲戲。於是諸雜院爨有「人參腦子爨」、「斷朱溫爨」、「變二郎爨」等

名。其地在漢爲牂牁地。雲南新出《爨龍顏碑》，南北朝宋太始二年九月刻。書之以補「爨」字注之漏。（姚元之：《竹葉亭雜記》卷三，清光緒十九年姚虞卿刻本）

編者案：原作無標題，此標題係編者所擬。

【《三國演義》】《三國演義》不知作於何人，東坡嘗謂兒童喜看《三國志》影戲，則其書已久。嘗聞有談《三國志》典故者，其事皆出於《演義》，不覺失笑。乃竟有引其事入奏者。《輟耕錄》載院本名目有《赤壁鏖兵》、《罵呂布》之目。雍正間，札少宗伯因保舉人才引孔明不識馬謖事，憲皇怒其不當以小說入奏，責四十仍枷示焉。乾隆初，某侍衛擢荊州將軍，人賀之輒痛哭。怪問其故，將軍曰：「此地以關瑪法尙守不住，今遣老夫，是欲殺老夫也。」聞者掩口。此又熟讀《演義》而更加憒憒者矣。「瑪法」，國語呼祖之稱。（姚元之：《竹葉亭雜記》卷七，清光緒十九年姚虞卿刻本）

編者案：原作無標題，此標題係編者所擬。

朱翊清

朱翊清（1795～？），號枚叔，別號紅雪山莊外史，浙江歸安（今屬浙江湖州）人。屢試不第，絕意仕途。有《埋憂集》十卷、《續集》二卷等。見《八千卷樓書目》卷一四、《（同治）湖州府志》卷一五、《（光緒）歸安縣志》卷三二等。

【車夫】淮安太守趙公瑤，嘗因公赴徐州。途次，見推小車者將客人行李拋擲路旁，怒形於色，不願推送。客錯愕無所措。趙停車同之，車夫乃言曰：「小人自徐州受雇，推送此客行三日矣，尚不知其姓。今日偶問及，知伊姓秦，小人姓岳，安能爲仇家僕御耶？」趙大笑，乃諭之曰：「秦、岳之仇，乃六百年前事。爾何憾於客耶？」車夫乃悟。趙與之錢二千文，命仍送客往。此與皮匠殺秦檜事相類，真赤子之心也。此《熙朝新語》所紀也。

余幼時嘗聞父老言，皮匠因觀優至《掃秦》一劇，不勝憤激，取皮刀直奔臺上，將秦檜殺卻。不禁失笑。今讀此紀，益喜此言之有徵，而忠義之動人，乃如是其深且遠也。

周忠毅公蓼州，嘗爲杭州司理。到任後，同僚公宴。演劇至《秦檜東窗畫計》，公奮起，前毆秦檜幾斃，筵遂散。次日或問公：「是時主人有何開罪，致此忿怒？」公笑曰：「無他，亦一時義憤所激耳。」蓋至性之在人，固無分乎賢愚也。（朱翊清：《埋憂集》卷六，清同治刻本）

福　格

福格（1796～1867 後），原姓馮，字申之，漢軍鑲黃旗人。乾隆間大學士英廉曾孫，曾於咸豐年間任廣東惠州通判、山東莒州知州。著有《聽雨叢談》十二卷。見《聽雨叢談》、《（道光）大荔縣志》等。

【太平鼓】京師正、臘兩月，有擊太平鼓之戲，以驢羊之皮冒於鐵圈，作紈扇式，柄末另有大圈，貫以鐵環，隨撾隨搖，錚錚聒耳，甚無味也。初只見兒童嬉戲，後則無賴子於上元燈市，百十成群，亂撾亂哄，因緣為奸，俾鼓聲以掩之。道光初年乃有禁令也。按程大昌《演繁露》云：「湖州土俗，每歲十二月，人家多設鼓而亂撾之，晝夜不停，至來年正月半乃止，名打耗，言警去鬼祟云云。余謂當是太平鼓之濫觴也。（福格：《聽雨叢談》卷十一，中華書局，1984 年，第 225 頁）

【科班】菊部子弟，以童稚教習而成者為科班。京師唱旦者，言其投師學藝之年，亦曰某科。凡同科者，則序弟兄；遲一科者，則論先後輩，無敢抗禮。亦可噱也！按宋時官妓為出科，私妓為不出科，是賤役竊士大夫之名久矣。（福格：《聽雨叢談》卷十一，中華書局，1984 年，第 225 頁）

鄭澍若

鄭澍若（1801～1865），字醒愚，號玉纏人，福建玉田人。主要活動時間在清嘉慶朝，生平事蹟不詳。編有《虞初續志》十二卷。

【《口技記》　東軒主人】揚州郭貓兒善口技，其子精戲術，揚之當事縉紳無不愛近之。庚申，余在揚州，一友挾貓兒同至寓。比晚，酒酣，郭起，請奏薄技。於席右設圍屏，不置燈燭，郭坐屏後。主客靜聽，久之，無聲。俄聞二人途中相遇，揖敘寒暄，其聲一老一少，老者拉少者至家飲酒，投瓊藏鉤，備極款洽。少者以醉辭老者，復力勸數甌，遂踉蹌出門，彼此謝別。主人閉門。少者履聲蹣跚，約可二里許，醉仆於途。忽有一人過而楚之，扶起，乃其相識也。遂掖之至家，而街柵已閉，遂呼司柵者。一犬迎吠，頃之，數犬群吠，又頃，益多。犬之老者、小者、遠者、近者、哮者，同聲而吠，一一可辨。久之，司柵者出啓柵。無何，至醉者之家，則又誤叩江西人之門，驚起，知其誤也。則江西鄉音罵之，群犬又數吠。比至，則其妻應聲出，送者鄭重而別。妻扶之登床，醉者索茶，妻烹茶至，則已大鼾，鼻息如雷矣。妻遂罵其夫，喞喞不休。頃之，妻亦熟寢，兩人酣聲，如出二口。忽聞夜半，牛鳴矣。夫起，大吐，呼妻索茶，妻作囈語。夫復睡，妻起便旋，納履，則夫已吐穢其中，妻怒罵。久之，遂易履而起。此時群雞亂鳴，其聲之種種各別，亦如犬吠也。少之，其父來，呼其子曰：「天將明，可以宰猪矣。」始知其爲屠門也。其子起，至猪圈中，飼猪，則聞群猪爭食聲，嚙食聲，其父燒湯聲，進火、傾水聲。其子遂縛一猪，猪被縛聲，磨刀聲，殺猪聲，猪被殺聲，出血聲，燖剝聲，歷歷不爽也。父謂子：「天已明，可賣矣。」聞肉

上案聲，即聞有賣買數錢聲，有買猪首者，有買腹臟者，有買肉者，正在紛紛爭鬧不已，砉然一聲，四座俱寂。（鄭澍若：《虞初續志》卷七，清咸豐小嫏嬛山館刻本）

陸以湉

　　陸以湉（1801～1865），字定圃，號敬安，浙江桐鄉人。道光十六年進士，官杭州府教授。著有《冷廬雜識》八卷、《甦廬偶筆》四卷、《冷廬醫話》五卷、《杭城紀難詩》一卷等。見《清續文獻通考》卷二六九、二七五，《清史稿》卷一四七，《兩浙輶軒續錄》卷三六，《晚晴簃詩匯》卷一三九，《八千卷樓書目》等。

　　【《都門竹枝詞》】《都門竹枝詞》不知何人所作，語多鄙俚，其描摩逼眞處，亦足令人解頤。《時尙》云：「多多益善是封條，拉扯官銜宋字描。遠代旁枝搜括盡，直將原任溯前朝。」《京官》云：「轎破簾幃馬破鞍，熬來白髮亦誠難。糞車當道從旁過，便是當朝一品官。」《候選》云：「昔年黃榜姓名聯，此日居然掌選銓。堂上點名堂下應，教人不敢認同年。」《考試》云：「短袍長褂著鑲鞋，搖擺逢人便問街。扇絡不知何處去，昂頭猶去看招牌。」《教館》云：「一月三金笑口開，擇期啓館託人催。關書聘禮何曾見，自雇驢車搬進來。」《觀劇》云：「坐時雙腳一齊盤，紅紙開來窄戲單。左右並肩人似玉，滿園不向戲臺看。」（陸以湉：《冷廬雜識》卷七，中華書局，1984年，第354～355頁）

陳其元

陳其元（1812～1881），字子莊，晚號庸閒老人，浙江海寧人。早負文譽，然屢試不第，十五次名落科場，以故捐資爲金華訓導，旋擢富陽教諭。後以佐李鴻章、左宗棠平太平軍，議功攝南匯縣，復得丁日昌賞識，先後署青浦、新陽、上海縣事，於內政外交多有建樹，晉階江蘇候補知府，加秩道員。後以年老乞歸，僑居桐鄉。陳氏博覽多聞，究心經世之學，著有《日本近世紀》、《庸閒齋筆記》等。見《清續文獻通考》卷二六九、《八千卷樓書目》、《（同治）蘇州府志》等。

【閩省州縣虧空案】嘉慶初元，福州將軍某，與總督伍公、巡撫浦公以事相忤，署方伯錢公則以爭一優人有隙。會總督入覲，將軍兼督篆，遂捃摭三人賕私事，並以福省州縣虧空百萬劾之。疏入，奉命查辦，總督、巡撫、方伯皆正法。而所謂「百萬之虧空」者，實無此數，乃以鹽課及閒款湊成之。於是州縣擬斬決者十七人，合省呼冤，而某揚揚自得也。讞案既定。部覆未到，此十七人者發閩、侯二縣監禁。二縣以同官也，羈諸署中而已。一日者，有某令年六十餘矣，向閩縣令吉君泰懇曰：「我老，止一孫，今夜擬回寓一視，可乎？」吉許之。至明晨，部文至，署督即委吉君監斬。急使人至某寓，僞以他事促之。乃還，報曰：「某已一早出門矣。」吉大窘，只得先押十六人赴轅，而擬自請逸囚罪。時天色慘澹，淒風苦雨，路人目之，皆爲流涕。比至督轅，而某持傘著屐，已候於門矣。吉心大慰，遽前握其手曰：「何不謀而先至此？」某曰：「我自家行至中途，聞部文已到，因思回署再至此，則路迂，故逕來就死耳。」吉不覺哭失聲。是日，十七人死後，吉痛哭，嘔

血滿地，遂引疾歸。不二年，某移鎮四川，又劾總督勒襄勤相國，而代之。未幾，乃以縱賊渡河、貽誤軍機罪伏法。勒仍回任，閩人以爲有天道焉。（陳其元：《庸閒齋筆記》卷四，中華書局，1989 年，第 77～78 頁）

【《破窰記》亦有所本】宋呂文穆公蒙正之父龜圖，與其母不相能，並文穆逐出之。困甚，龍門山利涉院僧識其爲貴人，延至寺中，鑿山岩爲龕居之。文穆居其間九年，乃出而應試，遂中狀元。又十二年爲宰相。其後子孫即石龕以作公祠，名曰「肄業」。富丞相弼爲之作記。今人演劇爲《破窰記》者，蓋本此也。（陳其元：《庸閒齋筆記》卷九，中華書局，1989 年，第 213 頁）

徐時棟

徐時棟（1814～1873），字定宇，一字同叔，號柳泉，浙江鄞縣人。道光二十六年舉人，官內閣中書。著有《逸湯誓考》六卷、《山中詩學記》五卷、《呂氏春秋雜記》十卷、《煙嶼樓文集》四十卷、《煙嶼樓詩集》十八卷、《煙嶼樓筆記》八卷、《遊杭合集》一卷等。見《清續文獻通考》卷二五七、《兩浙輶軒續錄》卷四〇、《清史稿》卷一四五至一四八、《八千卷樓書目》等。

【崔夫人墓誌辨誣】亭林先生謂：「世人好色，乃至天神地祇，皆為之強立妻女名目。余謂荒唐誕妄，半出道家。」推原其故，顧氏之言實誅心之論也。近余閱其所著《金石文字記》中之記崔夫人墓誌者，有曰：「夫人即今世所傳崔鶯鶯也。此銘得之魏縣土中，足辨《會真記》之誣，而志墓之功於是為不細矣」云云。此亦因張、鶯郅說，橫檔胸中，見似為真，不覺形之楷墨。乃竊笑顧氏咎人好色，而不覺己躬蹈之如此也。《曠園雜志》云：「明成化中，淇水橫溢，土崩石出，秦給事貫所撰《崔夫人志銘》在焉。志中盛稱夫人四德咸備，乃一辱於元微之《會真記》，再辱於王實甫、關漢卿《西廂記》，歷久志銘顯出，為崔鶯鶯洗冰玉之恥。亦奇矣。」董思翁《容臺集》亦云：「此碑成化間出於舊魏縣廢塚。碑立於大中十二年，嘗以《會真記》歲月參考之，是秦《志》中之崔夫人，無不謂即《會真記》中之崔鶯鶯者。」顧余即以其言考之，元《記》秦《志》果即一人耶？則元《記》記其為女子時事，秦《志》志其嫁後時事。始辱於張，終妻於鄭，即使同是一人，為志銘者豈將發其少年中□之醜，而曰夫人四德未備耶？然則即秦《志》「咸備」之語，而謂可以洗恥，固未必得之數也。後又考之秦貫所撰志文，則諸君妄

為牽合，非但不足洗元稹《記》中崔鶯鶯之恥，而適使閱者滋秦貫《志》中崔夫人之惑，則諸君妄言之過也。秦《志》但云夫人博陵崔氏，並無鶯鶯之名。不識諸君何以牽扯之。其妄一也；《志》云夫人卒於大中九年，年七十六，逆數之當生於德宗建中元年庚申。至貞元庚辰當二十一歲，乃《會眞記》明記鶯鶯生年月，曰「今天子甲子歲之七月」，又云「於貞元庚辰，生十七年矣」。然則宣宗大中九年乙亥，當七十二歲。何得云享年七十六乎？其妄二也；諸君之謂即鶯鶯者，不過以其夫鄭姓耳。夫天下之以崔女為鄭婦者，何可勝數？便據為說，已可齒冷。而況鶯鶯本事可信，莫如《會眞記》，而《會眞記》中絕無所嫁夫姓。其妄三也；若以董解元、王實甫、關漢卿等所作《西廂記》為據，則《西廂記》是憑空捏造之書，即使姓名全同，亦是偶合，而可據乎？其妄四也；況《志》文明云：「府君姓鄭名遇」，《西廂記》則云姓鄭名恒，字伯常，眞不知其是何瓜葛，而乃確鑿牽合之。其妄五也；而不意世多好色狂且，見秦《志》出土，偶然崔女鄭妻，與傳奇捏造之說相同，遂乃重刻志文，直改姓鄭名遇為姓鄭名恒。故或遇或恒，世有兩本。《全唐文》注名遇，下云「一名恒」。而《金石萃編》灼知其妄，則曰「是後人妄改，以附於《會眞記》者。」案：是妄改以附於《西廂記》，非附《會眞記》也，此語尚錯。而諸君既誤信傳奇，又誤信改本。其妄六也；夫作《西廂》者據《會眞》，《會眞》不言夫姓，作《西廂》者生後鶯鶯五六百年，何從知鶯鶯之卒嫁鄭恒乎？而可信乎？其妄七也；即使作《西廂》者別有考據，知鶯鶯實嫁鄭恒，則鶯鶯既為有夫之婦，享高壽，生子至六人之多。秦《志》如此。而王實甫者，何得不顧其後日之率德改行，反為追敘其為室女時醜行以為佳話，而董解元、關漢卿者何得強離其完配之夫婦，故捏情節，謂鶯鶯卒嫁張生，而鄭恒乃至強死乎？此雖病狂喪心之人，不敢出此，而謂其言可信乎？其妄八也；然且諸君所以毅然牽合兩崔者，吾不知其究據何書。據《會眞記》乎？則記中僅僅一崔字相同，雖三尺童子知其不可據也。據《西廂記》乎？則王實甫記並未言崔氏之嫁鄭恒，而董解元、關漢卿二記，則直謂崔氏終嫁張生，而鄭恒者死矣。然則世必有崔氏女、張珙婦之志石出土，而後可以當《西廂記》之鶯鶯也。必崔氏女嘗與張生有瓜葛，而又必卒大中九年，年七十二，而後可以當《會眞記》之鶯鶯也。以此詰諸君，諸君必自失笑。其妄九也。總之，元稹無賴輕薄，以竊人女子為奇遇，故駕名張生，作《會眞記》。後人豔羨此事，譜之歌管，凡傳奇必有曲折，於是造一鄭恒，以為曲折；凡傳

奇必有始末，於是抹本事以爲始末。此解元《絃索西廂》之意也。王實甫依其情節，爲北《西廂》以與《會眞》本事不合，乃以一夢作結。關漢卿以其無始末也，復依絃索續完之。而鄭恒也者，實爲子虛烏有，憑空捏造之人。故去留生死，一任作者之顚之倒之而已。且元稹隱己姓名，捏稱張生，則崔之姓、鶯鶯之名，又焉知非假借者乎？此等文字，聽其存留而已，不必深詰也。乃不意成化間，有崔夫人《志》石出土，偶然一崔字，與《會眞記》同，又偶然夫姓一鄭字，與子虛烏有之《西廂記》同，好事者遽附會之，以爲崔夫人者，即崔鶯鶯也。意欲爲鶯鶯辨誣洗恥，而不知反爲崔夫人含羞蒙垢矣。

（徐時棟：《煙嶼樓筆記》卷三，清光緒三十四年鄞縣徐氏蓬學齋刻本）

編者案：原作無標題，此標題係編者所擬。

【史事演義當禁遏】史事演義，惟羅貫中之《三國志》最佳。其人博極典籍，非特藉陳《志》、裴《注》敷衍成書而已。往往正史及注，並無此語，而雜史小說，乃遇見之。知其書中無來歷者希矣。至其序次，前後變化生色，亦復高出稗官，盛傳至今，非幸也。乃至周秦列國，東西兩漢，六朝五代，李唐趙宋，無不有演義，則無不可覆瓿者。大約列國兩漢，不過抄襲史事，代爲講說，而其人不通文法，平鋪直敍，驚人之事，反棄去之。隋唐漢周，宋初諸書，則其人並不曾一見正史，直是信口隨意捏造妄說，有全無情理、一語不可究詰者。俗語、丹青，以爲故事，扮演上場，愚民舞蹈，甚至亂民假爲口實，以煽庸流。此亦風俗人心之患也。有心世教者，當禁遏之。（徐時棟：《煙嶼樓筆記》卷四，清光緒三十四年鄞縣徐氏蓬學齋刻本）

編者案：原作無標題，此標題係編者所擬。

【戲劇爲古舞樂之流遺】古樂不可作今之扮演。雜劇即古舞樂之流遺也。場上感慨激昂，能使場下人涕泣舞蹈，所謂觀感於不自知，今樂猶古樂，孟子信非欺人者。場上竊玉偷香，則觀者淫心生；場上巧偷豪奪，則觀者貪心生；場上任氣力爭，則觀者鬥心生；場上使智用巧，則觀者詐心生。反是而演忠孝節義之事，則觀者之良心不覺而自動矣！近時陳子相吾、弟子舟諸人言予：官力禁淫戲，是也，而猶未盡也。余謂禁演不得演之劇，不如定演應演之劇。凡一戲班，必有戲目，取之以來，遇不知者，詰其戲中大略。以忠孝節義爲主；次之儒雅之典，奇巧之事；又次之以山海之荒唐，鬼怪之變幻，而要以顯應果報爲之本。又凡忠臣義士之遇害捐軀者，須結之以受賜卹、

成神僊；亂臣賊子之犯上無道者，須結之以被冥誅、正國法。如此教導優伶，如此嚴禁班主，一切如《水滸傳》、《說唐》、《反唐》諸演義，並禁絕之。已習者，不得復演。未習者，不許復學。將來教雛伶，造新戲，即以吾向所言之大意喻說，而使領略之，則人心有不善，風俗有不正者乎？即如寧波一郡，城廂內外，幾於無日不演劇。遊手無賴之徒，亦無日不觀劇也。日日以忠孝節義之事，浸潤於其心肝肺腑中，雖甚兇惡橫暴，必有一點天良尚未澌滅者。每日使之歌泣感動，潛移默化於不自知，較之家置一喙，日撻其人，其功效相去無萬數也。世有知言之君子，必不以我為迂腐也。（徐時棟：《煙嶼樓筆記》卷四，清光緒三十四年鄞縣徐氏蓬學齋刻本）

編者案：原作無標題，此標題係編者所擬。

【優人扮宋太祖】 世俗扮演宋太祖，必塗朱滿面，不知何所本也。《宋史·本紀》稱：「初生時，體有金色，三日不變。」然則即據此語，亦當塗黃矣。《本紀》云：「建隆元年三月壬戌，定國運以火德王，色尚赤。」又云：「乾德元年以太常議，奉赤帝為感生帝。」俗之顏如渥丹，蓋本諸此。又優人扮太祖，必以淨為之。《本紀》云：「既長，容貌雄偉」，則腳色為相稱矣。（徐時棟：《煙嶼樓筆記》卷四，清光緒三十四年鄞縣徐氏蓬學齋刻本）

編者案：原作無標題，此標題係編者所擬。

【武三思斬乖乖】 今演雜劇，有武三思斬乖乖事。乖乖，女妖名也。此事見《六帖》，中云妓名素娥。（徐時棟：《煙嶼樓筆記》卷四，清光緒三十四年鄞縣徐氏蓬學齋刻本）

編者案：原作無標題，此標題係編者所擬。

【《一捧雪》本事】 王思質忬以《清明上河圖》贗本貽嚴世蕃，為所覺，陷之死。世所傳《一捧雪》傳奇，即原本此事也。其簸弄之小人，曰湯裱背，裝潢匠也。所以明本事是圖畫，非玉杯也。易思質姓名曰莫懷古，所以戒後世，勿溺於玩好以賈禍也。貞群案：朱存理《鐵網珊瑚》有元楊準跋云：「故宋翰林張擇端所畫《清明上河圖》。金大定間，燕山張著謂：即向氏《圖畫記》中所云選入神品者，卷前有徽廟標題。其位置，若城廓、市橋、屋廬之遠近高下，草樹馬牛驢駝之大小出沒，居者、行者、舟、車之往還先後，皆曲盡其意態。蓋汴京盛時偉觀也。京、攸父子權奸柄國，汴之受禍有不忍言者。意是圖脫稿，曾幾何時，而向之承平故態，已索然荒煙野草之間，不勝其感矣！」又案：潢匠之名，《野獲編》作蘇州湯臣。《秋雨庵隨

筆》作湯勤。《雲自在龕筆記》作湯曰忠。延陵郡人傳聞異辭，故詳記之。（徐時棟：《煙
嶼樓筆記》卷四，清光緒三十四年鄞縣徐氏蓬學齋刻本）

編者案：原作無標題，此標題係編者所擬。

又案：楊準跋「已索然荒煙野草之間」句，《煙嶼樓筆記》脫「間」字，據
明人孫鳳《孫氏書畫鈔》卷二（涵芬樓秘笈景舊鈔本）補。

【昭君琵琶本事】「昭君琵琶」，不過石崇意擬之詞，後人竟作實事歌
詠之，已為不考。乃元人楊元誠《瑞山居新話》云：「武庫有昭君琵琶，天
曆太后以賜伯顏太師妻。」按事之可笑如此。此何異於「著原思肘見踵，決
之衣履，左攜孔子叩原壤之杖，右持顏子陋巷之簞瓢，而乞一文太公九府錢」
乎？然則，古物之傳到今時者，恐未必無類此者矣。後人多賦王昭君，皆極
為之惜，顧既匹其父，又偶其子。昔為匣中玉，今為糞上英。如此女子，何
足惜也？又賦此詞者，多用琵琶為昭君本事，不知其何所本也。按石季倫《王
昭君辭序》云：「昔公主嫁烏孫，令琵琶馬上作樂，以慰其道路之思。其送
昭君亦必爾也」云云。然則昭君琵琶，不過石崇教綠珠時，揣擬之耳，竟成
典要，亦失實矣。（徐時棟：《煙嶼樓筆記》卷五，清光緒三十四年鄞縣徐氏蓬學齋
刻本）

編者案：原作無標題，此標題係編者所擬。

梁恭辰

梁恭辰（1814～？），字敬叔，梁章鉅子，福建長樂人。道光十七年進士，官浙江紹興、溫州知府，署金衢嚴道、寧紹台道，賞戴花翎。著有《勸戒錄》全編六十卷、《北東園筆錄》全編廿四卷、《池上草堂筆記》八卷、《楹聯四話》六卷、《巧對續錄》二卷、《廣東火劫記》一卷等。見《清續文獻通考》卷二七四、《清史稿》卷一四七、《八千卷樓書目》卷一三、《（民國）長樂縣志》卷一四等。

【陶文毅公】前兩江制府安化陶文毅公，與家大人為壬戌同榜進士，同官京師，最相契厚，兩家內眷時有來往。先母鄭夫人嘗語余曰：「陶家年母右手之背有凸起一疣，問其故，則蹙然曰：『我出身微賤，少常操作，此手為磨柄所傷耳。』」先母亦不敢追問其詳。後家大人聞於楚南知好云：文毅少極貧，初聘同邑黃氏女。有富翁吳姓者，聞黃女姿色，謀奪為其子繼室，以厚利啗黃翁。黃頓萌異志，迫公退婚，公不可，黃女之母亦不願。而女利吳之富，意已決，又其父主持甚力，遂誓不適窮生。家有養婢願以身代，女之母許之，文毅亦坦然受之，初不相疑，即今之贋一品夫人誥命者也。後吳姓恃富，又占曾姓田，兩相鬭鬨·吳子被毆死，吳翁亦繼卒。族中欺黃女寡弱，侵吞其田產殆盡。時文毅已貴顯，以丁外憂歸里，始悉其顛末，憐黃女在窘鄉，贈之五十金。黃女愧悔欲死，抱銀號泣而不忍用，旋為偷兒竊去，忿而自縊。聞文毅今尚每年周恤其家不倦云。按此事傳聞情節小有歧互，而大致則同。憶文毅與家大人同官吳中時，朱文定公士彥由浙江學政還朝，亦壬戌同年也。舟過蘇州，同官演劇，公觸之，文定令演《雙冠誥》，文毅至

-221-

淚承睫不能忍。文定私語家大人曰：「此我失檢，忘卻雲汀家亦有碧蓮姊也。」是日，上下觀劇者百十人，無不目注文毅者，眾口喧傳其事，益信。（梁恭辰：《北東園筆錄》初編卷六，清同治五年汴城許義文齋刻本）

【孔生】有孔生某者，在黔中為梨園子弟。時周石藩館於太守趙蘆州幕中，值署中演劇，見之。駭其姓，因詰之，據言祖籍山東，其先代官都閫，沒於黔，遂家焉。門庭漸落，因歲歉鬻身，價青蚨一千四百文，今十四歲矣。恥隸是役，欲脫無緣。言次，涕淚隨之，並求教之以字。石藩憐之，惟念廣文冷宦，欲從孽海航人，大不容易，姑叩其贖身之數，則非百金不可。乃述其事於縣尉陳君復廬，陳亦心動，許以五十金贖之。班長不可，急挾之遁於滇中。適昆明太守見而異之，並得其顛末，慨然曰：「百金，易事耳。」呼班長，立致之。班長又欲倍其值，太守怒白於大府，迫之以刑，乃得贖。制府伯公以屬通海令使課之，蓋其山東同鄉也。有明經張君者自薦，不取修脯，而自為之師。期年，即讀竟四子全書，並朱注悉熟。又三年，旋黔，從蒲孝廉學為文，亟謁石藩，執弟子禮。石藩又為達於遵義令張君岱庵，張月給三金以資薪俸，復陳其前狀於胡梁園學使枚，遂入泮。制府伯公喜甚，俄之，千金為購薄產。癸酉已登拔萃科矣。石藩曾記其事。或曰是不可記，恐為孔生玷。石藩曰：「渠始十二三，如赤子入井，少長即恥求去，其志氣已足千古。記之，所以哀其志而幸其遇也，何玷之有？」予曰：「此生以克自振拔，不辱其宗，正宜急述之以為人勸。而諸君子所以扶植之者，其功尤不可掩。今石藩家門鼎盛，而張明經、蒲孝廉者，皆已成進士，不必言果報，而果報在其中矣。」（梁恭辰：《北東園筆錄》續編卷四，清同治五年汴城許義文齋刻本）

【傳奇削祿】吳中彭蘭臺孝廉希涑，芝庭尚書之孫，彭詠莪京兆之封翁也。淡泊功名，精於內典，翛然有出塵之致。嘗手輯《二十二史感應錄》，摘敘正史中果報之事，足以啓聵振聾，讀者並可收溫史之益。適所親朱蕉圃海喜遊戲翰墨，著有《釵燕園傳奇》，頗傳於世。封翁斥之曰：「此桑間濮上之詞，最足壞人心術，雖係假託名姓，然宇宙之廣，必有相同。誣人閨閫之愆，萬不可逭。吾鄉尤西堂太史侗《雜俎》中僅載《鈞天樂》、《吊琵琶》、《黑白衛》、《登科記》，尚有數種豔情麗事，匪夷所思。曾因才鬼降乩，告以冥中削祿。以西堂太史之根器才望，猶未免於冷宦不遷，子孫不振。吾曹可不知所儆醒哉！」後朱亦潦倒終其身。（梁恭辰：《北東園筆錄》續編卷五，清同治五

年汴城許義文齋刻本）

【《西廂記》】汪棣香曰：施耐庵成《水滸傳》，奸盜之事，描寫如畫，子孫三世皆啞。金聖歎評而刻之，復評刻《西廂記》等書，卒陷大辟，並無子孫。蓋《水滸傳》誨盜，《西廂記》誨淫，皆邪書之最可恨者。而《西廂記》以極靈巧之文筆，誘極聰俊之文人，又為淫書之尤者，不可不毀。又曰：《西廂》一書，成於兩人之手，當時作者編至「碧雲天，黃花地，西風緊，北雁南飛」之句，忽然仆地，嚼舌而死。後半部乃另一人續成之。又曰：崔鶯鶯生長名家，並無曖昧不明之事，作《西廂記》者乃心貪鶯鶯之色而求之不得，乃編造蜚語以誣鶯鶯，至今令鶯鶯抱慚地下。此見關帝乩筆，不可不信也。案：乾隆己酉科會試，詩題《草色遙看近卻無》，吾鄉有一孝廉，卷已中矣，因詩中有「一鞭殘照裡」句，主司指為引用《西廂記》語，斥不錄。其實，此孝廉並不記得是《西廂記》語，特平日風流自賞，口吻自與暗合。暗合尚受其累，況沉溺於是書者耶？（梁恭辰：《北東園筆錄》四編卷四，清同治五年汴城許義文齋刻本）

【《雙冠誥》】婺源董小查編修，與其兄柳江編修並為名儒，其季又成進士，即用知縣，昆仲皆成進士。時其繼母某太宜人尚在堂，戚部來賀。太宜人語諸婦輩曰：「此余觀劇之力也。余初孀時，年尚少，有以家貧子幼遊詞熒聽者，余拒不答。適在戚部家觀演《雙冠誥》一劇，勃然益決，一意撫孤守志，致有今日。汝等毋謂觀劇無益也。」此婺源訓導陳雪樓所述，且曰：「太宜人賢聞一邑，此其謙己誨人之詞，不自居於魯寡嬰陶、梁寡高行，而現身為中人說法，益足徵太宜人之盛德，宜其賢母子冠冕婺川也。」（梁恭辰：《北東園筆錄》四編卷四，清同治五年汴城許義文齋刻本）